FRANÇOISE BONNAL

PSYCHO-ÉNERGIE

Une expérience énergétique agrandie du monde et de soi

Manuel didactique & pratique

Éditions Quintessence

De la même auteure :
La Belle Histoire de Dieu et nous, ALTESS, 2002.
La Réalliance, il y a une suite à notre société individualiste, Payot 2008.
Petites révélations pour devenir soi, Jouvence, 2011.

Contact auteure :
Françoise Bonnal
francoise.bonnal@orange.fr
francoisebonnal.com

Crédits Photos & illustrations
Couverture : © stock.adobe.com – Conception graphique : © Aurélie Pello

Groupe éditorial PIKTOS – 355 rue de la Montagne Noire – 31750 Escalquens
contact@piktos.fr
www.editions-quintessence.eu
www.facebook.com/EdQuintessence

ISBN 978-2-35805-269-6

Adopter une vision énergétique du monde change tout au développement personnel

Le propos de ce livre est de **transmettre, de façon didactique et très concrète, ma pratique de la psychoénergie**, sa vision énergétique du monde et de la personne, sa compréhension des étapes de croissance d'un individu, ses techniques d'accompagnement revisitées ou inédites avec des exemples de séance et ses exercices personnels, accessibles à chacun. Il reprend, de fait, le manuel de référence de mon cycle annuel *Grandir sur son chemin d'âme*[1].

L'essentiel de cette transmission est, d'abord et avant tout, de faire comprendre et ressentir combien **la vision énergétique**, qui sous-tend la psychoénergie, peut tout changer au développement personnel, ouvrir tous les horizons et nous agrandir. Car il s'agit **d'un nouveau paradigme du monde, de la vie, de qui nous sommes vraiment**, qui est certainement celui de notre futur et rend beaucoup d'impossibles possibles. **Il nous fait plus grands dans un monde plus grand** et permet de donner un cadre et éclairer de nombreuses approches de travail sur soi, jusque-là dispersées.

J'ai une formation de psychologue clinicienne et ai suivi une assez longue psychanalyse. Mais c'est la découverte de l'énergie, quand j'étais étudiante à la Barbara Brennan School of Healing, États-Unis, qui m'a fait faire ma **révolution copernicienne**.

Je suis passée du petit bout de la lorgnette de l'individu, bien séparé dans son petit corps de matière, au grand bout de la lorgnette de **la grande unité vibratoire**, qui est tout, se démultiplie à l'infini et ne cesse de se réinventer, de niveau de fréquences en niveau

1. Le cycle *Grandir sur son chemin d'âme* se déroule sur une année scolaire à Paris, en présentiel, à raison d'un week-end par mois. Il vise à revisiter et transformer chacune de nos étapes de croissance, tout au long de notre vie, de la conception jusqu'à la mort. Toutes les idées et pratiques évoquées dans ce livre y sont abordées didactiquement et expérientiellement. *Cf.* francoisebonnal.com.

de fréquences et de forme en forme. L'individu, moi-même, vous-même, nous sommes l'une de ces formes. Et **dans ce grand bain vibratoire, nous ne sommes plus du tout séparés, mais reliés à tout**, au-dedans et au-dehors, et faits du même bain que le grand bain lui-même.

J'ai pu ainsi évoluer de la psychologie psychologique, réduite à l'individu enfermé dans la boîte de son corps et de sa personnalité, à la **psychoénergie**, **ouverte à toutes les dimensions** de l'individu, du plus matériel au plus immatériel, et aux approches multiples qui permettent d'y **voyager, sans tabou**.

Une vision énergétique du monde réunit tout

Tout est énergie dans une vision énergétique du monde, du plus tangible au plus spirituel. Tout est vibratoire et le monde, l'univers, tout ce qui est, vous, moi, les objets et les êtres, est une grande soupe unifiée. **Océan**.

Rien n'est véritablement séparé, mais relié et interagissant. Les différences ou plutôt singularités ne sont que différences de fréquences, de champs morphiques, de configurations et d'interférences, dans ce grand continuum d'énergie-conscience. Flux changeant et éternel, limité et illimité.

Un, grand tout, tao, dieu, vacuité ou vide quantique... prana, qi, chi, énergie universelle... même principe, selon lequel rien n'est isolé ni dans le temps, ni dans l'espace, ni dans le matériel, ni dans l'immatériel. Tout communique et résonne. Rien n'est ordinaire, ni extraordinaire, tout est.

Une vision énergétique du monde permet une approche multidimensionnelle de la personne

Avec cette vision décompartimentée de toute chose, toute personne, moi, vous, peut cesser de se vivre de façon morcelée.

Chacune, chacun est multidimensionnel. Avec une **dimension physique** (la plus dense, bien solide et délimitée), une **dimension émotionnelle** (un peu moins tangible, mais bien palpable dans la vie de tous les jours), une **dimension mentale** (un peu plus subtile, mais très opérante dans la matière : transmissible à autrui et créatrice de projets, d'objets, d'organisation), une **dimension spirituelle** aussi et enfin (plus immatérielle encore, infiniment multiple et indicible). Tout un chacun est ainsi **une personne unique et élargie**, en relation à un monde également élargi : être d'énergie physique, émotionnel, mental et spirituel à la fois, baignant dans plus large encore.

Notre personnalité, avec ses forces et ses faiblesses, peut s'appréhender aussi de façon multidimensionnelle. Telle une graine poussée par son élan de vie, la graine d'énergie-conscience que nous sommes déploie son potentiel propre et rencontre sur sa route des obstacles. Elle va en garder des empreintes dans toutes les dimensions de son être : **contractions physiques** dans le corps physique, **surcharges émotionnelles** dans le corps émotionnel, **pensées limitantes** dans le corps mental, **connexion difficile au spirituel** dans le corps spirituel. La qualité des relations aux autres et au monde va aussi en porter la marque. L'expérience de vie s'inscrit ainsi, en chacun de nous, toujours vivante, et peut s'explorer, s'accueillir, se revisiter et se transformer.

Une vision énergétique autorise tous les chemins à la rencontre de soi

Avec cette cartographie énergétique en toile de fond, la recherche de soi et de son être profond peut se démultiplier et **beaucoup d'approches** peuvent se compléter. Il s'agit toujours d'**aider l'énergie-conscience à se déployer et se libérer là où elle est bloquée.**

Les *soins et pratiques énergétiques* de toutes traditions (travail sur les chakras, l'aura, l'alignement... acupuncture, taï-chi, chi gong...) favorisent la remise en **mouvement**.

La *psychologie*, sous ses diverses formes, permet la **compréhension**, ouvre le mental et déverrouille les émotions.

Les méthodes *psychocorporelles et psycho-émotionnelles* invitent au ressenti et entraînent plus profond dans le corps physique et émotionnel.

L'hypnose, le rêve éveillé, la respiration holotropique, la sophro-analyse, le chamanisme... mettent **en état modifié de conscience** et allument l'**imaginaire**.

Système familial, constellations familiales, analyse transgénérationnelle élargissent le champ au réseau relationnel de la famille et de la **lignée**.

Les techniques de régression emmènent vers les mémoires enfouies de cette vie et pourquoi pas de vies, au-delà ou à côté, et font toucher la possibilité d'une vie de l'**âme en voyage** et en évolution perpétuelle.

Les pratiques spirituelles, enfin, connectent au **plus grand que soi**, qui est au cœur de tout et de chacun.

Ainsi, adopter une vision énergétique du monde et de la personne favorise l'exploration, en ne mettant pas de limite de méthode ni d'itinéraire obligé. **Chacun reste pilote de soi**, porté par son aspiration à comprendre, aller mieux, se déployer, évoluer.

Un « guide de voyage en psychoénergie », didactique, pratique et nourri de nombreux exemples concrets, pour s'explorer tous azimuts

Il n'y a pas de nom officiel pour définir cette approche de développement personnel sur fond d'une vision énergétique du monde et de la personne. Et aucun livre ne peut en faire la somme.

Un certain nombre d'écoles, presque toutes inspirées de William Reich[1], la mettent en œuvre, chacune à leur manière : L'*Institute of Core Energetics*, la *Barbara Brennan School of Healing*, le *PsychoEnergetics Training Programme*, le *Somatic Experiencing Institute for Traumatic Healing*, *l'École d'analyse psycho-organique* et mon propre cycle annuel *Grandir sur son chemin d'âme*. Par commodité, nous allons parler de psychoénergie. Dans ce livre, je vais **focaliser sur l'essentiel** et proposer **les compréhensions simples et les pratiques accessibles, revisitées ou inédites**, qui me sont venues avec l'expérience.

La psychologie passe par la compréhension et la verbalisation de ce qui était inconscient, avec le cortège d'émotions qui peut

1. William Reich, ancien disciple de Sigmund Freud, est à l'origine des concepts de cuirasse caractérielle et de caractérologie, qui donneront naissance aux notions maintenant bien répandues de blessures et de défenses, très familières dans le monde anglo-saxon et popularisées, par exemple, par Louise Bourbeau dans son livre *Les 5 blessures qui empêchent d'être soi*, Poche, 2013.

l'accompagner. La psychoénergie s'intéresse aussi à cela, mais elle y ajoute le **ressenti,** c'est-à-dire **l'expérientiel physique, sensoriel et imaginaire, et à ce qui en émerge, avec ou sans mots**. C'est pourquoi ce livre donne beaucoup de place aux exemples concrets de séance, aux exercices énergétiques et au retour sur soi du lecteur. Il s'agit de plonger en profondeur et de naviguer sans inhibition. **Comme une invitation au voyage.**

Dans la première partie de ce voyage, nous partons à la **découverte de cette réalité énergétique**, énonçons **ses règles simples** et montrons comment elle se décline aussi à la personne, son **anatomie énergétique et son bien-être.**

Dans la deuxième partie, nous décrivons concrètement **les étapes de croissance** de la graine d'énergie-conscience qu'est chacun de nous : comment l'énergie de vie se déploie dans l'enfance avec ses **apprentissages** et comment elle peut se bloquer face à un traumatisme, faire **blessure** et se rigidifier en **défenses limitantes**.

Dans la troisième partie, nous nous concentrons sur **une pratique essentielle pour rencontrer, libérer et transformer ces énergies bloquées**, comme autant d'enfants blessés, à l'intérieur de chacun : **le Process** ou descente en conscience dans les sensations profondes du corps où tout est enkysté.

Dans la quatrième partie, pour approfondir et accélérer le travail de déblocage, nous explorons une autre pratique qui consiste à refaire la **Visite des Conditions de Naissance et de Croissance**, et permet d'aller plus délibérément encore à la rencontre des parts d'énergie-conscience blessées. C'est au tout début, en effet, que se fonde l'histoire de vie de chacun et que s'écrit l'essentiel de son **scénario originel**, avec ses sensations imprimées dans le corps, ses tempêtes émotionnelles retenues au plus profond et ses incompréhensions existentielles, transformées en croyances sur soi et sur le monde alentour.

Dans la cinquième partie, nous abordons **la relation à l'autre** et la possibilité d'y apporter aussi apaisement, énergétiquement et en conscience, par la pratique du **Dialogue de Clarification** et du **Dialogue de Reconnaissance**.

Dans la dernière partie, nous proposons **un panel d'exercices énergétiques** pour **déployer l'être d'énergie-conscience que nous sommes et ses ressources**. Visite d'amitié du corps, exploration de l'aura, fortification de l'axe ciel-terre, expansion de notre essence lumineuse sont autant de rencontres expérientielles avec la réalité agrandie de nous-mêmes.

Chaque grande partie de ce voyage se clôt par une rubrique ***Et vous ?*** qui invite le lecteur à faire une pause, à rentrer à l'intérieur, et propose des pratiques.

Ce livre est à l'usage de tous, chercheur de soi-même ou praticien ou les deux, et plus qu'une compréhension, **la psychoénergie est une expérience. Aussi sérieux puisse-t-il paraître, cet ouvrage est une invitation au voyage. Il n'est pas obligatoire de le lire chronologiquement pour en suivre la pleine logique. Il peut être feuilleté et picoré, ouvert à une page au hasard. On peut privilégier les exemples ou les questions *Et vous ?* Ou les exercices énergétiques**. Un cas, une phrase, un questionnement peut faire mouche. Et cette manière de rencontre peut rendre plus légère et opérante la lecture, quitte à y revenir plus méthodiquement plus tard.

Puisse ce « **guide de voyage en psychoénergie** » vous ouvrir l'horizon, vous donner des repères parlants pour cheminer vers toujours plus de qui vous êtes vraiment.

Sommaire

CHAPITRE I

À LA DÉCOUVERTE D'UNE VISION ÉNERGÉTIQUE, AGRANDIE, DU MONDE ET DE LA PERSONNE

I. Tout est énergie et matière et esprit ne sont pas séparés

Qi, chi, prana, énergie universelle... la vision énergétique du monde n'a pas encore sa formalisation scientifique. Il en existe différentes cartographies le plus souvent orientales[1] et qui portent principalement sur la médecine du corps et de l'âme. La physique quantique, qui a aboli de longue date la notion d'objet séparé, parle de vibrion d'énergie[2] au fond de la matière, de trame et de vide quantique, va dans le même sens. Je livre ici la vision qui m'a été transmise, version occidentalisée de la tradition indienne, et l'expérience pratique quotidienne que j'en ai. Elle est la toile de fond de toute approche psychoénergétique au développement de soi.

1. Il y a continuité entre matériel et immatériel

$E = mc^2$. À sa manière, Einstein le suggérait déjà. Il n'y a pas d'un côté de la matière qui se voit et qui se touche et de l'autre quelque chose de plus subtil impalpable d'une autre nature.

Il n'y a pas discontinuité entre matériel et immatériel, mais **continuité de l'énergie** qui vibre plus ou moins vite et crée des plans et des dimensions différenciées.

La réalité physique, notre monde familier, par exemple, est plus lente et plus dense au point de nous paraître solide, avec ses objets et ses corps séparés qui doivent se mettre en mouvement pour se rejoindre. Tout vibre, cependant, en dessous. Sous nos doigts, notre peau, nos muscles pulsent ; au travers du microscope, les cellules

1. Essentiellement chinoise ou indienne, mais aussi amérindienne, et leurs dérivées occidentales new age.

2. Théorie des cordes.

frissonnent ; nos tympans gémissent sous l'effet larsen d'un micro et dans les bals de l'été, nos corps s'abandonnent volontiers aux vibrations pénétrantes des sonos à plein volume.

Mais la réalité ne s'arrête pas là. **Les émotions**, plus impalpables, existent tout autant. Elles se ressentent comme des vagues en dedans et au-dehors de nous. Certaines se conservent par-delà le temps dans le corps et resurgissent inopinément. Elles se perçoivent à distance. Qui n'a pas éprouvé en entrant dans une pièce que l'atmosphère est « à couper au couteau » ; qui n'a pas senti dans son dos le regard insistant de quelqu'un ?

Les idées, plus légères et rapides encore, existent également. Elles ne disparaissent pas une fois pensées. Elles restent, se transmettent, circulent. Elles n'ont pas toujours besoin de se dire pour s'entendre d'esprit à esprit. Qui n'a pas déjà pensé à la même chose que son voisin ou anticipé le coup de fil d'un ami, sans être pour autant un médium télépathe ? Il arrive souvent qu'une même idée, une innovation, une nouvelle manière de faire, une mode émerge en deux lieux différents comme si les pensées évoluaient dans leur sphère immatérielle à elles. Ce que l'on appelle l'air du temps, par exemple.

Réalités physique, émotionnelle et mentale sont de même nature : de l'énergie en mouvement. Et cela vaut indéfiniment sur le même continuum de fréquences **jusqu'aux niveaux les plus subtils et les plus spirituels**, évoqués par les grands mystiques, perçus par les médiums et finalement accessibles à chacun de nous par l'élévation, volontaire ou non, de nos états de conscience.

2. Tout est vibration sur un continuum de fréquences

Ainsi, dans cette vision énergétique du monde, matière et esprit, visible et invisible, ne sont pas séparés. Ils baignent dans le même océan vibratoire. **Tout est unifié, mais sur un continuum de fréquences différentes.** Il n'y a pas de barrières infranchissables, seulement la capacité de se mettre à la bonne fréquence, juste comme sur un tuner.

Comme sur un tuner

Dans notre vie de tous les jours, personne ne s'étonne de passer du monde de France Inter sur la fréquence 87.8 en région parisienne à celui radicalement différent de Fun radio, sur la fréquence 101.9. Ce sont deux univers à part entière, avec leur style, leurs voix fétiches, leur playlist et leur grille de programmes. Il suffit de changer de fréquences sur la radio, il en est de même, pour de vrai, dans l'incommensurable réalité énergétique, qui est la nôtre.

Dans cette réalité, tout existe en même temps, au même endroit, mais simplement à différents niveaux vibratoires. Il est en principe possible de voyager tout au long de l'échelle, sous réserve d'avoir la capacité de « *se mettre sur la bonne longueur d'onde* », « *se brancher* » et « *capter* ».

Une affaire de capteur

Tout est affaire de capteur, de phasage et d'ouverture, en effet. Chacun, chaque espèce a son sens privilégié et son spectre de sensibilité. Pour nous les humains, la même onde sera couleur pour l'œil, odeur pour le nez, son pour l'oreille, pression pour la peau. Notre spectre de perception est limité. Nous ne captons pas les ultrasons comme nos amis les chiens, ni les infrarouges comme nos moins amis les reptiles. Sans compter l'échelle de temps et d'espace, qui permet à un crapaud d'attraper le moucheron d'un coup de langue, alors que nous avons à peine eu le temps de prendre acte de sa présence.

Ne pas avoir de capteurs et ne pas être à la bonne échelle de grandeur ne veut pas dire que cela n'existe pas. Nos microscopes, nos radars les plus performants nous montrent que la réalité continue dans l'infiniment petit et l'infiniment grand.

Jusqu'au plus subtil

Et il en est ainsi, aussi, pour les dimensions plus subtiles au-delà de l'univers physique. Nos appareils de mesure ne peuvent pas les valider. Les témoignages personnels, en revanche, en rendent compte depuis des millénaires.

L'existence d'une forme d'esprit au-delà, en deçà ou au-dedans de la matière est le credo de tous les croyants de toutes les religions. Mais plus encore, **que l'énergie soit le substrat universel de**

toute chose, du plus matériel au plus spirituel, est une évidence pour l'ensemble du monde asiatique, que cette énergie s'appelle qi, chi ou prana.

Les mystiques, les méditants, les médiums, les chamans sont familiers de ces dimensions plus immatérielles. Ils peuvent élever leur état de conscience, ouvrir plus grand leur présence au monde, accroître leur capacité de réception et se faire canal, antenne, capteur sensible.

Plus modestement, il arrive à chacun de nous de faire l'expérience d'une réalité plus subtile : moment de grâce, télépathie, prémonition, rêve marquant, coïncidence, intuition fulgurante. Tout cela cesse d'être extraordinaire, peut se comprendre et devenir quasi naturel dans une vision énergétique du monde.

3. Le monde de l'énergie suit des règles simples

Le monde de l'énergie est fluide. Il ne demande pas les efforts du monde physique. Il suit quelques principes apparemment simples.

Règle 1 : cycle pulsatoire universel

Son premier principe repose sur **le cycle pulsatoire universel** comme une vague répétée à l'infini : flux-suspension-reflux, expansion-stase-contraction, croissance-équilibre-décroissance, création-maintenance-destruction...

Notre cœur palpite de la naissance à la mort : diastole-pause-systole, et les cellules de notre corps respirent ainsi. Tout dans l'univers suit ce cycle, chacun à son rythme : le jour se lève, se déploie, puis décroît ; le printemps annonce le déploiement de l'été, puis l'automne la contraction de l'hiver ; au gré de la lune, les océans s'amplifient, se stabilisent et se rétractent.

Le cycle de l'insecte éphémère se déroule en un jour ; celui de notre univers, selon la théorie du Big Bang, a commencé son expansion depuis un point de contraction extrême, il y a plus de 13 milliards d'années. Krishna qui crée, Vishnu qui maintient et Kali qui détruit entretiennent le cycle pour les hindouistes. Et pour la plupart des grandes traditions spirituelles, c'est la même grande respiration qui est à la source ultime de toute chose : celle du souffle de l'esprit un, qui indéfiniment se fait multiple, pour redevenir indéfiniment un. La courbe fluide d'une onde exprime en une belle épure ce mouvement vibratoire universel.

Règle 2 : circulation

Le deuxième principe du monde de l'énergie est celui de **la circulation**. L'énergie est un flux. Elle est faite pour circuler. Elle vibre, elle bouge, elle irrigue, elle amplifie, elle passe l'information dont elle est porteuse. Comme un fluide, elle suit la pente qui lui convient, prend les passages qui s'offrent à elle, mais se ralentit, stagne et se bloque quand elle rencontre un obstacle.

Dans ce monde d'énergie, le mouvement, le changement, la libre circulation c'est la vie, la pleine santé, le plein épanouissement de ce qui doit être. La stagnation perturbe l'équilibre toujours changeant, ralentit l'élan de vie et réduit le potentiel en devenir.

Ce n'est pas par hasard si les sagesses orientales insistent tant sur le lâcher-prise. Il permet de laisser passer le flux du monde plutôt que de le bloquer par le contrôle mental et les pensées préconçues qui vont avec. « Tout change sauf le changement ». Cette parole bouddhiste dit bien, et de façon radicale, que tout est flux et qu'il ne sert à rien de vouloir l'arrêter. Tout coule, tout passe et il importe de laisser couler.

Règle 3 : résonance et harmonisation

Le troisième principe est celui de la **résonance**. Le monde de l'énergie est un monde de fréquences. Il se passe du contact physique classique. Il n'y a pas besoin de bouger pour se rapprocher, puis de toucher pour être vraiment en contact. La rencontre se fait parfaitement à distance, de champ énergétique à champ énergétique. Il suffit d'« être sur la bonne longueur d'onde », « en phase », « branché », « au même diapason », « à l'unisson », « d'accord ».

Il est intéressant que, sans le savoir, le langage courant exprime si facilement ce phénomène. Et son expérience est familière aux praticiens énergéticiens qui savent qu'ils n'ont pas besoin de mettre les mains : il leur suffit de se mettre en résonance pour percevoir ce qui se passe dans le champ de l'autre, ou de modéliser le courant énergétique en eux-mêmes pour accompagner celui du client.

Ce phénomène de résonance est bien connu de la physique classique : des fréquences en phase vont non seulement **s'harmoniser**, mais plus encore s'amplifier. L'exemple le plus spectaculaire est celui du pont qui s'écroule sous les vibrations trop à l'unisson de soldats au pas ou de véhicules trop synchrones. Les musiciens, les chefs d'orchestre, les coachs sportifs connaissent les délices de cette harmonisation, puis de cette magnificence, quand tous les chœurs et les cœurs se rejoignent, vibrent ensemble et déploient une puissance qui pourrait déplacer des montagnes.

Le désaccord, comme son nom l'indique, opère à l'opposé. Le déphasage des fréquences, la dissonance des registres, le découplage des rythmes affaiblit le contact jusqu'à l'annuler. Les musiciens sont aux premières loges de ces dysfonctionnements, depuis la fausse note jusqu'aux interférences ou effet larsen.

Il en est de même pour la réalité énergétique tout entière. Dans cet océan vibratoire, où tout communique, les fréquences s'attirent, s'harmonisent et s'amplifient ou au contraire se repoussent et s'affaiblissent mutuellement.

Règle 4 : prééminence de l'esprit et de l'intention

« *L'esprit précède* la *matière* ». Si la paternité de cette citation n'est pas claire, son message, lui, est limpide. Il énonce le quatrième principe de ce monde d'énergie, à savoir la prééminence des fréquences les plus subtiles sur les fréquences les plus denses, celle de l'immatériel sur le matériel, et pose le **primat de l'intention** sur l'action en ce bas monde.

Tout est encore plus léger dans le monde de l'énergie. Il n'est pas besoin de forcer, au contraire. Il importe d'abord d'avoir une idée, de poser une intention. Et si l'intention est juste, c'est-à-dire alignée ou accordée avec le flux du monde, en soi et avec les niveaux plus subtils, elle a toutes les chances de se manifester, d'advenir pour de bon.

En ce sens, la pensée est créatrice. Nous retrouvons ici le credo de la pensée positive et de ses maîtres à penser[1] qui prônent la prière en forme d'affirmation positive à l'adresse de l'univers, de Jésus, de Marie ou de toute autre sainteté.

Plus fondamentalement encore, nous rejoignons les traditions religieuses qui se disent justement « spirituelles » parce qu'elles posent le primat de l'esprit sur la matière. Nature de l'esprit des

1. Maîtres à penser de la pensée positive : Joseph Murphy, Louise Hay…

bouddhistes, grand esprit des Amérindiens, esprit de Dieu des monothéistes, Âtman des hindouistes... tout naît de **ce souffle de l'esprit**, se maintient par lui et disparaît quand il se retire. C'est le grand respir divin.

Plus prosaïquement, **nous en faisons l'expérience tous les jours**. Si nous n'avons pas une idée claire de ce que nous voulons, il est très probable que rien ne se passe. Si le maître ou la maîtresse de maison ne décide pas d'aller faire les courses, il n'y aura pas de provisions pour le dîner. Si le navigateur ne fixe pas une destination, il ne risque pas d'y arriver.

Et il en est ainsi sur tout le continuum de fréquences qu'est notre réalité énergétique : le thérapeute énergéticien pose son intention pour que le meilleur advienne à son client ; le croyant s'aligne sur la volonté de Dieu ; l'entrepreneur fixe son objectif ; l'artiste invite son inspiration ; l'inventeur rêve son utopie...

Vivre dans un monde d'énergie, c'est avoir conscience que tout compte ; c'est prêter attention à ses intentions ; c'est avoir confiance dans le fait que notre pensée est plus puissante que nous le croyons et avoir l'humilité aussi de poser l'intention *que le meilleur advienne*, tout en ignorant ce qu'il peut être.

4. Tout communique, au-delà de l'espace et du temps

Rien n'arrête les vibrations et le continuum de fréquences est infini. Il ne faut pas s'étonner alors que, dans une vision énergétique du monde, tout devienne possible sans limites d'espace et de temps.

Au-delà de l'espace

Le plus facile à admettre est **l'abolition des distances**. Nous sommes déjà familiers de la communication à distance avec nos télévisions et nos téléphones[1]. Il suffit d'accepter qu'il ne soit pas nécessairement besoin d'un appareil pour que les vibrations parviennent d'une personne à l'autre.

Les ondes circulent et les corps les reçoivent, ou les esprits ou les âmes, chacun dans son spectre de fréquences. Certains thérapeutes

1. *Tele* veut justement dire à distance en grec.

énergéticiens pratiquent à distance. Et il arrive à beaucoup d'entre nous de penser à quelqu'un juste avant de recevoir son SMS.

Plus scientifiquement, il est prouvé maintenant en physique quantique qu'un quark, la plus petite particule identifiée à date, une fois mis en contact avec un autre quark, restera toujours en contact avec lui à quelque distance et en quelque lieu qu'il se trouve. Cela s'appelle **l'intrication.**

Au-delà du temps

L'abolition du temps bouleverse un peu plus nos manières de penser. Pourtant, nous recevons tous les jours l'onde résiduelle du Big Bang qui remonte à plus de 13 milliards d'années. Nous percevons les étoiles aujourd'hui comme elles étaient il y a bien longtemps.

Plus intimement, nous pouvons voir resurgir des émotions du passé et revivre des situations comme si tout était encore à vif dans le présent.

En hypnose, l'expérience de régression peut être encore plus saisissante et les personnes qui souffrent d'un syndrome post-traumatique vivent bien malheureusement dans leur chair cette rémanence d'un choc traumatique passé.

Tout continue d'exister dans un monde d'énergie et il est possible de voyager dans les quatre dimensions de l'espace-temps.

Au-delà de la personne

Les expériences transpersonnelles peuvent paraître plus improbables encore. Et pourtant, la psychogénéalogie[1], reconnue maintenant dans le monde des psychothérapies, regorge de témoignages de transmissions au-delà des générations, tout au long d'une lignée.

Je me souviens d'un client qui perdait peu à peu l'ouïe d'une oreille. Ses symptômes étaient apparus quarante ans plus tôt, pendant son service militaire, lors d'exercices de tir. Après exploration, entendre des tirs n'était pas une histoire nouvelle dans la famille : le père avait été forcé d'entendre, sans le voir, les tirs d'exécution de son propre père. D'une oreille à l'autre, d'une génération à l'autre, l'énergie bloquée du traumatisme était toujours présente.

1. La psychogénéalogie, initiée par Anne Ancelin Schützenberger, *Aïe mes aïeux*, DDB, intègre l'histoire des générations précédentes dans le travail psychothérapeutique.

Les expériences dites de vies antérieures, qui peuvent être aussi des *expériences archétypales* de l'espèce humaine, peuvent se comprendre de la même manière : **l'empreinte énergétique existe toujours et peut être captée**.

Plus fort encore, une vision énergétique du monde n'exclut pas **la communication avec ce que nous appelons l'au-delà**, les défunts ou les entités spirituelles. Il s'agit seulement de changer de plan de fréquences. L'absence de corps physique n'empêche pas l'existence sur un plan plus subtil.

Ceux qui reviennent d'une *expérience de mort imminente* décrivent très bien ce processus de décorporation, de rencontre avec des personnes décédées et/ou des entités lumineuses, sans perdre elles-mêmes conscience de leur propre identité humaine. Certaines parlent aussi d'un phénomène de revisitation éclair de leur vie actuelle, comme si celle-ci était énergétiquement stockée dans leur corps et circulait avant de disparaître, tout en laissant intacte la conscience d'être.

Le monde de l'énergie réunit tous les plans de réalité et rend possible d'y naviguer en conscience et en confiance.

5. Tout est énergie-information ou énergie-conscience

Nous n'avons jusqu'ici utilisé que le mot d'énergie. Mais ce mot est réducteur. **L'énergie n'est pas que de l'énergie. Elle est aussi information**. Par sa fréquence, son amplitude, ses rythmes, sa combinatoire en champ et configuration, elle raconte une histoire. Le morse en est une illustration toute simple : toc, toctoctoc, tooooooooooc... il fait passer un message qui se décode pour qui a le code.

Il en est de même pour toutes les vibrations, qui se déploient, se combinent, interfèrent et créent des polyphonies singulières. Chaque organe, pour ainsi dire, a son « chant » qui est un champ énergétique, chaque objet aussi, et l'ensemble fabrique des symphonies, des concerts, juste comme un instrument joue sa partition et contribue à l'œuvre plus grande de l'orchestre.

Certains parlent **d'ondes de forme** pour définir ces combinatoires ou configurations. La plus simple paramécie en est une ; une idée géniale ou saugrenue aussi ; une vie tout autant, qui se déroule dans l'espace-temps, jusqu'à la musique des sphères et la symphonie des mondes...

Dans notre sphère humaine, **chacun de nous,** tout autant, **est une onde de forme singulière**, avec son harmonique particulière et des assonances et dissonances insoupçonnées avec les autres. « J'aime bien être dans son air », me disait de son compagnon une cliente amoureuse. « Je ne sais pas pourquoi, mais je me sens très mal en sa présence », me disait une autre d'un voisin de palier. Sans le savoir, nous avons nos vibrations et nos antennes qui s'accordent ou pas à d'autres. Certaines nous pèsent, nous oppressent, nous agressent ou, au contraire, nous paraissent légères, rassurantes, rayonnantes, réjouissantes.

On dit aussi que les êtres très spirituels ont une « *odeur de sainteté* » ; qu'il fait bon « *prendre refuge* » dans l'air d'un être éveillé et nombreux sont ceux qui se pressent chaque année dans les bras d'Amma[1].

L'énergie n'est pas seulement quelque chose de technique. Elle est information et véhicule du sens. C'est dans cet esprit que l'on peut dire qu'**elle est énergie-information ou énergie-conscience**. On peut l'aborder comme un flux, un mouvement, une vibration qui se ressent, se capte, se canalise ou comme du sens, une mémoire, de l'esprit qui s'enregistre et peut se comprendre.

L'énergie est de la psychoénergie. Dans cette vision énergétique du monde, de même qu'il n'y a pas séparation entre le physique, l'émotionnel, le mental et le spirituel et que l'on peut naviguer de l'un à l'autre ; de même, **il n'y a pas séparation entre énergie et information, entre énergie et conscience. Ce sont les deux faces d'une même réalité.**

1. Amma, figure spirituelle de l'Inde, fondatrice de l'ONG *Embracing the world*, est bien connue pour faire le tour du monde et offrir à chacun une étreinte (*darshan*).

II. Nous sommes des êtres d'énergie-conscience multidimensionnels

Tout est énergie-information, nous baignons dedans et nous en sommes faits. **Nous n'échappons donc pas à la règle du continuum de fréquences** et nous sommes donc également multidimensionnels. Nous avons un corps physique, mais notre réalité ne s'arrête pas là. Elle est matérielle, certes, mais subtile aussi : émotionnelle, mentale et spirituelle ; corps, cœur, intellect et âme ; physique, psychologique et spirituelle.

Nous ouvrons là **un continent agrandi et inconnu de nous-mêmes**. Pour nous aider à nous y repérer, je m'appuie sur la cartographie de Barbara Brennan[1], enrichie de ma propre expérience. C'est une cartographie parmi d'autres, mais qui a le mérite de faire déjà une synthèse assez complète, tout en étant simple à comprendre. Inspirée de la tradition indienne, elle se nourrit de nombreuses expériences, peut s'expérimenter au travers d'exercices et sert de base à une pratique de soins élaborés. Dans ce chapitre, je propose une visite guidée de cette cartographie agrandie de nous-mêmes, en en décrivant les grandes lignes. *Les exercices pratiques sont regroupés dans le dernier chapitre de ce livre.*

Notre anatomie énergétique, donc, ne se limite pas au corps physique. Elle se déploie sur au moins trois autres dimensions, reconnues par la plupart des grandes traditions orientales : **l'aura, l'axe terre-ciel ou verticalité et le lien à l'unité, être ou source ultime au fond de nous**. Notre anatomie s'étend donc, pour faire simple, sur quatre dimensions.

1. Pour plus de précisions, je recommande de se reporter à ses deux livres en français : Barbara Ann Brennan, *Le Pouvoir bénéfique des mains*, Sand, réédition 2009 ; et *Guérir par la lumière*, Sand, 1993. En anglais : *Hands of Light* et *Emerging Light*.

1. Dimension 1 : Le corps physique

Notre corps physique est fondamental. Il est notre base-vie. S'intéresser au monde de l'énergie ne doit en aucun cas nous en éloigner, au contraire.

Notre corps est déjà de l'énergie, mais sous une forme plus dense, et cette forme est notre unique maison en cette vie, notre seul véhicule et instrument pour exister, notre seul capteur sur le monde qui nous entoure, et notre antenne exclusive sur toutes les autres dimensions. Le seul lieu aussi où nous sommes vraiment chez nous, à côté des autres, en notre for intérieur.

Explorer notre réalité énergétique vise à **amplifier l'espace intérieur et extérieur de notre corps**, à élargir le spectre de réception de ses sens, à aller à la rencontre de ses mémoires et de sa sagesse intérieure, à accroître notre intimité mutuelle avec lui. Finalement, à **l'habiter aussi pleinement en conscience que possible**. De lui tout part et à lui tout revient. Reconnaissance et gratitude.

Une visite d'amitié de ce corps*, maison, refuge, véhicule ou temple dans cette vie, s'impose et vous est proposée au dernier chapitre de ce livre.*

2. Dimension 2 : Le corps énergétique, ou champ énergétique ou aura

Avec notre corps énergétique ou champ énergétique, appelé aussi aura dans la tradition indienne, **nous prenons de l'ampleur**. Celui-ci, en effet, dépasse largement notre corps physique et, avec sa forme ovale, nous fait ressembler à un gros Bibendum.

L'aura est le lieu de notre **personnalité**, avec notre histoire passée et présente. Par couches successives, elle inclut tous les niveaux de fréquences, du plus physique (les sensations) au plus spirituel (l'unité ultime de l'esprit ou conscience). De ce fait, elle nous ouvre aussi à une réalité plus transpersonnelle et immatérielle.

Dans toutes les visions énergétiques du monde, tout, forme vivante ou objet inanimé, a un corps énergétique et sans lui, rien ne vit. Notre aura nous est donc vitale et c'est elle qui vient activer, animer, configurer notre corps physique. Elle le précède.

De même que notre corps physique a besoin de s'alimenter en respirant, buvant, mangeant, **notre corps énergétique ou aura a aussi besoin de se nourrir… d'énergie, c'est-à-dire de qi, ou chi ou prana.**

Pour capter cette énergie, nous avons donc des « **bouches d'énergie** » : les **chakras**. Les chakras sont des roues, tourbillons ou vortex qui aspirent et expulsent l'énergie. L'énergie est ensuite distribuée dans tout le corps par des vaisseaux d'énergie, ou **nadis** ou **méridiens**.

Tous les chakras sont reliés par leur pointe à un **courant central d'énergie**, situé au centre de notre corps, comme une véritable colonne vertébrale énergétique, qui nous parcourt de la tête aux pieds et, par-delà, de la terre au ciel. C'est par ce canal que se fait la montée de la **kundalini**, selon la pratique indienne.

Dans la plupart des cartographies, on identifie **7 chakras majeurs**, ouvrant leur corolle à l'avant et à l'arrière du corps ainsi qu'au périnée et au sommet du crâne. Ces 7 chakras attirent un niveau de fréquences, ou qualité d'énergie, privilégié, dirigent plus spécifiquement un ou plusieurs organes et irriguent l'un des **sept niveaux de l'aura**[1].

Les niveaux de l'aura vibrent chacun à leur fréquence et sont autant de **corps énergétiques imbriqués les uns dans les autres**. Nous baignons ainsi dans des niveaux de fréquences multiples. Notre corps ne se limite pas à l'enveloppe solide et tangible que nous connaissons, il se déploie en un champ vibratoire plus diffus et élargi, d'au moins sept couches ou corps.

Le premier corps (alimenté par le premier chakra) est presque **physique** encore. Il est le lieu des sensations physiques, du bien-être ou mal-être corporel.

Le second (alimenté par le deuxième chakra) est le **corps émotionnel,** plein de ressentis émotionnels plus ou moins confortables.

Le troisième (alimenté par le troisième chakra) est le **corps mental**, chargé de pensées, d'idées de croyances plus ou moins stimulantes ou limitantes.

Le quatrième à la fois personnel et transpersonnel, dit corps **astral**, est celui de l'imaginaire où tout peut s'inventer.

1. D'autres pratiques parlent de 9, 13, 14, voire 21 chakras. La cartographie classique avec ses 7 chakras et ses 7 niveaux de l'aura suffira et s'avère très opérationnelle dans mon expérience et celle de nombreux praticiens.

Les couches suivantes, cinq, six et sept (alimentées par le chakra correspondant), nous branchent sur des réalités toujours plus subtiles : **corps matriciel, corps céleste et corps lumineux**.

Pour faire simple, le tableau ci-après donne un portrait résumé de l'anatomie de notre corps énergétique ou champ énergétique ou aura[1] avec ses 7 chakras et 7 niveaux.

Chakra 1 de la racine/base énergie rouge appétit de vivre	Niveau 1. Corps physique maillage bleu sensations physiques	reins, vessie/ sécurité de base
Chakra 2 du hara énergie orange, Éros sexualité, polysensorialité	Niveau 2. Corps émotionnel moelleux, multicolore émotions	organes sexuels/ plaisir, amour de soi
Chakra 3 du plexus énergie jaune solaire intuition, raison	Niveau 3. Corps mental maillage jaune mental	système digestif/ image de soi, jugement
Chakra 4 du cœur énergie verte ouverture à l'autre, au vivant	Niveau 4. Corps astral fluide pastel et rosé sentiments	thymus, cœur, système sanguin/ amour, empathie, tendresse
Chakra 5 de la gorge énergie bleu ciel pure expression authentique	Niveau 5. Corps matriciel maillage bleu sombre en négatif ; matrice du niveau 1 intention juste	poumons, œsophage, cordes vocales, bouche/ courage de la vérité
Chakra 6 ou 3e œil énergie indigo vision large, cosmique	Niveau 6. Corps céleste irisé, opalescent, vaporeux amour inconditionnel	cerveau inférieur, hypophyse, œil gauche, oreilles, nez, système nerveux/ compassion
Chakra 7 énergie blanche omniscience divine	Niveau 7. Corps lumineux maillage doré, corps ou œuf de lumière	cerveau supérieur, épiphyse, œil droit/ union divine

1. Pour plus de détails, il suffit de se reporter aux deux livres de Barbara Brennan, *Le Pouvoir bénéfique des mains* ou *Guérir par la lumière*, *op. cit.* On peut aussi consulter les nombreux ouvrages disponibles sur le marché sur l'aura et les chakras. Tous convergent sur l'essentiel.

Notre réalité énergétique est vibratoire et vibrante. Alors, pour que tout cela ne reste pas que du mental, pour que vous puissiez l'expérimenter dans votre corps, ***un voyage au cœur de l'aura*** *vous est proposé au dernier chapitre de ce livre.*

3. Dimension 3 : l'axe ciel-terre

Avec l'axe ciel-terre, nous descendons dans une dimension plus profonde que l'aura. Cette **ligne de verticalité** est moins souvent identifiée à part entière par les approches énergétiques classiques, qui se limitent à l'aura et au courant central d'énergie. Il s'agit pourtant d'une dimension essentielle, structurante, qui sous-tend l'aura et lui **donne sa tenue et son intentionnalité**.

La qualité d'énergie y est ici plus intense, dégagée de la charge émotionnelle de notre personnalité. Électrique, lumineuse ou métallique, tel un câble haute tension, elle a l'intensité de l'esprit pur et de son intention de se manifester et de prendre forme.

L'axe ciel-terre est notre **ligne d'intention d'être ici** et le chemin vertical de notre pensée créatrice ; l'axe qui a procédé à notre incarnation et procède toujours à la manifestation des projets qui nous tiennent à cœur.

Pour puiser au tréfonds de leur énergie physique et convoquer toutes les forces telluriques, les praticiens d'arts martiaux reviennent en permanence à leur centre de gravité vital dans le ventre : **hara** japonais ou **tan tien** chinois. Les yogis, pour se relier à l'unité et à l'esprit, insistent plus sur la **verticalité** et leur accroche au ciel. De leur côté, les croyants de notre monde occidental se redressent en prière, mains jointes vers le haut. **Tous recherchent le geste ou la posture juste et les ressources du plus haut et du plus bas.**

Quelle que soit la pratique, l'axe ciel-terre réaligne, **redresse et donne de la grandeur**. Il invite à ressentir que nous sommes lien entre terre et ciel, entre esprit et matière. Que nous avons en bas les ressources de la terre et en haut celles du ciel. Il est **notre ligne de force et notre ligne de clarté.** Chacun a sa ligne exclusive au-dessus, en dessous et à l'intérieur, qui ne s'emmêle à aucune autre. Et, à ceux qui veulent bien l'entendre, l'axe ciel-terre rappelle que, tous à notre manière, nous pouvons nous revendiquer **fils et filles du ciel et de la terre**.

Ancrage, centrage, alignement. *Cette expérience fortifiante, redressante, et agrandissante de la ligne ciel-terre vous est proposée au dernier chapitre.*

4. Dimension 4 : L'appartenance à l'unité, l'être, la source...

Cette dimension la plus ultime, qui rejoint là toutes les traditions spirituelles, reconnecte à **l'unité fondamentale de toutes choses**.

Quel que soit le nom qu'on lui donne, Être, Dieu, essence, Brahma, Tao, nature de l'esprit, ou vide quantique... finalement, dans toutes les croyances, tout est un et, quel que soit notre forme ou notre avatar, nous en faisons partie et en sommes faits.

À tout moment et de toute éternité, l'hypothèse énergétique est que nous avons au fond de nous cette vibration, ce souffle, cette luminosité... qui jamais ne s'efface, même derrière les nuages de notre ignorance, de notre inconscience et de nos souffrances. **L'essence, la lumière, l'unité, l'esprit, Dieu... est là, au-dedans de nous**, comme l'étoffe ou le principe même de ce que nous sommes.

Dans une vision énergétique du monde, nous n'en sommes jamais séparés et il est toujours possible d'y retourner et de s'y retrouver. Là est la béatitude des mystiques, le « lac tranquille » des méditants, la source de toute chose et de toute guérison. Insondable vacuité, conscience infinie, présence silencieuse, au-delà de la lumière et dans la lumière.

Toutes les pratiques spirituelles et leurs formes méditatives aspirent à vous y conduire. Plus modestement, ***une expansion lumineuse*** *vous est proposée au dernier chapitre.*

III. Santé, bien-être et épanouissement : de l'énergie qui circule bien sur tous les plans

1. La vision de la santé s'agrandit

Corps physique, aura, axe ciel-terre, appartenance à l'unité, toute vision énergétique du monde, quelle qu'elle soit, agrandit la représentation que nous nous faisons de nous-mêmes. Et il en va ainsi aussi de notre vision de la santé, du bien-être et de l'épanouissement, qui va bien au-delà du corps physique et se globalise :

1. La santé, et au-delà le bien-être, est **multidimensionnelle** : elle est certes nécessairement physique, mais aussi émotionnelle, intellectuelle et spirituelle, car tous les plans communiquent.
2. Telle la croissance d'une belle plante, elle peut se représenter, pour chacun, comme le **déploiement optimal d'une forme d'énergie de vie** singulière sur tous les plans, dans tout l'espace et le temps, corps et âme inclus. Il ne s'agit plus de santé ou de maladie ponctuelle, mais d'évolution et de chemin tout au long d'une vie, voire au-delà.
3. Le mal-être se comprend comme une **défaillance de la circulation de l'énergie**, son ralentissement, sa stagnation, sa congélation. Ou un brouillage de fréquences, avec ses frictions et dissonances.

   Sur le plan physique, elle est contraction, crispation, enkystement, jusqu'à l'inflammation, la nécrose ou la compaction maligne ou pas.

   Sur le plan émotionnel, elle est blocage et retenue de peur, de colère, de tristesse, de ressentiment... qui n'a pu s'évacuer naturellement.

   Sur le plan mental, elle est pensée limitante, jugement partiel qui déforme et caricature l'image de soi, du monde ou des autres et handicape la capacité d'interagir, de s'adapter et d'inventer.

Sur le plan spirituel, elle est séparation de l'unité, sous forme de contentieux, d'indignité, de malédiction, d'insécurité, d'exclusion et de solitude radicale.

4. Le chemin vers le mieux-être, passe par **une remise en mouvement de l'énergie bloquée, sa transformation et son retour au flux créatif de la vie**. Qui est aussi réharmonisation.

2. La palette des ressources se démultiplie : activer le potentiel d'énergie-conscience et lever les énergies bloquées

Les thérapies classiques, le plus souvent ciblées sur un dysfonctionnement, un organe, un symptôme, une maladie, ont leur place, mais gagnent à s'enrichir **d'approches complémentaires qui abordent la personne dans sa globalité d'être d'énergie multidimensionnel.**

L'idée est toujours d'agir sur les **deux leviers : activer tout le potentiel d'énergie de vie et de conscience** de la personne, qui est sa vraie nature d'un côté et, de l'autre, l'aider à **libérer ses énergies bloquées** et ce, dans toutes les dimensions.

La palette de ressources se démultiplie, ainsi, pour toute personne en quête de mieux-être et de déploiement. Chaque approche complémentaire peut avoir son utilité à un moment ou un autre, **sous réserve que chacun reste pilote de soi-même, persévérant et conscient** sur son chemin de « guérison » ou d'évolution. La pratique individuelle régulière est importante, tout autant que l'accompagnement continu.

Sur le plan du corps physique, par exemple, lui-même énergie lente, tout ce qui peut servir à **relâcher les tensions et remettre en mouvement la circulation du système énergétique**, a sa pertinence : acupuncture et shiatsu de la médecine chinoise, médecine ayurvédique, soins énergétiques Brennan, Quantum Touch, massages, ostéopathie, fasciathérapie, étiothérapie... et en pratique individuelle, yoga, taï-chi, sophrologie, Feldenkrais...

Sur le plan psychique, les approches qui permettent de débrayer le mental sans l'exclure, pour **descendre en dessous du conscient vers l'imaginaire, l'émotionnel et le psychocorporel** sont les bienvenues : hypnose ericksonienne, rêve éveillé, respiration holotropique, sophro-analyse, voyage chamanique doux, libération des postures de la Coreenergetics, descente dans les sensations du corps jusqu'à la mémoire cellulaire, analyse transgénérationnelle et constellations familiales...

Sur le plan plus spirituel, toute forme de méditation, qui suspend l'agitation extérieure, recentre et ramène à l'intérieur, à l'écoute du moment présent, participe aux retrouvailles avec notre nature profonde d'être d'énergie-conscience et de parcelle de l'unité : prières, mantras, méditation de pleine conscience, retraites dans la nature ou spirituelles.

IV. L'esprit de la Psycho-Énergie : un accompagnement ouvert, avec les deux leviers de l'énergie et de la conscience

La psychoénergie est un état d'esprit. Pleine de cette vision unifiée de la réalité, qui déverrouille tous les horizons, elle **approche l'individu comme un être d'énergie-conscience dans toute son intégralité** : personne physique, personnalité singulière, âme en chemin et bouddha en puissance.

Elle **accompagne** la personne à son rythme et **facilite, tout en l'accélérant,** son travail de remise en mouvement, de libération des blocages et de déploiement de son être. **Son but est de contribuer à une transformation et un agrandissement durable de chacun.**

Elle autorise le praticien et son client à circuler sur tous les plans **sans inhibition ni tabou**, des sensations et réactions du corps aux interrogations et expériences spirituelles, en passant par l'exploration de l'imaginaire.

Dans chaque séance, elle peut **jouer sur le levier de l'énergie et sur le levier de la conscience**. D'un côté, elle peut faciliter l'exploration des difficultés du moment, la prise de conscience des blocages le plus souvent venus du passé et en aider la libération dans le ressenti du corps. De l'autre, elle peut aider à activer les ressources énergétiques de la personne par des exercices actifs ou un soin sur table.

Du fait de ce travail en profondeur, qui met en mouvement l'énergie-conscience du client dans toutes ses dimensions, **la fréquence des séances peut s'espacer sur plusieurs semaines** et l'évolution de la personne vers un mieux-être, physique et/ou psychologique, peut s'observer assez rapidement, souvent dès la première séance.

Nous allons privilégier dans ce livre, le volet conscience de la psychoénergie : comment notre énergie-conscience se déploie dans l'enfance et comment, souvent, elle se bloque et limite notre potentiel de vie et comment il est possible d'aller rencontrer et apaiser ces énergies bloquées pour nous remettre en mouvement.

Le volet énergie est abordé en dernier chapitre. Il y est proposé un panel d'exercices à pratiquer individuellement, ou avec l'aide d'un praticien, pour encourager la circulation énergétique, activer les ressources profondes et renforcer ainsi le processus de transformation.

En résumé

Adopter une vision énergétique agrandit la perception du monde et de la personne et déverrouille tous les horizons : rien n'est séparé, tout est relié, vibratoire et multidimensionnel sur un continuum de fréquences illimité.

Chacun de nous est un être d'énergie-conscience multidimensionnel, physique, émotionnel, mental et spirituel à la fois, et il est possible de naviguer dans toutes nos dimensions, sans limites, ni de temps ni d'espace.

La vision de la santé, du bien-être et de l'épanouissement s'agrandit et peut se comprendre comme une bonne circulation de l'énergie dans toutes nos dimensions et le déploiement de notre potentiel d'être d'énergie-conscience. Le mal-être, à l'inverse, est stagnation, désaccord, réduction.

La psychoénergie est un accompagnement ouvert, qui permet de s'explorer sans inhibition ni tabou, dans toutes nos dimensions.

Avec ses deux leviers de travail : le volet conscience, qui vise à libérer nos blocages, venus des traumatismes de l'enfance ou au-delà ; et le volet énergie, qui vise à activer notre vraie nature énergétique et ses ressources, la psychoénergie accélère le processus de transformation de chacun.

Et vous ?

Questions

1° Quelle est votre familiarité avec le monde de l'énergie ? *Ressentez-vous l'énergie naturellement, est-ce le fruit d'un travail ou bien êtes-vous encore tout novice ?*

2° Comment vous sentez-vous avec cette vision unifiée de la réalité ? *L'idée que tout vibre ; que vous êtes vibration, baignant dans un océan vibratoire et par là relié à tout ? Qu'au même endroit, tous les niveaux de fréquences cohabitent et par là tous les plans de réalité, du plus physique au plus spirituel ?*

3° Jusqu'où pouvez-vous accepter et expérimenter le fait que vous êtes un être d'énergie-conscience, physique et spirituel à la fois ? *Que potentiellement vous avez accès à partir de votre corps à toutes les informations du monde ? Que potentiellement vous êtes plus grand dans l'espace que votre forme physique et psychologique actuelle, et plus étendu dans le temps que cette vie présente, maillon de votre lignée, de l'espèce humaine, du chemin de votre âme et ultimement avatar de l'esprit ?*

4° Comment se porte votre énergie de vie ? *Vous sentez-vous pleinement déployé ou bloqué, bridé, diminué, en-deçà de ce que vous pourriez être ? Êtes-vous allé explorer au plus profond de vous-même les points de blocage, là où un peu du flux de vie s'est retenu, détourné, arrêté, et qui handicapent votre vie d'aujourd'hui : malaise physique, frustration émotionnelle, ressassement mental, inhibitions et répétitions, perte de confiance et d'espoir ?*

Suggestions pour ressentir la pulsation du monde

Prenez le temps de vous asseoir ou vous allonger confortablement avec la certitude de ne pas être dérangé dans l'heure qui suit et laissez s'installer le calme et le silence.

N'importe quelle forme de méditation est la bienvenue si vous avez votre propre pratique. Sinon, pour vous détacher de l'agitation extérieure et vous déposer peu à peu à l'intérieur, je vous suggère simplement d'occuper votre mental à prêter attention seulement aux sensations de votre corps. Choisissez la sensation la plus forte et restez-y, sans besoin d'explication, donnez-lui toute la place, soyez curieux, découvrez comme le ferait un spéléologue, sans juger. Laissez faire, laissez passer les pensées, restez attentif à ce que vous ressentez : la respiration peut changer, la sensation peut s'accroître un temps, se dissiper, changer de place, suivez ce paysage énergétique de votre corps.

Si vous avez besoin de réoccuper votre mental, suivez votre respiration ou entreprenez une visite d'amitié de votre corps : les pieds, les jambes, le bassin, la cage thoracique...

Peu à peu, il y a des chances que vous captiez un mouvement pulsatoire, dans une partie du corps, un point isolé, un organe. Suivez sa vague, c'est le grand respir du flux de la vie. Laissez-vous bercer.

Puis, sans quitter le centre de votre corps et cet état plus fluide de vous-même, déplacez votre attention sur un bruit, une sensation venue de l'extérieur : cigales qui stridulent, bourdonnement du trafic, vent dans les branches, cris d'enfants dans la cour de récréation... Laissez entrer, recevez, accueillez, mettez-vous dedans. Laissez votre oreille s'ouvrir, votre peau devenir sensible. Faites-vous poreux.

Vous êtes dedans et dehors. Intérieur et extérieur, se mêlent. L'air qui entre en vous a voyagé depuis l'autre bout de la stratosphère ; l'énergie qui pulse au-dedans et au-dehors n'a jamais arrêté de vibrer depuis la nuit des temps ; en vous et autour de vous, bat le cœur de l'univers ; au fond de vous, frissonne la vibration éternelle de l'esprit, trame lumineuse pour les uns, lac tranquille du vide infini pour les autres.

Vous pouvez alors vous laisser pénétrer par ***ce beau mantra dit de l'ouverture*** :

En français

« Om, ceci est visible, ceci est invisible

Ces deux vérités sont la réalité : le tout

Le tout est projeté du vide

Tout demeure dans la plénitude

Om, paix, paix, paix. »

Ou en sanskrit

« Om. Purnam-adah, purnam-idam

Purnaat purnam-udacyate.

Purnasya purnam-aadaaya

Puranm-eva-avashisyate

Om. Shanti, shanti, shanti. »

Partout et à la même place, du plus physique au plus spirituel, vous êtes. Bienvenue à la maison.

CHAPITRE II

COMPRENDRE CONCRÈTEMENT COMMENT NOTRE ÉNERGIE-CONSCIENCE SE DÉPLOIE AU COURS DE NOTRE ENFANCE ET COMMENT SOUVENT ELLE SE BLOQUE

I. Croissance fluide et énergies bloquées de l'enfance

Limites d'espèce

Nous sommes énergie-information, de la plus physique à la plus spirituelle, et, en principe, dans ce monde idéal d'énergie, nous pouvons nous promener sur toute l'échelle des fréquences, vers le plus dense de la matière comme vers le plus subtil de l'esprit ou de l'être.

Telle n'est malheureusement pas notre expérience de tous les jours, beaucoup moins légère et limpide, beaucoup plus étriquée et contrainte. Nous ne sommes pas si facilement en contact avec cette réalité profonde. Certaines personnes paraissent plus inspirées, d'autres plus sereines, à d'autres encore tout semble sourire. Mais **pour la plupart d'entre nous, rien n'est si fluide, ni ne coule vraiment de source.**

Une première explication est tout simplement d'espèce. Nous sommes nés humains et constitués pour vivre sur le spectre de fréquences de notre réalité très physique. Notre corps est conçu pour cet ordinaire-là ; notre milieu et notre éducation perfectionnent encore son adaptation. Ou suradaptation, car ce conditionnement est aussi une fermeture aux autres plans vibratoires plus subtils que nous appelons « extra » ordinaires.

Accidents de croissance

Une autre raison, plus individuelle, est que notre croissance de petit humain se déroule rarement de façon optimale. Si le milieu est approprié, la petite configuration d'énergie que nous sommes peut s'épanouir au meilleur de son potentiel. Juste comme la graine, bien placée dans un bon terreau, bien arrosée et soignée, va déployer la belle plante qu'elle est destinée à devenir. Le plus souvent, cependant, la perfection n'étant pas de ce monde, toutes les conditions d'accueil et d'attention ne sont pas réunies. La croissance n'est pas aussi fluide qu'elle le pourrait. L'énergie de vie qui cherche à grandir rencontre des obstacles, se dévie ou s'arrête par endroits : brouillages, déséquilibres, distorsions, blocages.

En langage courant, nous appelons ces obstacles des **traumatismes**, petits ou grands. Le plus souvent, ces expériences sont effacées de la mémoire, mais elles laissent leurs empreintes énergétiques sur tous les plans : postural, émotionnel, mental, relationnel. Timidité, méfiance, agressivité, contrôle, habileté, obéissance, dépendance..., autant de traces utiles parfois, limitantes souvent, quand elles ne sont pas franchement handicapantes.

Blessures, défenses et caractère

En psychoénergie, et dans la lignée de l'analyse reichienne[1], nous parlons de **blessures**. Si elles sont trop vives, elles crispent notre capacité naturelle d'adaptation et rigidifient le flux d'énergie en défenses, beaucoup moins souples. Selon le niveau de notre anatomie énergétique, ces **défenses** prennent la forme de **crispation physique, rétention émotionnelle, fixation mentale et/ou contentieux spirituel.**

À chaque étape de notre croissance, les défenses s'accumulent et se combinent en un système de défenses, qui devient notre **caractère**. Exactement comme le formule le dicton : « les épreuves forgent le caractère ». Mais il est clair que ce caractère n'est qu'une seconde nature, comme une armure ou une cuirasse protectrice, posée sur ce que nous sommes vraiment : de l'énergie-conscience fluide.

Ainsi, tout au long de notre croissance, nous semblons grandir à l'extérieur, mais **des parties de nous-mêmes** et de notre potentiel sont ralenties, arrêtées et **ne grandissent plus à l'intérieur**.

Le cœur de la psychoénergie est d'aider à retrouver le contact avec notre énergie de vie, pleine et entière, en allant à la rencontre de ces mémoires bloquées.

1. *Cf.* note 1, voir p. 5.

II. Les cinq grandes étapes de croissance : apprentissages, blessures et défenses

Pour comprendre comment notre énergie de vie se déploie et se bloque aussi, je vous propose de **parcourir les étapes clés du développement du petit humain** que nous avons tous été, avec ses opportunités d'adaptation et d'apprentissage, mais aussi avec ses blessures et ses défenses. C'est une vision générale, mais, sur cette trame commune, chacun pourra y retrouver sa propre histoire.

Ce voyage d'étape en étape de croissance s'inspire, en la revisitant et en l'enrichissant à la lumière de ma propre pratique, de la « caractérologie », entreprise par William Reich, reprise par Alexander Löwen, puis formalisée par *The Core Energetics Institute* de John Pierrakos. Elle a été affinée par la Barbara Brennan School of Healing et plus récemment par le *Somatic Experiencing Institute* de Peter Levine[1]. Louise Bourbeau[2] en a tiré un livre simplifié de développement personnel et deux praticiennes Brennan un petit manuel ludique[3]. Je l'ai moi-même **retravaillée de façon très expérientielle** pour mon cycle annuel *Grandir sur son chemin d'âme*[4].

1. William Reich, *L'Analyse caractérielle*, Payot.
Alexandre Löwen, *La spiritualité du corps*, Dangles ; et *Le langage du corps*, Tchou.
John Pierrakos, *Le noyau énergétique de l'être humain*, Sand, 1991 ; et *Psychothérapie corporelle : William Reich.*
Barbara Brennan, *Guérir par la lumière* et *Le Pouvoir bénéfique de mains*, *op. cit.*
Peter Levine, *Réveiller le tigre : guérir le traumatisme*, InterEditions.
Laurence Heller, Aline Lapierre, *Healing developmental Trauma.*

2. Louise Bourbeau, *Les cinq blessures qui empêchent d'être soi*, *op. cit.*

3. Mary Laure Teyssedre et Isabelle Gauducheau, *Les Cinq Blessures de l'âme*, Jouvence.

4. Françoise Bonnal, *Grandir sur son chemin d'âme*, *cf.* note 1, voir p. 5.

Cette caractérologie recoupe pour une part les étapes identifiées par la psychanalyse, surtout sous la forme que lui a donnée Françoise Dolto[1]. Mais elle le fait de manière plus détaillée, existentielle et multidimensionnelle : corporelle, émotionnelle, mentale et spirituelle.

Pour la psychoénergie, **le chemin de croissance pour tout individu est un processus** de déploiement de son énergie de vie, qui se différencie peu à peu de celle de sa mère, ses parents et de ses conditions de naissance pour se configurer peu à peu à sa manière singulière. Pour faire simple, ce **cheminement de différenciation et de singularisation** passe par cinq grandes étapes majeures, que j'ai pris l'initiative de nommer :

1° L'incorporation[2] : expérience de l'arrivée sur terre, de la conception à la naissance. Là s'acquiert **la sécurité de base**. La qualité de l'accueil y est essentielle pour que l'enfant se sente en sécurité dans son corps et dans le monde. Sa défaillance peut donner lieu à une blessure de type « **schizoïde** », dominée par **la peur d'exister** dans un monde hostile.

2° Le maternage : étape de soin du nourrisson. Le bébé y apprend le ressenti de **complétude**. L'expérience de l'abondance et de la fluidité du donner et du recevoir avec la mère est décisive. Si elle fait défaut, il y a blessure « **orale** », avec sa **peur du manque et de l'abandon**.

3° L'autonomisation : découverte d'un moi séparé par l'élan de la mobilité, l'apprentissage de la propreté et le début de la parole. Le petit enfant s'approprie le sens de ses **frontières** entre son intimité et l'environnement extérieur. L'ajustement progressif de la bonne distance par le parent est important. Son dysfonctionnement peut susciter une blessure de type « **masochiste** », avec **sa peur de l'invasion et de l'humiliation**.

4° La personnification : phase de la différenciation qui va de l'école maternelle (la période de l'œdipe) à l'école primaire (la période de latence). C'est le moment de la recherche et de la définition de l'**identité**. Le respect de l'enfant, comme une personne à part entière avec sa personnalité propre, est nécessaire. Son non-respect peut

1. Françoise Dolto, *Les Étapes majeures de l'enfance*, Folio Essais.

2. Les dénominations de ces étapes varient selon les auteurs et les points de vue. Je donne les miennes et rappellerai à chaque étape les autres termes utilisés.

créer une blessure narcissique de type « **psychopathique** », caractérisée par **la peur de la trahison et de la manipulation**.

5° L'envol/la socialisation : moment explosif de l'adolescence, avec sa poussée pubertaire, son inscription générationnelle dans le groupe des pairs et sa nécessaire séparation du nid parental. Là se construit **l'autorité intérieure**. Sa répression, volontaire ou non, peut occasionner une blessure de type « rigide », avec sa **peur des pulsions et de l'imperfection**.

Il va de soi que **l'expérience de vie de chacun n'est pas aussi clairement découpée** que cette classification commode. Chacun de nous passe par ces phases adaptatives, à son rythme et avec des degrés d'intensité variés, pour aboutir à **un cocktail unique d'identité** physique, émotionnelle, relationnelle et spirituelle. *Je vous invite, dans les pages suivantes, pour vous et pour vos proches, à revisiter dans le détail ce chemin.*

III. L'incorporation[1]

1. Expérience première autour de la conception et la naissance

Cette première étape et expérience de la vie commence **avant notre conception et se déroule jusqu'à l'accueil du nouveau-né**[2].

Avant la conception, tout est encore immatériel, ce qui ne veut pas dire que l'énergie de vie n'est pas déjà en mouvement et **déjà chargée d'empreintes**. Elle est projet dans la tête des parents, si l'enfant est désiré. Elle est porteuse de leurs représentations de soi, du monde, de la famille et des images collectives flottant dans l'environnement. Elle est mémoire d'espèce et loyauté de lignée. Si l'on accepte l'idée de la survie des âmes sous une forme ou sous une autre, les traces de vies antérieures apportent aussi leur bagage pour le meilleur et pour le pis, et peut-être, alors, l'intention de venir sur terre est plus ou moins grande.

Vient ensuite **la rencontre charnelle des parents** et de la **conception**, choisie ou non, moment voluptueux ou non, baigné dans l'amour ou non, et nous devenons **embryon**. Pendant toute la gestation, la petite forme que nous sommes est si peu délimitée énergétiquement qu'elle ne fait pas la différence entre l'intérieur et l'extérieur. Elle **baigne dans l'océan vibratoire de** notre **mère** et de son milieu ambiant. Tout résonne, tout traverse et l'imprègne : le fonctionnement

1. La terminologie d'origine (Reich, Löwen, Pierrakos, Brennan) définit cette étape par son dysfonctionnement et parle ainsi de blessure, défense et caractère « **schizoïde** ». Plus récemment, les praticiens du *Somatic Expériencing Institute* choisissent de dénommer cette étape par l'expérience et l'acquisition majeure de cette étape : « **connection** ». Louise Bourbeau dans *Les cinq blessures qui empêchent d'être soi* (*op. cit.*) associe cette étape à **la peur du rejet**. Mary Laure Teyssedre et Isabelle Gauducheau proposent le personnage du héron pour symboliser cette relation au monde dite schizoïde.

2. Le *Rebirth*, la respiration holotropique, la sophro-analyse, le stage « Naissance » de l'EFAPO s'adressent plus particulièrement à ces expériences périnatales et bien sûr l'atelier 2 *Incorporation* du cycle *Grandir sur son chemin d'âme.*

des organes de maman, ses crispations, ses modifications hormonales, ses vagues émotionnelles, ses ondes cérébrales et tout ce qui se passe autour d'elle et l'affecte. Nous sommes éponges, du moment présent et de tout ce qui s'est inscrit aujourd'hui et hier dans le champ énergétique de notre mère.

À trois mois, l'embryon devient **fœtus**. Dans la tradition de nos campagnes, c'est le moment où l'on commence à annoncer le futur événement et où l'enfant devient socialement quelqu'un. La croyance dit que c'est à cette phase du développement que l'âme du bébé cesse de se promener entre le monde subtil et le monde physique, pour s'attacher définitivement au petit corps en formation. La même chose se dit dans la tradition indienne sur le développement des chakras. Jusqu'à trois mois, il n'y a pas différenciation de l'unité, ce ne serait qu'à ce moment de la gestation que le bouton du septième chakra commence à se former. Puis progressivement les germes des autres chakras se forment jusqu'au premier chakra de la racine, prêt à s'ouvrir pour la naissance. En ce sens, cette première étape de la gestation serait plus qu'une procréation. Elle serait aussi **un passage : de l'état spirituel à l'état charnel**.

La **gestation** continue son cours avec ses **aléas** maternels et parfois même utérins : il peut y avoir un jumeau, par exemple, qui s'en va très tôt ou très tard pendant la grossesse.

Puis nous arrivons à terme avec pour seule option : la **naissance**. Expérience inconnue et inconfortable. Pression et compression inouïe. Puis explosion de tout : lumière, bruits, mains et l'air qui entre dans les poumons tout neufs. **Expérience révolutionnaire et inévitablement traumatisante**.

Paroles, exclamations, bras qui prennent, regards qui **accueillent** ou non, peau à peau ou pas... Entre le dedans et le dehors, la seule chose familière encore est la vibration maternelle : odeur, voix, respiration, pulsations..., et tout son champ énergétique, cocon enveloppant, seconde matrice, ventre de substitution.

2. L'enjeu d'adaptation : la sécurité de base

Bonne adaptation : accueilli, rassuré, contenu

Le plus souvent, tout le processus se passe « **suffisamment** » **bien**. Rien n'est parfait, mais, comme le disait un vieil humoriste[1], « nous sommes étudiés pour ». Nos capacités d'adaptation digèrent toutes les expériences et posent les fondations très inconscientes encore de notre futur petit moi.

Idéalement à l'issue de cette étape, **nous nous sentons bien dans notre corps** de bébé, même si nous n'avons pas conscience encore d'avoir un corps. Nous existons suffisamment en confiance dans notre environnement et de plein droit sur terre que nous ne connaissons pas encore comme telle. L'expérience, en tout cas, paraît plutôt accueillante et rassurante.

Ceci nous donne **une furieuse envie de vivre**, qui se manifeste par un joyeux appétit, des protestations vigoureuses et une solide propension à nous laisser aller béatement au sommeil. Si le milieu s'y prête, le passage du spirituel au physique s'est fait à peu près en douceur et l'acceptation d'avoir bien les fesses sur terre s'accompagne de l'évidence naturelle, même si elle est sans paroles à ce stade, d'avoir **toujours un lien à l'unité.**

Blessure « schizoïde » : rejeté, terrorisé et dissocié

Le chemin de l'incorporation, malheureusement, est souvent semé d'embûches.

La grossesse, par exemple, est un accident. La mère éplorée envisage, voire tente le pire. Je connais un cas où le père de la jeune fille pointe un pistolet sur la tempe du géniteur fautif pour le contraindre au mariage. Panique à bord. Hostilité ambiante.

Autre scénario, la mère de la future mère est en train d'être emportée par un cancer tout au long de la grossesse de sa fille. Élan de vie et énergie de mort qui rôdent et se mêlent.

Dans le ventre chaud de maman, aussi, un drame peut se jouer : l'autre petite présence jumelle, aux vibrations si familières à côté, a cessé de vibrer, et puis voilà qu'elle n'est plus là. Les turbulences

1. Fernand Raynaud.

de la vie en détresse, puis le silence de sa fin, puis le vide de sa présence laissent leur empreinte.

Plus tard, c'est la sortie qui peut être difficile : le cordon est autour du cou, avancer c'est vivre, mais c'est aussi mourir. Comment avancer alors ?

Il arrive aussi que maman aille mal et que l'on craigne qu'elle y passe. Terreur et culpabilité.

À l'arrivée, il se peut finalement que le comité d'accueil manque à l'appel : c'est encore une fille et tout respire la déception ; ou encore, bébé est un peu jaune et, tout de suite, le voilà tout nu, tout seul, sous un spot de lumière aveuglante.

Des ombres portées, enfin, peuvent aussi venir du passé : juste avant la conception, grand-père a été arrêté et fusillé et personne n'a pu s'en remettre.

Il peut s'ajouter des mémoires plus anciennes d'autres vies, de la lignée ou simplement de notre histoire humaine qui toutes disent la même chose : **il ne fait pas toujours bon vivre sur terre**.

3. Les traits de la personnalité « schizoïde » qui se mettent en place

Le problème clé : l'épreuve d'être vivant/dans un corps

À cette étape, l'acquis fondamental pour tout être vivant est de pouvoir se sentir naturellement en sécurité. Cette confiance existentielle est le socle de solidité de toute la suite de la croissance. Elle s'inscrit au fond de toutes les cellules et dans tout le champ énergétique.

Nous avons tous une vulnérabilité quant à cette confiance, car nous avons été bébés fragiles et nous sommes mortels. Mais la blessure peut être plus radicale pour certains et laisse la place à la **terreur existentielle, une vigilance extrême à l'hostilité et la peur du rejet**. Pour y survivre, l'enfant bricole les défenses d'adaptation qu'il peut, appelées défenses ou traits de personnalité « schizoïdes ».

Vision de soi et du monde : le monde est hostile et me rejette ; je n'ai pas le droit d'exister et préférerais être ailleurs ; et peut-être suis-je moi-même méchant

L'expérience originelle, dans ce tableau, est que **le monde est hostile**, que ce qui vient de l'extérieur est dangereux, nocif ou malveillant, qu'il s'agisse de la nature, ou des gens ou des institutions.

En miroir, cela signifie que l'on n'est pas bienvenu ; que l'on n'a **pas vraiment le droit d'exister** ; et que l'on ferait mieux d'être ailleurs, de partir, de mourir. Certains font sans doute ce choix avant d'arriver à terme ou en très bas âge.

Pour ceux qui restent, l'expérience négative de la réalité s'étend à la petite conscience en formation, qui **se sent négative aussi**, car il ne lui est guère possible de faire la différence entre le dedans et le dehors.

Par voie de conséquence, il faut se méfier de tout y compris de son corps et de soi-même. La seule manière de vivre est de **vivre le moins possible** ; de brider l'élan de vie ; de réduire la prise d'énergie ; de ne prendre que le minimum d'air, de nourriture, de toutes les bonnes choses qu'offre la terre et de rester le plus possible accroché en haut, aux choses de l'esprit. Tout cela pour limiter les risques d'expérimenter encore de la terreur, de trop ressentir tout simplement.

Expression physique, énergétique, psychologique et relationnelle : peur du contact et échappée vers le haut

Ce paysage intérieur peut se voir à l'extérieur à mesure de la croissance de l'enfant et de l'adulte, car l'énergie de vie se configure sur tous les plans, physiques et comportementaux.

Corps physique. Le corps peut être plus mince et **allongé**. Le visage émacié et étiré. Les yeux regardent souvent **vers le haut** ou dans le vague. Le cou, la colonne vertébrale ne sont pas alignés. Les jambes sont longues et plutôt rentrées vers l'intérieur. La plante des pieds minimise son contact avec le sol. Les extrémités sont souvent froides, comme si la prise d'énergie était délibérément faible et peinait à irriguer l'ensemble.

Anatomie énergétique. La même élongation et la même faiblesse se retrouvent dans l'anatomie énergétique. Les chakras inférieurs, le chakra de la racine surtout, sont peu ouverts. L'aura est peu expansée et tirée vers le haut. Elle est souvent aussi décalée à côté du corps ou à l'arrière. Le langage populaire a des formules imagées : « ne pas être dans son assiette », « être à côté de ses pompes », « être dans la lune » ou « la tête dans les nuages ». Elle peut être aussi en forme de porc-épic qui invite à ne pas s'approcher. La ligne ciel-terre n'est pas ancrée à la terre et cassée au cou, ou plus bas.

Émotions et relations. L'insécurité et la peur de ressentir ne favorisent pas la relation et l'expression des émotions. **La vigilance, la méfiance** sont premières et l'affectivité rentrée. Le message reçu par l'autre peut être de l'absence, de la froideur, voire de l'hostilité. La solitude, qui protège de l'appréhension du contact à l'autre, sert d'espace de confort, seul en soi, dans son monde.

Intellect et spiritualité. Les choses de l'esprit sont le domaine de prédilection. Avec l'intelligence, **tout peut se comprendre, se maîtriser, se contrôler**. C'est un monde sans lourdeur où l'on se sent plus en sécurité et où l'on peut avoir une forme de pouvoir. Du haut de son esprit, en effet, on peut observer, avoir l'impression de dominer la situation, avec parfois un certain sentiment de supériorité et pourquoi pas de toute-puissance. La spiritualité, quant à elle, a un air de familiarité et de pureté où l'on se sent bien, comme de retour chez soi, loin de l'horreur et de la bêtise du monde.

Talent : les dons de l'esprit et de l'aspiration spirituelle

Cette blessure originelle porte en elle un merveilleux potentiel : **les dons de l'esprit et l'aspiration spirituelle**. Elle est à l'œuvre chez les grands intellectuels, les visionnaires, les stratèges, les artistes inspirés et les grands mystiques.

Si la blessure, en effet, a été malgré tout négociée, le lien entre le ciel et la terre, le matériel et l'immatériel, n'est pas rompu et les réalités les plus hautes peuvent se manifester dans le monde le plus matériel.

Zone d'ombre : le risque a minima du purisme et a maxima de la dissociation

Très archaïque, cependant, cette blessure porte en elle une grande zone de risque : celle de la dissociation. Celle-ci prend une forme socialisée dans l'ascétisme ou l'intégrisme excessif, qui rejettent toute forme d'impureté ou d'imperfection.

Elle devient pathologique quand la personne elle-même perd la capacité de contact avec le monde tel qu'il est, se dédouble entre ses parties angéliques et ses parties diaboliques, se morcelle. Comme dans l'autisme ou les différentes formes de schizophrénie.

L'automutilation, la mise en danger de soi pour conjurer l'agressivité et les pulsions de mort, l'addiction sévère aux drogues dures, comme l'héroïne, pour s'apaiser et fuir la réalité, peuvent aussi trouver leur source dans cette fragilité originelle.

4. Terreur existentielle, hostilité et peur du rejet : quel soutien ? Un accueil inconditionnel pour une réassurance fondamentale

Nous avons tous une partie schizoïde en nous. Qu'elle soit grande ou petite, son besoin est d'abord et avant tout **d'être soulagée de sa terreur existentielle** et de retrouver **une forme de sécurité de base**. Celle-ci passe par l'expérience nouvelle d'être pleinement accueilli comme on est et inconditionnellement bienvenu.

Il faut avoir en tête que cette blessure primordiale est sévère et qu'il y a au fond de la personne blessée, **un petit être meurtri et terrorisé, qui peut se sentir menacé de dissociation ou se croire exclu et maudit à jamais et ne veut plus faire confiance à personne, au point parfois d'en devenir agressif**.

Patience, douceur et bienveillance s'imposent donc pour restaurer peu à peu la confiance ; pour lui faire expérimenter que tout le monde n'est pas méchant, qu'il a droit à l'existence, qu'il est lui-même bienvenu et accepté tel qu'il est ; pour lui faire découvrir aussi que le corps est une maison confortable, que laisser circuler l'énergie de vie n'est pas dangereux et qu'il peut y avoir du plaisir à ressentir, pas seulement de la souffrance.

Pour ce faire, il est bon d'**aller très progressivement, en commençant par le plus subtil**.

- Le lien à une spiritualité bienveillante est une première aide. Rassurer sur l'unité de toute chose, sur la continuité entre terre et ciel, entre esprit et matière, entre tous les mondes possibles. *Accueillir d'âme à âme* pour créer un terrain d'entente vibratoire plus familier, quasi fraternel.

- L'approche par l'intellect et la parole est le premier registre de contact acceptable.
- Le *toucher en douceur* peut venir ensuite et des exercices de découverte du corps.
- Le travail énergétique favorise la *réouverture progressive des chakras du bas*, et surtout celui de la racine, qui est notre prise de terre. Le *réalignement ciel-terre* renforce progressivement l'ancrage et favorise la réunification du physique et du spirituel.

Puis, en conscience, une rencontre bienveillante avec les parties noires et terrifiées de soi dans le corps pourra être entreprise ; le plus souvent après avoir approché d'autres blessures moins profondes.

***

Peu à peu, à force de réassurance patiente, il sera possible à cette peur primordiale lovée dans tout le corps de s'apaiser un minimum et à cette méfiance viscérale d'animal blessé de s'apprivoiser. L'énergie-conscience pourra mieux habiter le corps bien vivant, et la personne déployer enfin son fabuleux talent : **faire le lien entre ciel et terre et apporter les merveilles de l'esprit**.

IV. Le maternage[1]

1. L'expérience du nourrissage

Le nouveau-né devient nourrisson. De quelques jours à moins d'un an, avant la mobilité, le petit être que nous sommes, est complètement dépendant des soins que l'on veut bien lui prodiguer et il n'y a aucun autre moyen de nous protéger de quoi que ce soit.

Nous avons besoin de la bonne nourriture qui nous convient quand nous avons faim. Nous avons besoin de nous sentir bien dans notre corps ni trop chaud, ni trop froid, ni trop mouillé, ni trop sec, ni trop dur, ni trop mou. Nous avons besoin aussi et surtout d'être caressés, embrassés, dorlotés, bien en sécurité et en confiance dans les bras, le giron, la chaleur, le regard tendre, les mots doux, les vibrations familières de notre matrice maternelle et parentale.

Nous sommes toujours éponge : toutes les vibrations nous parviennent, des échanges les plus doux aux disputes les plus amères, des rires lumineux aux soucis les plus sombres.

C'est ainsi que suffisamment repus de nourriture et d'amour à l'intérieur et suffisamment tranquilles à l'extérieur, nous pouvons nous ressentir **comblés et complets**. Assez entiers pour apprendre à jouir de notre corps et de son contact au monde ; à exercer nos sens aux aguets et notre intelligence en éveil à la rencontre de tous les stimuli extérieurs ; à nous aventurer peu à peu dans la **délicate interaction du donner et du recevoir**.

1. Terminologie originelle : « **caractère oral** ». Appellation du *Somatic Experiencing Institute* : « **attunement** ». Louise Bourbeau : **la peur de l'abandon**, Mary Laure Teyssedre et Isabelle Gauducheau : **le cocker**.

2. L'enjeu d'adaptation : la complétude

Bonne adaptation : confiance dans l'amour et l'abondance

En principe, tout se passe **suffisamment bien**. Maman n'est pas toujours au top, elle n'est pas toujours pile-poil au rendez-vous de nos besoins et elle oublie parfois de sourire. Mais nous pouvons compter sur son attention et son amour indéfectible, comme une manne bienveillante.

Notre première expérience des échanges avec le monde extérieur est rassurante : la providence est là pour nous. Si nous exprimons un besoin, nous avons confiance dans le fait qu'il sera satisfait, à un moment ou à un autre. **Exprimer son besoin est efficace et l'abondance naturelle.**

Si je cherche le regard de maman ou de papa ou de quelqu'un qui compte, je rencontre son regard qui me dit combien je suis aimable. Si je fais un sourire, j'en reçois un aussi joyeux en retour. Si je pleure, m'époumone ou fais des bruits pour exprimer mon inconfort, je suis à peu près compris[1]. Si j'arrive à attraper mon hochet, un concert d'encouragements me valide. **Le jeu du donner et du recevoir est fluide**, d'un côté, comme de l'autre. Le contact encore incertain entre mon dedans et le dehors est confortable et mérite d'être exploré plus avant.

Et puis, l'expérience sensorielle que j'ai jusque-là de mon petit corps est fort agréable. Freud exagère un peu quand il dit que les bébés sont des pervers polymorphes. Mais il n'a pas tout à fait tort. Je me sens **très polysensuel**. Je suis **aimé**, je suis **aimable, je m'aime**. Je suis plein d'appétits et de désirs. Je me réjouis et me régale de toutes les sensations, de tous les échanges, de toutes ces bonnes choses que m'offre mon expérience de la vie au jour le jour.

Blessure « orale » : expérience du manque et de l'abandon

Bien sûr, le tableau est rarement aussi généreux que cela et parfois même pas du tout.

Bébé a faim et le clame haut et fort ; mais rien ne vient ; bébé crie et pleure plus fort, mais rien ne vient ; bébé rage, tempête, trépigne

1. Pour comprendre le langage du nourrisson et l'apaiser, voir le livre incontournable d'Isabelle Dunstan, *Il pleure, que dit-il ?* Poche Marabout, 2016 ou réédition.

furieusement, mais rien ne vient ; bébé se fatigue et pleure moins fort, de temps à autre ; puis bébé cesse de pleurer, se résigne et **n'attend plus**. Nous parlons ici du biberon, mais il peut s'agir tout autant de câlins : bébé tend les bras, mais personne n'est là pour le prendre de bon cœur. Il y a carence de présence, d'attention, de soin et absence de retour.

La plupart du temps, les raisons n'ont rien à voir avec le nourrisson, mais lui ne le sait pas et ne vit que l'expérience du manque.

Bébé, par exemple, a besoin d'un petit passage en couveuse et se trouve privé du « peau à peau » avec maman. Dénuement.

Maman n'a pas assez de lait et c'est un drame pour elle qui vient se rajouter à la frustration de bébé. Avoir un besoin et l'exprimer devient problème.

Maman passe difficilement le baby blues et elle est trop épuisée pour envelopper le nourrisson dans sa chaleur rassurante. Solitude.

Maman peut être absente physiquement, débordée de travail ou au chevet d'une mère malade et bébé se sent abandonné. Elle peut être absente en pensée, aussi, parce que son mari s'éloigne, ou parce qu'elle porte le deuil d'une petite sœur aînée. Les yeux de maman sont vides, ne renvoient pas à son petit son image avec amour. Délaissement.

Autre possibilité : maman aimerait bien faire, mais elle se sent incompétente et belle-maman impose son éducation stricte et chronométrée, car il n'est jamais trop tôt pour dresser un tout-petit : « il est bon qu'un bébé pleure ; surtout ne pas céder à ses caprices en le prenant dans les bras ». Je me souviens d'un client que le père avait exigé d'élever « scientifiquement », presque comme une petite machine, et qui ne s'en est pas encore remis. **Le besoin de tendresse est plus fort que celui du lait**.

Une autre expérience de manque, d'abandon ou d'incomplétude, enfin, peut venir de la perte ou de l'éloignement d'un jumeau. L'une de mes clientes a revécu une expérience de la clinique. En séance, en descendant dans son corps en conscience, elle se tournait toujours vers la droite, comme si elle cherchait une présence ; elle avait cette impression qu'on avait besoin d'elle de ce côté-là, et elle en avait besoin aussi. Il s'agissait en fait de son frère jumeau, plus faible, qu'on avait éloigné d'elle en couveuse.

La défaillance de la présence maternelle, ou d'un substitut maternant, est décisive dans cet âge tendre si dépendant. La chaleur du noyau familial ou, à l'inverse, son défaut vient compenser ou aggraver la privation du nourrisson.

Et d'autres histoires héritées du passé peuvent se rajouter : parent orphelin, pauvreté familiale, désertion d'un père, privation de la guerre. Toutes conspirent à la même conclusion : **la vie est pénurie**.

3. Les traits de la personnalité « orale » qui se mettent en place

Problème clé : la béance du manque

Dans cette étape de croissance du petit humain, l'enjeu est la **satisfaction des besoins** physiologiques et émotionnels. Là est la source de notre sentiment de **confiance matérielle et affective**. Pour les uns, l'abondance et l'amour ont suffisamment été au rendez-vous pour que la confiance règne dans l'équilibre du donner et du recevoir. Pour les autres, **l'expérience du manque et de l'abandon** a miné la confiance dans la providence en général et dans leur droit à recevoir en particulier. « *Cherche amour désespérément* » : **tristesse et dépression s'installent en toile de fond**.

Vision de soi et du monde : personne ne m'aime et mes besoins ne sont jamais comblés ; autant ne rien demander, même si j'en meurs d'envie

Souvenir d'un dessin humoristique : la planète Terre dans le vide cosmique. Et sur cette Terre, un petit bonhomme crie, bouche grande ouverte, face au cosmos désert, silencieux et muet : « *Y a-t-il personne qui m'aime ?* »[1]. Tel est le cri secret de cette blessure que nous portons tous, mais certains plus que d'autres. La **demande d'amour, l'expression légitime des besoins, l'impératif vital de prise en charge** n'ont pas été satisfaits et continuent d'appeler et d'attendre en silence.

L'**expérience a été le manque et il en résulte le sentiment qu'il n'y aura jamais assez** de quoi ce soit et qu'il n'est pas possible de

1. Jean-François Batellier.

se sentir comblé, complet, entier. Exprimer un besoin, faire une demande, aboutit le plus probablement à n'être ni entendu, ni satisfait. Tout acquis porte le risque d'être perdu et tout attachement porte en lui l'abandon.

Avec cette empreinte du monde au fond de soi, le petit humain n'a pas une très haute confiance en lui-même non plus. S'il ne reçoit pas, c'est qu'il ne vaut pas beaucoup, qu'il ne mérite guère, qu'**il n'est pas assez lui non plus et qu'il ne sera jamais assez**. L'amour tendre de soi, le sentiment de sa valeur est au plus bas.

Le doute aussi s'installe sur ses besoins. Il avait un grand appétit qu'il braillait haut et fort, mais rien ne venait ; alors, comment croire encore en cet appétit. ? **Celui-ci se réduit, les besoins perdent de leur légitimité, la demande devient honteuse.**

« Demander et il vous sera donné », disent les Évangiles, mais ce n'est pas l'expérience de l'enfant et la danse de l'échange d'amour, du donner et du recevoir, ne va pas de soi.

Expression physique, énergétique, émotionnelle et relationnelle : dépendance et compensation ou prise en charge et autosuffisance. Trop ou trop peu et jamais assez

Corps physique. Les signes de cette carence initiale, de la résignation qui l'accompagne et aussi de cette demande jamais assouvie, peuvent se deviner chez l'adulte. Le corps ne s'est pas pleinement développé et est fragile et léger. Il peut avoir gardé **une gracilité d'enfant**. L'expression du visage peut évoquer de la tristesse. Les yeux souvent ont un air **implorant**. Ils s'ouvrent grands comme des soucoupes où l'on pourrait se laisser aspirer. Le volume de la voix est faible et appelle l'attention pour être entendu, mais la parole peut durer indéfiniment.

Anatomie énergétique. L'aura est **peu chargée**, petite et poreuse. La prise d'énergie est faible au premier chakra, mais plus encore au second chakra qui est celui de la sensorialité, de la sensualité, du désir qui s'ouvre normalement lors de cette étape. Difficile d'y inviter Éros. Des « streamers »[1] d'énergie viennent chercher l'autre pour s'assurer d'un contact, obtenir de l'attention et prendre de l'énergie. Le langage populaire a justement cette formule très

1. *Streamers* : sorte de jets ou tentacules d'énergie.

imagée : « *il me pompe* ». Il arrive effectivement que l'on ressente le besoin de se reculer ou de couvrir son plexus avec une **personne très demandeuse**.

Émotions et relations. Le grand besoin d'amour de cette blessure peut s'accompagner d'une **grande générosité à donner et d'une grande tristesse à ne pas recevoir ou ne pas savoir recevoir**. La bonne frontière entre le trop et le trop peu est difficile à trouver. La personne n'est pas sûre de la légitimité de ses besoins, ni même de ce qu'ils sont vraiment, n'ose pas exprimer clairement ce qu'elle veut, mais va se perdre volontiers dans ceux de l'autre pour gagner son amour.

De ce fait, la défense orale peut prendre **plusieurs formes relationnelles** :

1° La forme la plus évidente est celle de **la personne dépendante**, qui joue de sa faiblesse et de sa vulnérabilité, se plaint, se pose en victime, et demande constamment assistance.

2° L'autre forme est plus masquée, elle **est inversée**, car il y a tant de honte à être en demande et se montrer dans le besoin, comme un mendiant. Alors, il devient plus confortable de renverser la situation : donner ce qu'on aimerait recevoir. Là est le ressort de toutes ces personnes au grand cœur, qui ne comptent pas leur temps au service des autres et **prennent volontiers en charge** toutes les misères du monde : « *caretakers* » disent les Anglais. Elles finissent malheureusement, souvent, par s'épuiser et s'effondrer avec l'amertume d'avoir tant donné, pour ne rien recevoir en retour.

3° Une autre forme de compensation est de choisir de **n'avoir besoin de personne**. C'est celle des tempéraments qui se veulent forts, ascétiques et **autosuffisants**, qui ne supporteraient pas de montrer leur vulnérabilité, ne voudraient ne compter que sur eux-mêmes et tirent fierté de ne rien demander à personne.

Trop, trop peu et jamais assez comme il faut est un défi d'ajustement permanent avec l'autre comme avec soi-même. Avec l'autre se pose en permanence **la question du juste échange** : prendre en charge ou être pris en charge ; dépendre ou ne pas dépendre ou co-dépendre. Comment satisfaire l'autre pour en être aimé et ne pas lui infliger la peine que l'on connaît si bien, sans se perdre soi-même et se priver à nouveau.

Les histoires d'amour réactualisent cette expérience originelle de l'intimité. Elles refont vivre la peur de l'abandon et exacerbent le chagrin quand elles se finissent mal. **Entre fusion et arrachement, comment rester entier ?** Le partenaire n'est pas là pour combler les manques de l'enfant devenu adulte, ni les manquements des parents. Pourtant, le syndrome d'abandon peut faire sombrer dans la dépression, quand le partenaire, perçu à tort comme « l'autre moitié », s'éloigne.

Le dilemme du trop ou trop peu se retrouve aussi dans la relation intime avec soi-même, dans la difficulté à bien savoir prendre soin de soi, et le plus souvent dans tout ce qui touche à **la nourriture solide ou liquide**. Le grand trou du manque demande à être comblé, en même temps que l'on a appris à réfréner sa demande. Alors commence cette pénible oscillation entre la retenue des envies, le régime, la privation et la réaction en retour de rattrapage compulsif, de gavage, de boulimie au-delà du juste besoin. Par extension, toutes les formes de dépendance à l'alcool, à la drogue, à la consommation, au sexe, au travail, trouvent pour une large part leur source dans ce besoin : le manque initial d'amour du nourrisson, qui appelle **compensation**.

Intellect et spiritualité. Cette étape de croissance, et ses aléas, favorisent une intelligence fine et sensible, associée à la capacité d'observer, de comprendre, d'expliquer. La défense orale passe beaucoup par la parole pour entretenir le contact, le rechercher, le maintenir. Elle s'accompagne de curiosité à l'égard de l'autre ainsi que d'une grande sensibilité à l'injustice et une grande propension à l'empathie pour les victimes. La foi dans l'amour divin peut être d'un grand réconfort.

Talent : la générosité et l'esprit de service

L'élan du cœur, l'envie de donner, la capacité de prêter attention à l'autre est le grand don de cette étape de croissance.

Il est au cœur de toutes les **vocations de service**, de soins et de relation d'aide qui trouvent plaisir à donner et en retour reçoivent la gratitude de l'autre en même temps qu'une image gratifiante d'elles-mêmes.

Il fait aussi les bons **pédagogues** qui aiment éclairer et accompagner sur le chemin ; qui aiment aussi utiliser la parole à bon escient, tout en ayant le plaisir de capter l'attention et d'être écouté.

Zone d'ombre : victimisation, compensation, dépression

La consommation excessive (ou privation) de nourriture, de boissons, d'alcool, de tabac, le consumérisme frénétique, le besoin compulsif d'acquérir, d'accumuler sont **autant de formes de compensation**, pour combler le manque du nourrisson en peine de tétée ou de câlins et remplir un vide qui ne peut pas l'être, sauf par une prise de conscience.

La victimisation est une autre zone de risque de cette blessure dans le quotidien. Se complaire en victime condamne à un destin de victime. Plus encore, se revendiquer victime qui continue d'appeler réparation et joue de sa faiblesse, peut transformer en bourreau de son entourage, du conjoint, des enfants.

Sur un plan plus pathologique, l'expérience de privation, d'abandon peut faire le lit d'un **fond dépressif chronique** ou être à l'origine d'une décompensation aiguë, **dépression nerveuse ou syndrome bipolaire**. Descente infernale dans le puits sans fond du désespoir de la personne qui ne vaut rien, que personne n'aime, et qui n'a plus de raison de vivre.

4. Peur du manque et de l'abandon, quel soutien ? Aider à devenir entier et bon parent de soi-même.

Fondamentalement, il importe de redonner à la personne le sentiment qu'elle vaut quelque chose, qu'elle existe à part entière et est **largement assez sans l'apport d'un autre**. Elle a besoin de prendre acte que l'amour et l'abondance existent au-delà de sa seule expérience d'enfance. Et finalement, qu'elle peut être le bon parent d'elle-même, sans attendre éternellement ce que ses parents n'ont pas pu lui donner.

Corps physique. Faire ressentir le plaisir sensoriel et rassurant d'un contact, d'une embrassade, d'un soin corporel, sans restriction mentale, en toute gratuité.

Anatomique énergétique. Recharger et encourager à recharger doucement le champ ; aider et encourager à ouvrir tous les chakras pour se nourrir à la **manne inépuisable de l'énergie universelle** ; la laisser entrer comme une nourriture qui irrigue et satisfait le corps.

Créer un espace vibratoire d'amour, le faire découvrir et pratiquer en ouvrant les chakras 2, 4, 6.

Plus tard, aider à découvrir l'axe ciel-terre qui fait se recentrer, se ressentir entier et indépendant. L'axe ciel-terre est le moyen le plus puissant pour se défusionner de l'autre, de la dépendance à son égard ou, à l'inverse, de la responsabilité envers lui. Chacun, en effet, a un axe ciel-terre, et tous les axes sont parallèles comme autant de lignes de destin qui ne se confondent pas. Chacun est fils ou fille du ciel et de la terre, et est **assez grand pour se tenir droit**, les pieds sur terre et la tête dans les étoiles, avec pour ressources ces deux grands-parents cosmiques. Le respect mutuel passe d'abord par le respect de soi.

Émotion et relation. Corrélativement aider à explorer ses besoins ; amener à **oser affirmer** un besoin ; à demander et accepter franchement l'aide d'un autre. Progressivement, aider à aller retrouver les parties blessées pour les consoler et les libérer.

Intellect et spiritualité. Ouvrir à la possibilité et l'expérience de l'unité de toutes choses, où la non-séparation et l'amour inconditionnel sont la donne de départ ; où l'on ne se sent plus jamais seul, mais aimé avec bienveillance, « *bien-aimé* » ; enfant de la nature et de l'univers, du ciel et de la terre.

***

Peu à peu, avec beaucoup de tendresse et d'encouragement, la désespérante peur de l'abandon et ce paniquant trou du manque peuvent se calmer. La manie défensive de trop demander, ou au contraire de ne rien demander ou de trop donner va se modérer. La personne va apprendre à marcher sur ses deux pieds sans dépendre d'un autre en devenant le bon parent d'elle-même. **Enfin entière**, elle va s'essayer à faire le juste départ entre son propre besoin et celui de l'autre, et à pratiquer la danse du juste échange sans peur qu'on ne l'aime plus. Plus ouverte à l'abondance naturelle de l'énergie universelle, son énergie de vie va venir y puiser avec gourmandise et déployer autour d'elle le beau talent de la générosité.

V. L'autonomisation[1]

1. Exploration autour de la mobilité, la propreté et la prise de parole

« Dé-collage » : du « un » au « deux »

Moins d'un an s'est écoulé depuis la grande séparation du corps physique de maman et cette nouvelle étape, qui s'étend sur près de 2 ans, est un nouveau moment bien tangible de séparation.

Jusque-là, bébé est totalement dépendant pour manger, pour éliminer, pour bouger. Il est collé à maman ou un autre adulte : dans les bras, sur les genoux, aux pieds ; enveloppé dans ses couches ; porté ou soutenu par le lit, la poussette, le parc à bébé. Il y a toujours un contact et les frontières du dedans et du dehors, du corps de soi et de l'autre, ne sont pas établies. Mais **le temps du « dé-collage » arrive**.

C'est le premier pas décisif d'autonomisation dans ce long travail d'individuation du cocon parental qu'est notre processus de croissance. L'enfant passe du « un » tout confondu avec la matrice maternelle au « deux », un petit moi en formation face à maman qui peu à peu devient autre que moi, parmi d'autres.

Mobilité

L'apparition des dents, la pulsion de mordre, l'exploration de toute chose avec la bouche, dès la première année, sont les prémices de ce processus de séparation. L'aspect le plus visible de ce « dé-fusionnement » de la matrice maternelle, cependant, de la mise en

1. Dénomination classique : « **caractère masochiste** ». *Somatic Experiencing Institute* : « **autonomy** » ; Louise Bourbeau : **la peur de l'humiliation**. Mary Laure Teyssedre et Isabelle Gauducheau : **le buffle**.

mouvement du petit bout d'homme, est évidemment **l'acquisition de la mobilité** et de la marche.

L'élan de bébé est irrésistible de tenter de se lever, et de porter son corps vers l'avant. Tout est malhabile parce que le corps doit apprendre et en même temps qu'il y a cet élan, il y a prudence et contrôle en retour pour que le contact reste bien assuré avec maman, papa. **« Dé-coller » du cocon protecteur, puis « re-coller »** et ainsi de suite, pour s'aventurer en toute sécurité, explorer et s'approprier le monde, sans perdre le refuge matriciel.

C'est pourquoi il est si génial d'avoir maman derrière qui encourage et papa devant qui invite, ou l'inverse, et les gestes et les sourires et les paroles qui approuvent, consolent et valident à chaque essai-erreur. Pouvoir, en accord avec la toute-puissance parentale, répondre à l'appel et suivre son **désir d'aller de l'avant en toute confiance**.

Peu à peu, le pas s'affermit, et ce mouvement de va-et-vient entre **exploration et réassurance** va se continuer en jeu de cache-cache et d'« *attrape-moi si tu peux* ». Je m'échappe, je regarde si le lien du regard et de la présence sont toujours là, et je repars. Sinon, je reviens. Je me cache, je disparais aux yeux de maman qui disparaît aussi à mes yeux et hop !, je réapparais et retrouve le fil invisible du regard, de l'attention, de la présence.

Le cordon ombilical immatériel n'est pas rompu, il s'agrandit énergétiquement à proportion du territoire d'exploration. Et c'est pourquoi le fameux doudou, plein d'odeurs, de douceurs familières du lit, des bras de maman, de quand on est bien dans sa bulle, est si important. Il est un bout de soi et un bout de la sécurité matricielle. Avec lui, on n'est jamais séparé.

Propreté

Le second grand mouvement de « dé-collage » et de séparation est moins visible, *a priori*, mais il occupe une au moins aussi grande place dans la vie du petit et de celle de ses parents : **c'est celui de la propreté**. Il correspond lui aussi à une maturation et un apprentissage psychomoteur : en l'occurrence, des sphincters.

Il est particulièrement décisif dans l'acquisition intime des **frontières du corps**, dans la différenciation qui se fait entre le dedans et le dehors de la petite conscience, entre ce que je crée et produis à l'intérieur de mon corps : caca d'abord, pipi ensuite, qui sont une partie de moi et que je laisse partir en dehors de moi. Bienvenue ou pas ? Saleté et vilaine bêtise ou merveille et cadeau ? À mesure que j'apprends à retenir et lâcher, contrôler ce que je garde et ce que je laisse partir, je renforce les limites de mon corps, de **ce qui est moi et pas moi**.

Quand l'autonomisation et la délimitation sont installées, que le petit bout d'homme sait clairement par lui-même que **c'est lui qu'il voit dans le miroir** et peut se faire toutes les grimaces du monde, il est prêt pour **expérimenter le non**, prêt pour affirmer sa petite personne contre ce qui n'est plus lui. « *Non, moi tout seul !* » et autres non, plus ou moins véhéments et pertinents. Courage à papa et maman qui devront faire la part des choses avec patience, fermeté et bienveillance.

Prise de parole

Plus subtilement, l'accès au langage est aussi un processus de séparation. Le contact peut se faire sans se toucher : les sons prononcés peu à peu sont validés et permettent **un échange à distance**.

Cette acquisition s'étend sur plusieurs étapes de croissance. Depuis les premières voyelles, consonnes, syllabes... aux mots entiers et mini-phrases, l'apprentissage par essai-erreur et feedback est permanent. Jusqu'à parvenir à l'expérimentation excitante **des gros mots « *pipi caca* »** juste pour explorer les frontières du permis et du pas permis.

Les questions en rafale : « *et pourquoi ?* », sur tout ce qui bouge, et surtout sur la vie, la mort et « *comment on fait les bébés* » viendront plus tard.

C'est le commencement aussi de l'expression créative : des **gros pâtés et des barbouillages**, à la découverte de tout ce que cette mobilité nouvelle peut autoriser d'action sur l'extérieur, de sensations de tout type et de productions en tout genre.

2. L'enjeu d'adaptation : le mouvement, les frontières, l'expression

Bonne adaptation : intégrité des frontières corporelles, autonomie de mouvement et d'expression

En principe, le parcours de « dé-collage » du petit bout d'homme se fait dans des **conditions suffisamment bonnes**.

Maman, papa et les adultes relais ont encouragé ses premiers pas, applaudi à ses beaux cacas dans le pot, accepté avec philosophie la longue maîtrise du pipi, résisté avec patience au déluge de « non » en faisant un tri de bon sens et pris sur eux de le laisser s'aventurer tout en gardant un œil attendri, mais vigilant, sur ses petites prises de risque.

Fort de cet étayage, le petit enfant a acquis le sens des frontières corporelles et de son territoire intime. Il est content de son corps, de ce qui se trouve à l'intérieur, et de ce qui en sort.

Il peut exprimer son désaccord si quelque chose va à l'encontre de son confort ou de son bien-être. Voire explorer les limites avec caprice et colère, qui seront raisonnablement remises à leur place.

Il peut explorer des situations nouvelles et des relations inconnues avec un minimum d'assurance et de confiance, et peut, par exemple, entrer avec curiosité à l'école maternelle. Le voilà bien parti sur la route de la vie.

Blessure « masochiste » : invasion/abus et contrainte/humiliation

Évidemment, il peut y avoir des pierres d'achoppement, plus ou moins grosses.

L'exploration de **la mobilité,** par exemple, **peut être bridée**. Maman et grand-mère n'arrêtent pas d'avoir peur, vu qu'au même âge l'oncle Henri avait fait une chute mortelle.

À l'inverse, maman, toujours trop débordée et déprimée par ses grossesses successives, continue de ne pas prêter attention et ne donne pas le regard qui rassure et encourage à aller plus loin. Mieux vaut vite revenir tout près d'elle pour ne pas la perdre.

Le manque de disponibilité, le désintérêt, l'impatience, l'énervement, les gronderies intempestives vont faire **douter que l'élan**

vers l'avant est une bonne chose, que la voie est libre et qu'il est bon d'y aller voir.

L'acquisition de la propreté, de son côté, peut être contrariée. Il peut en être ainsi si l'exigence de propreté est trop précoce et la discipline trop mécanique. Il s'agit littéralement d'une violence faite à l'enfant, d'une maltraitance qui ne dit pas son nom, car l'enfant n'est pas prêt physiologiquement et psychologiquement.

Dans cette aventure de séparation du dedans et du dehors du corps, l'enfant a besoin d'accueil, de compréhension, et de validation. Et surtout pas d'horribles gronderies qui humilient à jamais et font se sentir sale et mauvais au plus profond.

Je me souviens d'un petit garçon qui s'était oublié en maternelle et dont la maman, pour le punir, avait apporté une barboteuse de bébé, comme vêtement de rechange devant tous ses petits camarades. **Impossible d'être fier de ce que l'on est à l'intérieur, si tout ce qui en sort est accueilli avec dégoût et punition.**

La même mésaventure peut concerner **les premières expressions créatives** de l'enfant, ses formidables gribouillis et « patouillages », qu'il montre fièrement à ses parents ! Malheureusement, les parents n'ont pas toujours le sens artistique : « Horreur, c'est dégoûtant, tu as taché tout ton pantalon et tu as même fait des taches par terre ! Tu n'as pas honte ! ». Étouffement intérieur au plus profond.

Plus traumatiques encore, sont les **interventions physiques**. Le petit corps en train de se découvrir est abusé. Sans le savoir, les maniaques de la propreté et les anxieux de la régularité, qui pratiquent le lavement à mauvais escient, mettent en cause l'intégrité de l'enfant et empêchent la délimitation de son territoire intime.

D'autres **abus** abîment plus encore le rapport de l'enfant avec ses propres frontières et la fierté qu'il est en droit d'avoir de sa valeur intérieure.

La **violence** physique ou verbale congèle le mouvement de l'enfant à s'exprimer. Trop commandé, trop réprimandé, ou forcé à faire quelque chose, il doit réprimer à l'intérieur et ses élans et sa peur et sa colère sous un masque de soumission, d'obéissance et de complaisance, empreint de honte et de ressentiment.

L'intrusion de la **sexualité adulte**, explicite ou implicite, brouille le sens de l'intégrité des frontières du corps et salit le sentiment de pureté, d'innocence et de valeur intrinsèque.

Une maman trop possessive, en manque de tendresse elle-même, va, le plus souvent inconsciemment, abuser son petit garçon ou sa petite fille par des attouchements trop pressants, des câlins trop étouffants ou le partage trop fréquent du même lit. L'enfant ne s'appartient pas. Il est l'objet transitionnel de la mère, le prolongement de son corps, et ne peut décoller vers sa propre intégrité et sa propre destinée.

Plus sciemment, encore, un adulte malade, de la famille ou de l'entourage, peut aller plus loin et dégrader la conscience corporelle et émotionnelle de l'enfant.

Les abus peuvent commencer tôt sur les enfants ou peuvent arriver plus tard, mais à chaque fois, ils ramènent à cette étape de croissance de la vie où se définissent l'intégrité du corps, l'intimité du territoire, la fierté de sa valeur intérieure, et les détériorent. La régression, d'ailleurs, provoquée par un traumatisme d'abus peut remonter plus loin encore, vers la blessure schizoïde. Toutes les jeunes femmes abusées que j'ai rencontrées se sont protégées en sortant de leur corps, c'est-à-dire en se dissociant de l'expérience, facilitant ensuite le refoulement complet du souvenir.

3. Les traits de la personnalité « masochiste » qui se mettent en place

Le problème clé : humiliation de l'intimité et écrasement de l'élan de vie

Dans cette période, le petit homme en herbe découvre **l'autonomie de son corps en même temps que sa capacité de mouvement et d'expression**.

Le principal obstacle sur le chemin est **l'abus sous toutes ses formes**, qui réprime les élans, viole l'intégrité corporelle et avilit l'intérieur.

Cette étape d'autonomisation devient alors une **expérience d'immobilisation, d'invasion et d'humiliation**. Celle-ci invite l'enfant à se réfugier à l'intérieur de son corps et y **retenir étouffés et bloqués comme dans une cocotte-minute : l'élan de la vie, la colère et la honte**.

Vision de soi et du monde : mes élans sont mauvais, on va me réprimer et m'envahir ; autant me replier dans ma coquille et tout comprimer à l'intérieur

L'expérience vécue dans l'enfance est que l'élan naturel a été empêché : l'envie de bouger retenue, le besoin naturel des sphincters contrôlé ; l'expression du désaccord réprimée ; les créations corporelles, dénigrées.

L'enfant a été désavoué dans sa vitalité naturelle et sa vérité du moment, parfois même sévèrement puni comme s'il s'agissait d'une faute honteuse. **Le monde extérieur est vécu comme opprimant**. La seule réponse possible est **d'arrêter le mouvement et de se comprimer à l'intérieur** : retenir l'élan et son énergie, retenir l'expression et les paroles, retenir la colère et le ressentiment.

S'il y a eu contrainte, violence verbale ou abus, le monde extérieur est aussi **invasif et humiliant**. La réponse est de se réfugier encore plus à l'intérieur, aussi passif et soumis que possible pour ne pas risquer plus.

Dans ce confinement intérieur, l'enfant boude, bouillonne, macère et se vit **aussi mauvais** qu'on a bien voulu le lui dire, aussi **sale** que ce qu'on a pu lui faire. Et il le croit d'autant plus qu'avec **la honte et la haine** qui l'empoisonnent, il pourrait exploser comme une bombe ou tuer comme un fou. À moins qu'il ne choisisse de se détruire lui-même pour que tout le monde soit rongé par le remords.

L'expression physique, énergétique, psychologique et relationnelle : bonhomie apparente et volcan intérieur

Corps physique. Cette défense peut se manifester par un corps **assez lourd et enrobé**, comme si la personne avait développé autour d'elle une couche de rembourrage pour se protéger de l'extérieur.

La silhouette assez massive présente plus d'embonpoint autour des hanches et du ventre, et des cuisses assez fortes, comme pour retenir le mouvement et maintenir en même temps la position.

L'ensemble peut être avenant et accueillant, et j'ai remarqué en groupe de travail, que beaucoup de clients pouvaient se sentir attirés et rassurés par la rondeur maternelle ou bienveillante d'un praticien de ce profil.

Anatomie énergétique. L'aura peut être très chargée, du fait de l'importante **rétention d'énergie**, et il est utile parfois d'aider à évacuer le trop-plein. Les frontières de l'aura, en revanche, sont assez poreuses, reflet de la difficulté initiale à poser ses limites et les niveaux structurés sont plus faibles. Des « streamers » en forme de tentacules lents peuvent se former, évocateurs d'une forme de bouderie, d'inertie et de tentative relationnelle ralentie.

Émotions et relations. Avec cette défense, le mode de la personne est **plus émotionnel que cérébral**. L'abord est plutôt spontanément gentil, conciliant, compréhensif, accueillant. Mais on peut sentir une réserve de colère et d'énervement, si certains boutons sont activés. Avec les adolescents, cette ambivalence passive-agressive se ressent plus clairement.

Dans une vie de groupe, en général, ce ne sera pas de cette défense que viendra l'initiative ou la prise rapide de décision. En revanche, on pourra compter sur elle pour faire le liant.

Et dans mon expérience avec des patients, cette blessure masochiste invite à la patience, à laisser beaucoup de temps et d'espace à la personne qui a été trop contrainte par le passé, a perdu un peu de la clarté de ses propres opinions et a besoin que soit respecté son rythme.

Intellect et spiritualité. Le mouvement et les élans naturels ont été retenus dans l'enfance et cela est parfois à l'origine d'une **certaine lenteur** d'idéation et d'organisation. Les personnes plus porteuses de cette blessure peuvent avoir plus de mal à prendre une décision : peser le pour et le contre, trancher, passer à l'acte va prendre du temps. En revanche, ces personnes peuvent être particulièrement sensibles et ouvertes à l'inspiration.

Talent : sensibilité relationnelle et créative

La blessure de n'avoir pas pu exprimer ses élans naturels peut expliquer **la grande sensibilité** et la qualité d'expression artistique dont peuvent faire preuve les personnes porteuses de cette défense. L'écoute, la compréhension, l'attention font aussi partie de leur savoir-être, elles qui n'ont pas été écoutées.

La gentillesse également, pour éviter toute maltraitance.

Zone d'ombre : de l'obsession à l'autopunition

Du côté de l'ombre, il reste malheureusement **la honte, la haine de soi et la colère**. La réserve de colère est très forte et certaines personnes peuvent avoir de grands accès de rage et de ressentiment. D'autres restent marquées par leur honte et n'arrêtent pas de s'excuser, de prendre des positions trop conciliantes et soumises.

La détestation de soi et le sentiment de souillure et d'indignité à l'intérieur peuvent rendre la vie infernale à certains. Avec des dérives d'excès de propreté, d'autopunition, ou de pratiques sexuelles plus ou moins humiliantes, voire douloureuses.

4. Peur de l'invasion et de l'humiliation, quel soutien ? Restaurer l'intégrité, la beauté intérieure et le droit de l'exprimer

L'enjeu majeur pour cette blessure est de redécouvrir sa propre **liberté de mouvement, d'expression, d'action** sans craindre la contrainte, ni l'humiliation.

Pour les personnes touchées dans leur intégrité physique, le défi est plus encore de redécouvrir **leur beauté, leur pureté intérieure, leur innocence**.

La colère, très présente dans cette problématique, gagne à être **réhabilitée**, reconnue, accueillie **comme** naturellement bonne, car elle n'est rien de mauvais, seulement **de la belle énergie de vie** contrariée, rien de plus.

Corps physique. Favoriser les retrouvailles avec le **plaisir de se mouvoir** comme dans la danse spontanée ; encourager à renouer avec son corps dans la bienveillance, à le dégourdir et le cajoler pour qu'il lâche son inertie.

Anatomie énergétique. Décharger l'excès d'énergie. Redonner de l'espace à l'aura et détendre, renforcer les niveaux structurés. Inviter le chakra 2 de l'amour de soi, le chakra 3 de l'image de soi, le chakra 5 de l'expression de soi à s'ouvrir plus. Utiliser l'**alignement ciel-terre pour redonner le sens de sa dignité**, rendre possible la maîtrise de soi et restaurer les frontières et l'expérience d'intégrité.

Amener intellectuellement et énergétiquement à redécouvrir l'unité pour retrouver l'innocence et la pureté originelle à l'intérieur de soi.

Émotions et relations. Encourager à **réhabiliter la colère** et lui permettre de s'exprimer sans la peur de tout faire exploser. Faciliter la clarification des relations actuelles, en démasquant les transferts avec les figures d'autorité de l'enfance ; commencer des dialogues imaginaires avec les personnes cruciales. Quand cela est possible, commencer à descendre dans les sensations du corps pour retrouver les parties traumatisées de l'enfance.

Intellect et spiritualité. Donner autant de temps et d'espace que possible. Ne rien imposer. Suggérer. Laisser l'initiative venir de la personne. Faire ressentir combien tout d'elle est recevable et aimable, humainement et spirituellement. Et qu'à l'intérieur, tout est beauté et lumière.

***

Avec beaucoup de temps et d'espace à sa disposition sans aucune contrainte, la personne va peu à peu sortir de son inertie, sa méfiance et sa honte. Elle va oser s'exprimer, laisser sortir sa colère sans craindre de tout détruire alentour et commencer à croire en sa beauté intérieure. **L'énergie de vie va se remettre en mouvement**, retrouver sa liberté de circuler et déployer avec force et fierté ce talent propre à la meurtrissure masochiste : **la délicatesse à l'égard de l'autre et la sensibilité créative**.

VI. La personnification[1]

1. L'aventure de la définition de soi

Le petit enfant vient de s'autonomiser physiquement et prendre conscience de son existence propre. Son nouveau défi est de trouver sa différence, de dessiner peu à peu sa **singularité** et définir son identité.

Il va devenir **une personne à part entière** et se faire une image de lui-même. Sur cette période, qui s'étend de « l'œdipe »[2] à la période de latence, soit de la maternelle à l'école primaire, il commence à affirmer sa personnalité face à sa famille et avec ses pairs.

Fille ou garçon...

L'enfant est sexué dès la naissance, dès la première échographie lisible même : « *c'est une fille, c'est un garçon !* ». Ce qui se montre à l'entrejambe est très investi dans le regard des parents et de la famille. Mais pour l'enfant, c'est seulement à partir d'environ 3 ans que la question devient un vrai sujet d'intérêt et d'évolution personnelle. Il commence à voir la différence : que lui a un zizi ou qu'elle a une petite fente. Il cherche à comprendre le pourquoi et le comment de la différence : le sexe des garçons est dehors comme papa, et le sexe des filles est dedans comme maman. Il se demande à quoi ça sert et « *comment on fait les bébés* », et « *où on était avant* » et « *où on va après* ».

1. Dénomination classique : **le caractère psychopathique**. Appellation *Somatic Experiencing* : « **Trust** ». Louise Bourbeau : **la peur de la trahison**. Mary Laure Teyssedre et Isabelle Gauducheau : **le gorille**.

2. Complexe d'Œdipe : étape identifiée par Freud et concept central de la psychanalyse : étape dite « génitale » où l'enfant de 3 ans et plus tard, explorateur des choses de la sexualité, va tourner son désir vers le parent du sexe opposé et souhaiter plus ou moins consciemment prendre la place de l'autre parent. Selon le comportement plus ou moins approprié des parents, ce complexe sera plus ou moins bien « résolu » et l'enfant évoluera vers une sexualité plus ou moins bien épanouie dans sa génération.

Vie, mort, sexualité. L'enfant commence à prendre conscience de l'espace-temps et du principe essentiel de la réalité humaine : on vit, on meurt, on se reproduit, les générations se suivent. C'est une étape importante où il **commence à s'inscrire de façon bien individuée dans le couloir du temps**, au-delà de l'instant présent, et dans un monde élargi, au-delà de maman et de papa. Françoise Dolto a une jolie phrase pour décrire ce mouvement de conformation : « *allant et devenant dans le génie de son sexe* »[1]. Cette période œdipienne d'identification à son sexe, de découverte de la sexualité et d'intérêt « sexuel » en principe pour le parent de sexe opposé, s'étend environ de 3 à 6 ans.

De « deux » à « trois »

Nous avons peu parlé du **rôle du père** jusqu'ici. Sa présence est évidemment très importante pendant les premières années : elle conforte l'expérience de sécurité, l'assurance d'abondance et la légitimité de la liberté de mouvement du petit. Il est son autre source d'amour et de validation. La présence maternelle et maternante, cependant, est dominante, comme la matrice dont le bébé fait encore partie. La contribution de papa passe surtout par maman, son bien-être et son épanouissement, à moins que le père lui-même ait déjà endossé une bonne part du rôle maternant. Peut-être conviendrait-il de parler de fonction yin et de fonction yang, quel qu'en soit le porteur. **Le yin était essentiel, le yang devient significativement important.**

Le petit bonhomme ou la petite bonne femme gagne en autonomie et part à la découverte du monde, papa commence à compter vraiment pour lui-même et **l'histoire ne s'écrit plus à deux, mais à trois**. Papa, ou son substitut, vient mettre un terme au duo fusionnel de maman et bébé, favorise son décollage du cocon maternel et lui ouvre de nouveaux horizons.

Ce troisième personnage devient un sujet très intéressant tout plein de nouveautés : voix, énergie, odeurs, manières d'être différentes. Activités inédites, objets inconnus, amis étrangers au cercle familial excitent la curiosité, et donnent envie de participer et d'essayer « *moi aussi* ». Derrière lui, il y a tout un monde à découvrir, plus vaste que la routine protectrice et familière de la maison.

1. *In* Françoise Dolto, *op. cit.*

Alors, papa, ou son équivalent, devient la nouvelle personne à attirer, celle dont on veut capter l'attention, dont on cherche à obtenir le regard de fierté parce que l'on a réussi à pédaler, à monter son premier Lego, à escalader le rocher ou accomplir ses premières brasses. Il peut devenir le dieu, l'idole aux yeux de laquelle il faut briller.

Le plus souvent, **pour la petite fille**, papa est **la personne à séduire** et à n'avoir rien que pour soi. Être la préférée face aux frères et sœurs, et face à maman aussi. Elle a bien compris qu'il se passait des choses particulières entre papa et maman et qu'il fallait un papa et une maman pour faire un bébé. Alors, le petit bout de femme peut rêver d'être la petite fiancée de papa et de faire un bébé aussi[1].

Pour le petit garçon, papa est idole à captiver aussi, mais par ses prouesses, en s'identifiant à sa puissance, en devenant aussi fort, beau, intelligent, admirable que lui. Et pourquoi pas avec l'ambition de le **surpasser** et de prendre sa place auprès de maman.

Tout ceci est désir et illusion d'enfant, car les jeux d'adultes ne sont pas les jeux des enfants, et papa et maman ont leurs jeux et leurs problèmes de couple qui ne regardent pas les enfants. Papa, maman, et tous les deux ensemble, le font bien comprendre : **à chacun sa génération**.

Alors, petit garçon et petite fille se tournent vers la leur, vers les frères et les sœurs, vers les petits cousins et petites cousines, les petits amis et les petites amies, et tous ceux qui gravitent autour : instituteurs, animateurs, figures des médias et personnages de fiction, animaux et héros de l'histoire, qui enrichissent leur vision du monde, leur palette de repères, de modèles et de ressources pour se construire une personnalité bien à lui et à elle.

Découverte et différenciation

Toute la période dite de latence qui commence à l'âge dit de raison, soit de 7 à 10 ans environ, est consacrée à cela.

À découvrir la variété du monde en dehors de la petite cellule familiale ; à **expérimenter** de nouvelles relations ; à acquérir des savoir-faire et savoir-être utiles pour la vie future ; à tester ses

1. Il est clair, ici, que nous reprenons une vision conventionnelle du couple et de la famille. Sans doute faut-il repenser cette analyse en élargissant à l'archétype de la fonction maternante (horizontale, enveloppante, yin) et de la fonction paternante (verticale, étayante, yang).

ressources, ses talents et ses goûts particuliers. Et finalement, à confronter ses manières de voir pour **trouver sa propre voie**.

« *Qu'est-ce que tu veux faire plus tard : pompier, vétérinaire, professeur ? Tu préfères le basket ou le rugby ? Quels sont ton équipe favorite, ton champion, ton chanteur ? C'est qui ta chérie, ton chéri ?* ». Les engouements changent, les opinions se modifient, l'identité s'affirme, toujours singulière et évolutive. Petit à petit, l'enfant explore son pouvoir naissant, en s'ajustant selon les circonstances, mais selon qui il est vraiment aussi.

2. L'enjeu d'adaptation : l'identité singulière

L'enjeu majeur de cette étape, pour la jeune pousse qu'est l'enfant, est de pouvoir se différencier du couple parental, explorer et dessiner peu à peu son identité singulière.

Bonne adaptation : découverte de soi comme personne unique à part entière

Les conditions propices à la différenciation sont à peu près au rendez-vous.

Papa et maman s'entendent bien et ont du désir l'un pour l'autre. Il est clair que papa est l'amoureux de maman, maman l'amoureuse de papa. Petit garçon et petite fille devront trouver plus tard la compagne et le compagnon qui leur convient. Si l'entente n'est pas si harmonieuse, chacun sait faire la différence entre son rôle d'homme ou de femme et celui de père ou de mère. **L'intérêt de l'enfant ne se confond pas avec celui de l'un ou de l'autre.**

Cet intérêt d'ailleurs ne s'arrête pas à la relative bonne entente du couple. Il porte sur **l'épanouissement de l'enfant**, de ses talents, de ses goûts, de ses particularités, qui ne sont pas la réplique, ni de papa, ni de maman. Le rêve le plus cher de chaque parent est que sa progéniture trouve sa voie selon ce qu'il est. Avec curiosité, bienveillance et une bonne dose d'incertitude et d'anxiété sur l'avenir du petit, chacun fait de son mieux pour le soutenir.

Pour l'enfant, la vie est devant et il peut aller à la découverte de soi dans le monde. Il peut s'appuyer sur papa et maman derrière lui, pour prendre le meilleur de leur exemple, chercher leur aide, leur réassurance et leurs encouragements. Il peut rêver, faire ses essais et ses erreurs, affirmer des envies, des désirs, des projets sans trop craindre de faire de la peine à l'un ou de trahir l'autre. **Peu à peu, il affirme son identité, teste son pouvoir, et devient pilote courageux déjà de sa vie.**

Blessure « psychopathique » : instrumentalisation et déni de soi

Malheureusement, la ligne est rarement aussi claire entre les générations et les loyautés familiales viennent aussi brouiller les cartes. **La confusion peut être grande, en effet, entre ce qui concerne l'intérêt de l'enfant lui-même, et celui de ses parents** ou celui plus vaste encore de la famille. Au lieu d'être aidé à déployer sa propre identité, l'enfant peut se trouver détourné, pris en otage, capté dans l'histoire de papa ou de maman, ou de grand-papa ou d'un autre adulte.

Assez souvent, par exemple, il se retrouve **prisonnier des affaires de cœur des grands**. Papa disparaît trop tôt et maman reporte tout sur son fils qui devient le petit homme de la maison, « *son petit homme* ».

Les disputes du couple n'en finissent pas, papa prend sa fille à témoin de la méchanceté de sa femme et la petite confidente se sent la préférée de son père.

Le divorce se passe mal, la mère est abandonnée et il n'est plus question de revoir papa, parce que maman ne le supporterait pas.

Et malheureusement, il peut y avoir bien pis encore que les affaires de cœur : **les déviations du corps et du désir sexuel des aînés**. Petite fille doit se faire très gentille avec grand-papa ou petit garçon avec tonton et surtout ne rien dire, car « *c'est un secret ou sinon...* ». L'enfant abusé est physiquement et psychologiquement instrumentalisé et tragiquement dépouillé de lui-même.

Sur un mode plus subtil, mais également aliénant, l'enfant est vécu **comme un prolongement du parent** qui projette sur lui ce qu'il n'a pas pu réaliser lui-même. Le plus souvent ses rêves de réussite, de gloire, de célébrité. L'enfant est nié dans sa singularité et devient le faire-valoir narcissique du parent.

Maman a toujours rêvé d'être danseuse ou mannequin, alors elle promène sa fille dans tous les concours de beauté.

Papa, qui a failli être professionnel de basket, a mis son fils au pied du panier dès l'âge le plus tendre et le coache tous les week-ends, de tournoi en tournoi.

L'enfant porteur du rêve du parent et miroir de son grandiose idéal, est la perle rare, la prunelle des yeux, l'idole. Il ne peut s'empêcher de tirer plaisir et profit de ce vedettariat parental. **Il se sent spécial**, à part, pourquoi pas exceptionnel. Polytechnicien, pianiste virtuose..., parfois, le projet peut convenir à l'enfant, le plus souvent pas du tout. Et dans ce second cas, par loyauté, par peur de perdre l'amour, par envie d'être porté aux nues, il va se prêter au narcissisme familial, se hisser dans ce grand costume qui n'est ni le sien, ni à sa taille. Pour honorer et garder l'investissement parental, il va mettre tous ses efforts à se laisser voler sa véritable identité.

Il en est un peu de même, malheureusement et avec beaucoup plus d'ambivalence, pour **l'enfant abusé**, objet de la convoitise du parent et invité malgré lui à jouer un rôle très spécial, qui le met à part ou au-dessus des autres enfants.

D'autres trahisons peuvent éloigner l'enfant encore plus de lui-même et lui faire perdre le sens de son intégrité et des limites en général. **La violence**, qui oblige à se terrer et se taire, va l'habituer à mentir, dissimuler, faire semblant. Les promesses non tenues, les comportements asociaux l'amènent à désespérer des adultes et de la nature humaine. À mesure des **déviances** de l'adulte, il en viendra à se méfier de tout et endosser l'uniforme du dur à cuire, du méchant ou du roublard qui impose sa loi, rien que sa loi, et ne se laissera plus jamais faire.

3. Les traits de la personnalité « psychopathique » qui en découlent

Problématique clé : la grande faille narcissique

Dans cette étape de définition de son identité, l'enfant a besoin d'être reconnu et encouragé pour ce qu'il est. Il acquiert alors **la confiance en lui-même**, dans sa singularité, et la confiance **dans les autres**, avec leurs différences. Il fait l'expérience de la reconnaissance mutuelle où le respect de soi implique tout autant le respect de l'autre.

Si sa personnalité bourgeonnante est niée, détournée, manipulée, voire violentée, il n'acquiert ni le sens de qui il est, ni le sens des limites face aux autres. Son narcissisme naturel est comme tué dans l'œuf. En retour, il va jouer le même jeu qu'on lui a fait subir. Il se méfie, ne fait confiance qu'à lui-même, compte sur son pouvoir de séduction et va utiliser les autres à ses fins propres pour **se magnifier**.

Vision de soi et du monde : le monde est domination et mensonge ; autant imposer ma propre loi

En surface, l'enfant devenu adulte a pris l'habitude de se sentir important ou à part et se plaît à croire en son **pouvoir**. Au fond de lui, en même temps, il garde la douleur de ce grand déni de lui-même, comme un véritable coup de poignard au cœur.

Il en garde une **méfiance radicale** face aux autres et ne veut plus qu'on le force à quoi que ce soit. Il préfère prendre les devants, imposer ses vues et **dominer plutôt que d'être dominé**. La meilleure défense étant l'attaque, mieux vaut trahir d'abord plutôt que d'être trahi. Être le premier, avoir raison, prendre l'initiative et le leadership, est la meilleure façon de garder le contrôle. La position est gratifiante, glorieuse même, mais terriblement fatigante, et en dessous, il y a le désespoir de ne pas être vraiment soi-même, de devoir faire semblant et la peur de craquer.

Expression physique, énergétique, psychologique et relationnelle : démonstration de force et pouvoir de séduction

Corps physique. Avec cette défense, la silhouette peut avoir quelque chose d'intimidant. Mais un peu à la manière d'un géant aux pieds d'argile ou de la grenouille qui veut devenir un bœuf. La puissance s'exprime dans l'expansion du haut du corps, du ventre aux épaules, alors que les jambes sont plus fines. Comme si la personne cherchait à se faire grande et forte, face et au-dessus des autres pour en imposer. Le visage est charpenté, le cou droit, avec une mâchoire carrée et un sourire tantôt enjôleur, tantôt carnassier. Les yeux peuvent séduire ou dévisager et clouer sur place comme deux pistolets.

Anatomie énergétique. L'aura est également expansée et plus gonflée sur la partie haute du corps. Le chakra du plexus de l'image de soi et le chakra arrière du cœur, foyer de la volonté, sont très actifs, comme celui du 3e œil pour bien voir devant.

Dans les interactions, des « streamers » sont projetés du haut de la tête vers le partenaire ; on observe aussi des « streamers » de démonstration de puissance autour de la cage thoracique, un peu comme le ferait un gorille qui cherche à intimider un congénère. L'alignement ciel-terre manque d'ancrage.

Émotions et relations. Le mode relationnel est plutôt volontaire, avec un fond d'agressivité qui donne de la puissance et permet de passer à l'action. La personne se pousse toujours plus fort et plus haut jusqu'à parfois la mythomanie. Elle peut être irrésistible avec les autres, séductrice et dominatrice à la fois. On peut se laisser convaincre, enthousiasmer, entraîner ou tyranniser. Il est vital pour cette défense d'imposer sa vision, d'avoir raison et de ne pas perdre la face.

Intellect et spiritualité. L'intelligence vive cherche une compréhension claire et pratique, pour une prise de décision rapide. Elle est surtout tactique pour servir l'action et la réaction au meilleur de la situation. Mais la perception de la réalité peut être biaisée par la vision idéalisée que la personne veut avoir des choses.

Talent : le pouvoir de déplacer les montagnes

Le don de cette étape est la capacité à être le pilote de sa vie. Le talent qui en découle est celui du **leadership**, du sens de l'action, de **l'esprit d'entreprise** avec la réalisation qui va avec.

La partie positive de la défense psychopathique donne à cette qualité un feu, une énergie, une rage de vaincre qui peut déplacer parfois les montagnes. Elle fait les leaders politiques, les grands chefs militaires, les créateurs d'empire...

Zone d'ombre : toute-puissance et abus de pouvoir

Mais la part d'ombre est naturellement dans l'excès de cette projection de soi à l'extérieur : elle devient **mythomanie**, folie des grandeurs, malhonnêteté, manipulation, **tyrannie**, trahison de l'autre qui n'existe que comme moyen ou qui peut devenir ennemi s'il résiste.

Démonstration de force, habileté, agressivité et traîtrise peuvent se retourner contre soi et derrière un masque de toute-puissance et d'autosatisfaction, la méfiance paranoïaque est tapie dans l'ombre. La peur de craquer aussi. Passage à l'acte, perversion narcissique, comportements mafieux sont au bout du tunnel.

4. Peur de la trahison et faille narcissique, quel soutien ? Une reconnaissance bienveillante de sa personne, unique et parmi d'autres

La personne a besoin d'arrêter de jouer les héros ou la vedette et de **déposer les armes**. Il lui faut ressentir qu'elle peut être reçue comme elle est sans forcer, sans se battre, sans chercher la performance, sans créer un personnage, ni se rendre spéciale. De faire l'expérience qu'elle peut montrer sa vulnérabilité et son « ordinarité » et que personne ne va en profiter.

Elle va chercher à tester la compétence, la stabilité, la fiabilité et la bienveillance de la personne en face. Il lui faudra du temps pour donner sa confiance et **découvrir que la relation** n'est pas un rapport de force, mais **un espace de respect mutuel** où elle est accueillie comme elle est et où elle peut s'accueillir elle-même, telle qu'elle est, tout simplement.

Elle peut avoir à **faire un deuil de sa grandiosité ou de son exceptionnalité** et accepter d'être une personne parmi d'autres, unique, mais ni spéciale, ni supérieure, ni hors du commun.

Corps physique. Tout ce qui peut permettre de détendre et de décharger la cuirasse guerrière. Massages en profondeur. Pour certaines personnes qui craignent de s'abandonner, un art martial doux peut aider à sortir l'agressivité dans un cadre de grande éthique et de grand respect. Amener progressivement à la douceur avec soi-même et son besoin de soin et de tendresse.

Inviter aussi à descendre dans ses jambes et à trouver une bonne assise rassurante avec le sol.

Énergie. Aider l'énergie à revenir vers le bas et à s'installer à l'intérieur plutôt que se projeter à l'extérieur. Favoriser la descente aussi par un bon ancrage à la terre, et rassurer par l'alignement terre-ciel qui remet en contact avec soi pour le meilleur. Faire expérimenter la bienveillance fondamentale de l'unité, où l'on est juste bien-aimé comme on est.

Émotions et relations. Aider à lâcher la méfiance, le rapport de force et l'obligation de performance. Permettre à la vulnérabilité de se montrer et accepter d'être fragile, ordinaire et accueilli comme tel. Aller peu à peu à la rencontre des parties blessées pour les écouter et les réhabiliter. Découvrir sur ce chemin que le respect de soi va de pair avec celui de l'autre et qu'une relation d'intégrité mutuelle est possible.

Intellect et spiritualité. Élargir la vision de ce que peut être le pouvoir : une autorité venue de l'intérieur, et non une domination imposée de et sur l'extérieur. Faire toucher les ressources intérieures toujours à disposition pour être au plus près de sa vérité et sa force. Faire pressentir **la puissance juste** et bienveillante de la dimension spirituelle. Proposer de mettre à la place de la volonté personnelle, l'intention que le meilleur advienne sans savoir ce qu'il est…

***

Avec une présence bienveillante qui la reconnaît sans se laisser impressionner pour autant, la personne va apprendre à **baisser la garde et laisser s'exprimer sa vulnérabilité derrière sa façade guerrière**. Il va lui falloir de la tendresse indulgente pour aller revisiter l'enfant trahi et l'aider à retrouver sa valeur intrinsèque, et en même temps beaucoup de clarté, de fermeté et de compassion pour remettre à leur place ceux qui l'ont détourné de lui-même. Il lui faudra aussi de l'humilité pour faire le deuil de sa grandiosité et trouver une autre grandeur à être un humain comme un autre, aussi unique soit-il. C'est alors que sa puissante énergie de vie pourra donner tout son potentiel : celui de lancer des projets et de stimuler les enthousiasmes pour faire bouger les choses.

VII. L'envol et la socialisation[1]

1. Turbulences de la puberté et envol de l'adolescence

Lors de cette étape, qui correspond à peu près au collège et au lycée, l'énergie-conscience, devenue jeune garçon et jeune fille, va passer de l'état d'enfance à l'état d'adulte La personnalité en herbe commence à se déployer en grande personne pour de vrai.

Des bouleversements radicaux

Cette étape est celle des grands bouleversements et le premier, à la source de tout, est physiologique. Il s'agit de la **grande poussée de croissance pubertaire de l'adolescence qui se vit et se voit à l'œil nu** : près de 30 cm en plus au moment de la « transformation », selon le terme consacré. L'énergie de vie devient énergie sexuée et sexuelle. Le corps affiche, qu'il ou elle le veuille ou non, sa féminité ou sa masculinité et n'arrête pas de se modifier sans qu'il ou elle sache vraiment ce qu'il va devenir.

Cette transformation est aussi une grande poussée de vitalité et d'agitation intérieure faite d'élans, d'émotions, d'aspirations. Elle déclenche une grande révolution de ses centres d'intérêt et plus encore de ses relations avec les pairs. La sexualité entre dans la danse, différencie les filles des garçons, appelle à des réajustements dans la bande des copains et copines et ouvre tout grand le chapitre du **désir sexuel et des émois du cœur**.

C'est le moment, aussi, où les nécessités de l'orientation scolaire obligent l'adolescent à se poser la **question de ce qu'il va devenir**

1. Dénomination classique : « **le caractère rigide** ». *Somatic Experiencing Institute* : « **love and sexuality** ». Louise Bourbeau **peur de l'injustice ou du jugement** ; Mary Laure Teyssedre et Isabelle Gauducheau : **le cygne**.

plus tard, de ce qu'il veut faire de sa vie, du métier qu'il peut avoir avec tous les rêves et toutes les appréhensions.

Tout est à expérimenter avec **un appétit tout neuf à découvrir par lui-même**, comme un grand et sans entraves, et surtout les loisirs et les plaisirs : ceux qui font vibrer les amis du même âge et qui n'appartiennent qu'à eux ; et ceux qui, jusque-là, faisaient vibrer les adultes et n'appartenaient qu'à eux : les passions sportives ou culturelles, les sorties, les excitants, la nuit. Avec en tête la sexualité, qu'il faut absolument explorer sans les parents, à leur insu, dans la **transgression**, pour tester les limites et s'approprier le monde des grands.

Nécessairement un temps de confrontation

Ce gigantesque mouvement de croissance qui amène au statut d'adulte est **nécessairement un temps de confrontation** avec les parents qui constituaient jusque-là le principal univers de référence. Car le jeune adolescent, en train de déployer sa puissance et sa personnalité, a besoin de se créer son territoire et son univers de référence à venir, au sein de sa génération.

L'adolescence est **comme un grand départ**, où l'on quitte les rives de l'enfance. Mais pour dire au revoir à l'enfant que l'on était, il faut pouvoir dire aussi au revoir à ses parents.

C'est l'autre grande révolution relationnelle à côté de celle de la rencontre sexuée avec ses pairs. L'élan de la vie invite à s'envoler du nid parental et appelle à voler de ses propres ailes avec sa propre génération. À la naissance, l'oisillon, qu'il était, a dû casser sa coquille pour éclore ; à l'adolescence, il lui faut casser celle plus invisible du nid familial pour s'envoler. « *Pas d'omelette sans casser des œufs* », nous dit la sagesse populaire et il n'y a **pas de déploiement adulte sans un minimum de confrontation adolescente**.

Le détachement ne peut se faire sans maladresse, sans **ambivalence**, sans essai-erreur, sans aller et retour.

Pour la jeune pousse qui se cherche, l'élan vers l'avant est irrépressible, mais les forces de rappel sont là aussi : s'affirmer sans être désavoué ; oser le désaccord, mais garder l'amour ; choisir pour soi et ne pas faire de peine, ou décevoir ou être déloyal ; faire ses erreurs, aller au clash, prendre des risques avec l'espoir que le soutien ne sera jamais retiré, comme dans la parabole de l'enfant prodigue.

L'incompréhension règne des deux côtés, parents et adolescent, car les deux parties sont en terrain inconnu. 14-18 : c'est ainsi que la mère inexpérimentée que j'étais a appelé les années les plus critiques de l'adolescence de mon fils ; ça ressemblait au gâchis désolant et chaotique d'une guerre de tranchées, mais, finalement, c'était une bonne guerre et qui s'est bien conclue.

Car au terme de ce parcours du combattant, l'enfant est devenu grand : un jeune homme, une jeune femme en train de prendre sa place dans la société de sa génération et de son époque, qui ne ressemble pas à celle de ses parents au même âge. Fort du soutien et des acquis qu'il ou elle a reçus, il ou elle peut tracer sa propre route.

3. L'enjeu d'adaptation : l'autorité intérieure

L'enjeu, cette étape majeure de croissance, est d'acquérir progressivement son autorité intérieure, distincte des diktats familiaux ou sociaux.

Bonne adaptation : confrontation libératrice

Cette grande étape se fait nécessairement sur les fondements des précédentes étapes.

Travaillée par la grande poussée d'énergie vitale et sexuelle (Éros), la montée des élans affectifs et le défi d'affirmer concrètement sa différence, elle **remet en branle les fragilités de l'enfance** : insécurité existentielle, syndrome d'abandon ou de manque, méfiance des abus et des trahisons.

Si la base est suffisamment solide et que la famille continue à jouer à peu près le jeu de soutenir, tout en laissant la liberté de s'émanciper, l'adolescent se risque bon an mal an à la conquête de son nouveau monde intérieur et extérieur.

Il explore les mystères de la sexualité sans trop de honte, et les émois du cœur sans trop d'inhibition. Il navigue comme il peut avec ses sautes d'humeur sans trop les réprimer. Il affirme ses avis péremptoires et affiche ses désaccords sans trop se soucier de marcher sur des œufs. Il repousse les limites du permis autant qu'il peut et ne craint pas de les transgresser pour les repousser plus encore.

Opposition et transgression font partie du rite de passage. C'est à ce prix d'une exploration à l'aveugle, enthousiaste et souvent maladroite, de l'indépendance que **de pareil à ses parents, il devient autre et lui-même**. Nourri d'eux et inspiré par eux, mais aussi contre eux, pour s'aguerrir et sans eux, pour s'affranchir, il se forge un cocktail d'identité et **une autorité intérieure qui n'appartient qu'à lui**.

Blessure « rigide » : maintien de l'allégeance et répression des pulsions

Il n'est pas toujours si facile, cependant, de pouvoir négocier aussi bien ce « dé-part » tumultueux. D'autant moins que ce grand élan de croissance réactive les failles du passé.

Pour certains adolescents, les fragilités de la prime enfance sont telles que **la révolution pubertaire va rouvrir la brèche** des blessures et transformer la confrontation en rébellion destructrice, en déchirement du lien parental et en mise en danger d'eux-mêmes ou en effondrement. Les anciennes blessures vont rester à vif et les défenses plus archaïques handicaper à répétition toutes les tentatives d'adaptation : fugues, conduites à risque, paradis artificiels, quête désespérée du sauveur, perpétuation du drame de la victime et du bourreau, du bon et du méchant, du dominant et du dominé... Il pourra y avoir résilience au gré de la vie, mais il faudra du temps pour réparer un peu ce qui s'est cassé.

Pour d'autres, à l'inverse, **le chemin vers l'avant va bien continuer en apparence**. Ces adolescents vont faire preuve d'une bonne adaptation sociale, exemplaire le plus souvent : bon élève, bon sportif, bon camarade, membre responsable de la famille, de l'association. Le plus probablement, ils vont très bien réussir, avec pugnacité, persévérance, sens de l'effort et une grande exigence personnelle qui confine au perfectionnisme. Ils pourront faire partie des premiers de classe, des majors de promotion appelés aux plus grandes responsabilités. Ils feront aussi de bons chefs de famille, des mères de famille exemplaires, des collaborateurs imbattables.

Mais quelque chose en eux va manquer, car **ils auront fait l'impasse sur leur crise d'adolescence**. Ils n'auront pas pu se laisser aller à cette grande poussée de sève désordonnée, assumer leurs élans sexuels et leurs émois affectifs, affirmer leurs vérités et leurs désaccords, oser prendre le risque de la confrontation.

Ils vont devenir **grands, sans avoir pu dire oui à leurs propres pulsions de vie** : leur sexualité, leurs émotions et leur vérité, par peur de s'opposer aux parents ou souci de les blesser, honte de se montrer en spectacle et crainte de faire n'importe quoi. Inconsciemment, guidés par un surmoi et un idéal de soi trop **forts**, ils font **le choix de l'allégeance et de la répression** de qui ils sont vraiment. Ils vont se couper d'eux-mêmes à l'intérieur et devenir, pour ainsi dire, des **zombies d'eux-mêmes**.

Il est vrai que c'est à cela que nous convient toute la morale sociale et les institutions : le processus de socialisation passe par savoir bien écouter et obéir, bien travailler à l'école, apprendre à se discipliner... Et il n'est pas toujours besoin d'un contexte familial exécrable pour contracter cette blessure. Les parents peuvent être de bons éducateurs, responsables et soucieux de donner un bon avenir à leurs enfants.

Mais quelque chose dans la famille n'encourage pas la vie, ni l'aventure. Le plus important y est l'observation de bonnes règles de vie, même, si c'est aux dépens des élans naturels. L'exigence personnelle pour soi et pour les autres est valorisée et met l'accent sur l'effort devant le plaisir et le souci de l'autre devant le sien. La loyauté à l'égard de la famille ou du groupe est sacralisée et au nom du respect, de l'honneur, de la fidélité ou de l'amour, appelle à un certain sacrifice de soi. Il s'y ajoute l'impératif des bonnes manières et de l'amour-propre qui impose de bien se tenir et se conduire raisonnablement en toutes circonstances.

Discipline à la prussienne, éducation à l'anglaise, société puritaine, des générations de pères sévères et de mères strictes, ont engendré des générations d'adultes bien dressés, qui ne s'écoutent pas et mettent leur honneur à être respectueux, travailleurs, durs à eux-mêmes et durs aux autres.

À notre échelle plus individuelle d'aujourd'hui, l'éducation est certes moins rigoureuse, mais **la blessure rigide va résonner avec les blessures plus anciennes et s'appuyer sur leurs défenses pour bien contenir l'ensemble**.

À titre d'exemple : maman n'a pas su être chaleureuse à la naissance et bébé s'est habitué à ressentir le minimum : réprimer ses émotions est donc un territoire familier pour l'adolescent.

Maman devait s'absenter pour travailler et bébé s'est résigné à minimiser ses besoins : réduire tous ses appétits à l'adolescence est un savoir-être qu'il connaît bien.

Papa voulait un garçon et du côté de maman, être une femme ne semblait guère enviable, petite fille ainsi s'est voulue fils de son père : dénier sa féminité jusqu'à l'aménorrhée, puis l'anorexie, est chemin facile pour la jeune fille.

La famille a toujours produit des polytechniciens et rien que pour voir la fierté briller dans les yeux de son père, jeune garçon a toujours excellé en classe : bûcher nuit et jour pour décrocher le bicorne, sans tripler la prépa, est la moindre des choses pour le jeune homme.

Maman a perdu son mari et bébé a fait tout ce qu'il a pu pour la consoler : il n'est plus possible à l'enfant thérapeute qu'il a toujours été de rajouter à sa peine.

La loyauté familiale est puissante et, pour certains, énoncer le moindre désaccord, ou la moindre critique à l'égard de leurs parents est quasi impossible : cela revient à faire du mal ou commettre un crime de lèse-majesté. L'une de mes amies de collège ne supportait pas que nous appelions nos parents « *les vieux* » et une autre, fille d'enseignants, trouvait toujours une excuse au moindre de nos professeurs.

Quitter ses parents est une petite mort à son enfance ; ne pas les quitter est une grande mort à soi-même. L'une de mes clientes m'a raconté une sorte de rêve éveillé qu'elle avait eu sur le chemin du lycée : son anniversaire des 15 ans approchait ; dans une sorte de funérarium, elle voyait un cercueil avec des cierges et c'était elle qui se mettait dedans en grandissant ; elle ne se voyait pas d'avenir hors de l'enfance et du soutien à ses parents.

3. Les défenses « rigides » qui se mettent en place

La problématique clé : l'impératif d'être irréprochable

Période de tous les bouleversements intérieurs et extérieurs, l'adolescence suppose que la jeune personne en herbe puisse à la fois **accepter et métaboliser pour elle-même toute l'énergie de vie qui pousse en elle : sexualité, émotions, appétit de découverte** et, en même temps, **l'assumer et l'affirmer face à l'autorité essentiellement parentale**, mais pas seulement.

C'est à ce prix que chacun de nous peut se façonner en **grande personne adulte authentique**, bien dans sa génération, à l'aise dans sa féminité ou sa masculinité, en prise avec ses pulsions, ouverte à ses émotions, claire avec ses idées, directe dans ses relations.

La **répression de l'énergie de vie en plein essor et de ses pulsions naturelles par loyauté familiale et refus du conflit** réduit le potentiel de pleine croissance de l'adulte en herbe : refoulement de la sexualité, déni de la sexuation, inhibition des émotions, rétention de l'élan créatif et de l'expression des points de vue, restriction des relations avec les pairs, confinement des possibilités d'exploration.

L'adolescent, de cette manière, ne s'autorise pas à devenir grand, réfrène l'énergie de vie qui pousse en lui et se fait, consciemment ou inconsciemment, **le clone ou le servant** de ses parents et de l'ordre social. À l'extérieur, il est parfaitement adapté, voire **suradapté**, mais à l'intérieur, il est **coupé de son énergie sexuelle et émotionnelle, et en deuil de son autorité intérieure**.

Vision du monde et de soi : les pulsions font faire n'importe quoi ; seuls la raison et le raisonnable permettent de les contrôler ; être irréprochable garantit la tranquillité

La personne avec une forte défense rigide a une vision exigeante et disciplinée de la vie et de la société. Elle craint les pulsions et les émotions qui créent du drame dans les familles et du chaos dans le monde. Elle projette sur la réalité, la recette qu'elle s'applique à elle-même : il faut se garder des pulsions et les contenir en faisant appel à la **raison et l'éducation de la volonté**.

Cela suppose beaucoup d'efforts sur soi, mais c'est à ce prix très respectable que la société peut se maintenir et progresser. C'est aussi à ce prix, qu'au mérite, chacun peut réussir et se réaliser socialement.

La vie n'est pas toujours une partie de plaisir, mais il y a de la fierté à bien faire les choses, à rechercher **l'excellence et la perfection**. Il y a indéniablement du confort et de la sécurité également à éviter les conflits et à satisfaire les exigences des parents quand on est enfant et les autorités quand on est adulte.

On peut ressentir enfin de **l'orgueil** à sublimer ainsi ses pulsions premières au profit de causes plus élevées et un certain sens de supériorité sur ceux qui ne savent pas se contrôler et se dépasser.

La personne avec une bonne défense rigide a intégré les voix parentales et doit répondre à un **idéal de soi haut placé et un surmoi exigeant**, sévère, critique et parfois tortionnaire : « *le minimum est d'être parfait* », telle est la devise inconsciente qu'une de mes amies s'est découverte un jour. Exigence qui peut mener à une compulsion à devoir toujours tout bien faire, à ne laisser échapper aucun détail, à être irréprochable à la fois par peur et par amour-propre. Avec l'**anxiété permanente**, que, nécessairement, toujours quelque chose sera reprochable.

Expression physique, énergétique, psychologique et relationnelle : bien sous tous rapports, mais coupé de sa spontanéité

Corps physique. La défense rigide se voit dans la **bonne tenue du corps**. Il apparaît *a priori* bien proportionné, ni trop gros ni trop maigre et correctement positionné. Il est cependant très contenu, tendu, avec une sorte de carapace musculaire par endroits. La nuque est raide, les mâchoires sont serrées avec une certaine propension à serrer, voire grincer des dents. Le bas du corps et, en particulier le pelvis, peut être froid, peu vivant et basculé vers l'arrière. Le corps, dans son ensemble, peut évoquer une certaine sécheresse. Il est, par ailleurs, bien soigné et bien mis en valeur avec élégance ou coquetterie. Il y a un certain attachement narcissique à l'apparence.

Anatomie énergétique. L'énergie est intense et **concentrée**. Elle se situe, cependant, plutôt à la périphérie. Les niveaux structurés du champ sont forts, les niveaux non structurés, lieu des émotions, faibles. Ceci se retrouve pour les chakras. Ceux de devant, surtout le 2 et le 4 de la sensualité et du cœur, sont peu ouverts et ne se connectent pas ; ceux de derrière, à l'inverse, liés à la volonté, sont plus actifs. Les chakras de la tête associés à la raison, également. En interaction, l'aura est bien délimitée et contenue, comme pour marquer la distance et se garder d'échanges trop débridés aussi bien du dedans que du dehors.

Émotions et relations. Les émotions sont très retenues à la fois parce que la personne est plutôt coupée des siennes et parce qu'elle se méfie de ce registre relationnel : les émotions peuvent mener à n'importe quoi, faire perdre son propre contrôle de soi, faire dire des bêtises que l'on regrettera ensuite, amener le chaos. **Le registre de la raison et du raisonnable est plus rassurant, et aussi plus intelligent.**

À cause de son besoin de contrôle et de sa gêne avec l'affectivité, la défense rigide peut donner une impression **d'arrogance**, de complexe de supériorité, de mépris pour ceux qui se laissent aller à de l'hystérie ou de la sensiblerie. La relation peut donc manquer de chaleur spontanée et de fantaisie. En revanche, on peut compter sur sa **fiabilité** à tout moment. La parole est précise et l'engagement clair.

Pour la personne à forte défense rigide, la répression ancienne de ses pulsions sexuelles et de l'expression de ses émotions rend difficile la relation amoureuse où cœur et sexe sont réunis. D'une certaine manière, en se contrôlant systématiquement, elle **a perdu le mode d'emploi de sa féminité ou masculinité ainsi que celui de l'amour**.

Intellect et spiritualité. L'accès à l'adolescence est aussi l'accès à toutes les potentialités intellectuelles et la défense rigide va exceller dans ce domaine qui éloigne des pulsions plus animales et permet de se développer dans la sphère du raisonnable et du socialement correct.

Les adolescents, soutenus par une défense rigide, sont de bons élèves, qui aiment étudier, mémoriser, comprendre les raisonnements, obéir aux consignes, rendre les devoirs à l'heure et réussir en faisant plaisir aux parents et aux professeurs. Devenus adultes, ils resteront **à l'aise avec toutes les disciplines de l'esprit et les règles de tous ordres**.

L'accès à la spiritualité dépendra plus du milieu. Si celui-ci est croyant, l'observance religieuse peut être bonne, si ce n'est scrupuleuse, sans nécessairement être pleinement vécue de l'intérieur. Si le milieu n'est pas croyant, la foi en une forme de discipline personnelle dans la dignité peut suffire et le recours à des aides de l'au-delà bienveillantes peut même apparaître comme un acte de faiblesse et relever de l'irrationalité.

Talent : le sens des responsabilités et de l'organisation

Le grand accomplissement de cette phase de croissance, est l'arrivée au statut d'adulte indépendant, avec une place à peu près définie dans son sexe, sa personnalité, son rôle social, au cœur de sa génération.

L'un des grands talents de cette défense, dans cette étape, est celui de la **responsabilité personnelle pour soi et au sein du collectif**. Elle fait des personnes fiables, posées, clairement positionnées avec leurs talents propres, et contributives au bien commun, qu'il soit familial, professionnel ou sociétal.

La défense rigide accentue **le sens de l'organisation, l'impératif de fiabilité, le besoin de qualité jusqu'à la perfection, l'intensité de l'engagement**. Les grands organisateurs, logisticiens, ingénieurs, comptables comme les collaborateurs ou les militants irremplaçables puisent à cette source. Les grands militaires, grands administrateurs, grands serviteurs de l'État et autres **grands chefs, qui forcent le respect pour leur exigence et leur intégrité**, aussi. Tous les métiers et arts demandant vision, précision et coopération d'ensemble ont besoin de ce talent.

Zone d'ombre : la tyrannie du perfectionnisme

Tout ceci porté à l'excès, cependant, peut amener à la maniaquerie, l'obsession du détail, le **perfectionnisme contre-productif** : « *le mieux est l'ennemi du bien* », dit l'adage. Victime de son propre surmoi impitoyable et de son besoin de contrôle, la personne peut vivre dans l'anxiété permanente de ne jamais faire assez bien ou de ne jamais pouvoir satisfaire aux exigences souvent imaginaires d'un autre.

En miroir, cette exigence extrême avec soi-même, voire ascèse personnelle, et cet amour-propre sous contrôle, peuvent se retourner sur les autres avec intransigeance et faire de la graine de **tyran disciplinaire et technocratique** dans la sphère privée comme dans la sphère publique.

Dans un autre registre, l'amour du travail bien fait peut déraper vers le seul plaisir de l'exercice, oublieux des finalités, et **le haut sens du service amener à soutenir scrupuleusement des leaders** sans scrupules.

4. Peur des pulsions et de l'imperfection, quel soutien ? Défaire la camisole d'exigence pour libérer la spontanéité

La personne à forte défense rigide a besoin d'être aidée à **se libérer peu à peu de sa camisole d'exigence**, de raison et de bienséance qui enferme et réprime ses élans authentiques et vitaux. Il faut s'attendre à une résistance polie, mais vigilante : « *oui, mais* », et à une forte tendance à la rationalisation pour éviter d'entrer en contact avec les émotions qui échappent à tout contrôle et dévoilent la vulnérabilité.

Corps physique. Les massages sont bien acceptés en général, car la personne rigide trouve là un motif légitime à se laisser aller et laisser faire. La danse qui favorise le ressenti du corps, accélère la circulation intérieure et fait bouger le bassin peut aider. La musique favorise l'ouverture aux émotions et la sophrologie qui invite à rentrer à l'intérieur de son corps avec gentillesse et en lâchant la tête, aussi.

Anatomie énergétique. Le soin de base qui consiste à faire circuler souplement l'énergie dans tout le corps peut apporter un premier amollissement. Les chakras avant liés aux émotions, et en particulier 2 et 4, ont besoin d'être aidés de même que les niveaux non structurés. Dans ce **bain émollient**, un peu de sensualité, de sensorialité et de vulnérabilité peuvent être ressenties et des émotions commencer à émerger et être accueillies avec bienveillance.

L'alignement ciel-terre aide à se rapprocher en confiance de son centre, de son autorité intérieure authentique et de ses aspirations les plus profondes. Le lien au ciel et à la terre peut convenir à la fierté naturelle de cette défense, tout en l'invitant à l'humilité et à **passer du contrôle volontaire au lâcher-prise pour le meilleur**.

L'expérience de l'unité peut permettre l'abandon de l'idéal de soi et favoriser les retrouvailles de cœur avec tout ce qui est.

Émotions et relations. Le grand défi pour cette défense est de laisser parler les pulsions et les émotions, d'**oser lâcher la bride**

à la sensualité, la fantaisie et la sentimentalité, pour **devenir plus authentique**.

En relation, la personne peut s'entraîner à plus d'**indulgence** envers toutes les imperfections, plus d'**insouciance** pour elle-même et plus de **tolérance** pour les autres.

Il va être bon pour elle d'apprendre à lâcher le masque du surmoi et s'essayer, dans un cadre rassurant, à faire **tout ce qui paraît déraisonnable et inadéquat** : désobéir, se tromper, être inconvenant, dire du mal, être ridicule, faire n'importe quoi d'inesthétique, de vulgaire, de mélodramatique pour découvrir qu'on peut y survivre et en éprouver du plaisir.

Oser dire vraiment ce que l'on pense et non ce qu'il est bien de penser pour ne pas heurter est une autre expérience. S'essayer à affronter ou déclencher un conflit pour voir, une autre.

Le plus difficile sera de parvenir à **connecter sexualité et affectivité** ensemble pour permettre à une relation amoureuse de s'épanouir pleinement.

Intellect et spiritualité. L'aisance intellectuelle de la défense rigide peut être l'occasion de proposer **une vision de la vie, élargie à la spiritualité**. La découverte de ce contenant spirituel plus grand peut aider la personne à lâcher prise de son contrôle et de sa fierté. Elle peut trouver là une forme de sécurité bienveillante, bien intentionnée, qui la dépasse, la rassure et l'aide à se sentir un enfant **bien aimé** parmi d'autres, **quoi qu'elle fasse, bien ou moins bien**, quoi qu'elle soit, excellente ou médiocre. Juste bien comme elle est : **parfaitement imparfaite et absolument unique de toute façon**.

***

À mesure que la camisole d'exigence se desserre et s'assouplit, la personne va pouvoir **repartir à la découverte de sa sensibilité, sa spontanéité et sa fantaisie**. En chemin, elle va rencontrer ses loyautés excessives, ses blessures enfouies, ses défenses caricaturales, et développer **plus de tendresse avec elle-même et les autres**. Avec humanité et humilité, parce qu'elle sait intimement qu'elle est et que tout est parfaitement imparfait, elle pourra mettre ses talents et ses compétences souvent hors du commun, **au service d'un engagement de qualité**. Sans trop de pression, sans trop de contrôle, ni trop d'esprit de sérieux, pour que le meilleur advienne.

VIII. Toute l'expérience de vie se stocke dans notre corps

1. Millefeuille des étapes de croissance

Incorporation, maternage, autonomisation, personnification, envol : en grandissant, **nous sommes tous passés par ces étapes de croissance**.

Une étape a pu être plus difficile que les autres, mais toutes nous ont marqués. Nous sommes **un millefeuille**, avec en dessous nos belles ressources d'énergie-conscience et au-dessus la sédimentation de notre expérience de vie à chaque étape : acquisitions, blessures et défenses mêlées.

Le tableau ci-contre récapitule ce parcours de notre énergie-conscience pour façonner la personne singulière que nous sommes aujourd'hui.

Incorporation *Naissance et avant*	Maternage *Nourrissage 0-1 an*	Autonomisation *Mobilité/propreté 1-2 ans*	Personnification *Œdipe/période latence 3-10 ans*	Socialisation *Adolescence 11-18 ans*
Sécurité de base Bon lien ciel-terre	Complétude Abondance Fluidité du donner-recevoir	Frontières Intégrité Mouvement Élan naturel	Identité Différenciation Affirmation de soi Respect mutuel	Autorité intérieure Authenticité Sexualité Relations pairs
Schizoïde Pas d'accueil rassurant	Oral Maternage déficient	Masochiste Contrainte invasion	Psychopathique Trahison Détournement Pas reconnu	Rigide Loyauté Répression des pulsions
Peur existentielle Danger d'être dans un corps et un monde hostile Refuge dans l'esprit Corps très allongé Appétit de vie réduit Isolement	Peur du manque et de l'abandon Béance d'amour Pas entier Jamais assez Corps gracile Dépendance, compensation ou prise en charge, autosuffisance. Expression des besoins compliquée	Peur de l'humiliation Honte Rétention des élans Bonhomie et volcan intérieur Corps lourd Lenteur Passivité-agressivité	Peur de la trahison Méfiance Faille narcissique Besoin de se sentir spécial Choisit de dominer Corps fort en haut Intimidant et charmeur	Peur d'être imparfait Impératif d'être irréprochable Raison comme garant contre les pulsions Surmoi exigeant Perfectionnisme Coupé de sa spontanéité Lien sexualité-affectivité difficile
Se sentir accueilli inconditionnellement	Devenir le bon parent de soi-même qui satisfait d'abord ses besoins.	Retrouver sa beauté intérieure et son expression naturelle	Se sentir reconnu sans rapport de force, dans le respect mutuel	S'autoriser à faire des erreurs et à suivre sa spontanéité naturelle

Cette chronologie, proposée par la psychoénergie, ne prétend pas être exhaustive, ni rendre compte de l'itinéraire unique de chacun. Mais elle donne **de bons repères** pour mieux nous explorer : en regardant nos manières ou manies d'être aujourd'hui et en repassant notre histoire. Elle nous offre aussi la possibilité de regarder l'autre plus en profondeur, au-delà de son personnage de façade et au contact de la vulnérabilité qui peut se cacher derrière.

2. Petite famille d'enfants perdus à l'intérieur

Tous les jours, nous pouvons faire cette expérience que nous avons l'air de grandes personnes au-dehors, mais que nous sommes **bien plus petits et fragiles en dedans**. Devant le patron, nous ne trouvons pas les mots ; devant la collègue grande gueule, nous évitons le face-à-face ; quand un recommandé arrive, nous craignons le pis... Et combien d'entre nous parviennent à parler franchement et tout simplement à notre père ou notre mère ?

C'est que toutes **les expériences vécues et non digérées** dans l'enfance et plus tard, restent coincées dans notre champ énergétique. Tout se passe comme si nous abritions en notre sein, **une grande famille d'écorchés vifs**. Terrorisés, désespérés, furieux, honteux ou enragés, esseulés et oubliés depuis longtemps, ils restent tapis dans le noir, comme s'ils attendaient qu'un jour ils puissent être retrouvés, vus, entendus, reconnus, consolés et ramenés au grand jour.

Toutes les pratiques thérapeutiques à leur manière traitent de cela. La **psychanalyse** va à la quête des refoulements dans l'inconscient et décrit au moins trois instances en nous : le Surmoi des voix parentales, le Ça, lieu de toutes nos pulsions refoulées et le Moi, l'instance d'adaptation consciente.

À l'autre bout du spectre**, le chamanisme** pratique la **récupération ou le recouvrement d'âme**. Pour les Amérindiens, des parties de notre âme trop blessées par un traumatisme, vont se séparer et rester bloquées hors de l'espace-temps de notre réalité physique. Une des pratiques de guérison chamanique consiste, justement, à aller récupérer ces parties d'âme blessées pour les ramener gentiment à la réalité de notre vie d'aujourd'hui. Le voyage peut se faire en état de conscience modifiée au quatrième niveau de l'aura, dit aussi plan astral, sans besoin de substance[1].

1. La modification de l'état de conscience peut se faire par une simple danse de transe, au son des tambours et maracas. Pour cette approche du chamanisme doux, sans substance, voir par exemple les ateliers ou formations de Patricia White Buffalo, Américaine apache, praticienne psychocorporelle, professeur à l'école Brennan. Voir également les ateliers chamaniques du Jardin d'idées, animés par Bruno Clavier et Danièle Flaumenbaum.

Par le travail de descente dans les sensations du corps, ou **Process**, que nous décrirons dans le prochain chapitre, la psychoénergie propose le même genre d'aventure : **retourner à la rencontre des énergies-consciences restées bloquées dans le corps depuis l'enfance**.

3. Sans oublier les enfants perdus de notre lignée...

Dans le même esprit, il devient possible d'accepter l'hypothèse **de transmissions transgénérationnelles**, de champ énergétique à champ énergétique, entre parents et enfants. Une telle vision redonne toute leur place à certaines expériences vécues dans la vie ou en consultation et, *a priori* incompréhensibles, de mémoires familiales qui resurgissent et se répètent.

C'est que l'énergie ne s'arrête pas à chaque génération. Les traumatismes mal digérés d'un parent créent des blocs d'énergie-conscience dans son champ énergétique, qui passe à sa descendance et ainsi de suite, tels des « **fantômes** », selon le terme de l'analyse transgénérationnelle[1]. Point de drap blanc, de chaînes et de boulet pour ces fantômes. Il s'agit encore de ces bouts d'énergie-conscience bloqués en route dans la vie d'une génération, qui continuent d'appeler dans les générations suivantes. **Les enfants perdus de ceux qui nous ont précédés dans nos lignées continuent de chuchoter en nous.**

***

1. L'analyse transgénérationnelle appartient à la grande famille de la psychogénéalogie : initiée par Anne Ancelin Schützenberger, *Aïe mes aïeux*, DDB, continuée par Didier Dumas, *L'Ange et le Fantôme*, Les Éditions de Minuit, puis par Bruno Clavier, *Les Fantômes familiaux*, Payot. Voir aussi Danièle Flaumenbaum, *Femmes désirées, femmes désirantes*, Payot. L'association Le Jardin d'idées propose une formation en ce domaine.

En résumé

Terreur existentielle, béance du manque, humiliation de l'abus, méfiance de la trahison, tyrannie de la loyauté, dans une vision énergétique, rien n'est oublié. L'énergie de vie circule et grandit ou stagne et se bloque. Toute l'expérience de notre vie, à chaque étape de notre enfance et au-delà, s'engramme ainsi dans notre corps et façonne notre personnalité, avec ses traits de caractère plus ou moins réducteurs et handicapants. Sans en avoir conscience, tout se passe comme si nous abritions en nous toute une famille d'enfants perdus, petites parties de nous-mêmes arrêtées sur le bord du chemin. La bonne nouvelle, est qu'il est possible d'aller à la rencontre de tous ces petits bouts d'énergie-conscience blessés, pour les apaiser et les remettre dans le mouvement de la vie. C'est ce que nous allons voir dans le chapitre suivant.

Et vous ?

1° Quelle étape, quelle blessure, quelle défense résonne le plus en vous ?

Vous sentez-vous peu en sécurité dans votre corps et avec les gens ?

Avez-vous peur de manquer et le sentiment que personne ne vous aime ?

Avez-vous l'impression que personne ne vous respecte ?

Avez-vous tendance à vous méfier des autres et à préférer prendre les devants pour contrôler la situation ?

Avez-vous peur de ne pas être irréprochable, à la hauteur de vos exigences ?

2° Vous êtes un millefeuille de toutes ces étapes et de leurs traits de personnalité défensifs. Pouvez-vous quantifier chacune en %, selon qu'elle vous semble plus ou moins présente dans votre personnalité ?

Incorporation : blessure et traits de personnalité schizoïde :

.. %

Maternage : blessure et traits de personnalité orale :

.. %

Autonomisation : blessure et traits de personnalité masochiste :

..%

Personnification : blessure et traits de personnalité psychopathique :

..%

Socialisation : blessure et traits de personnalité rigide :

..%

3° En relisant chaque étape dans son détail, que remarquez-vous de vous-même aujourd'hui :

Une posture, un ressenti de votre corps ?

Une émotion, un paysage émotionnel qui vous est familier ?

Une manière de vous situer habituellement face à l'autre ?

Une façon de voir les choses, le monde, les gens ?

Un certain rapport ou une absence de rapport à l'unité naturelle ou spirituelle ?

Une difficulté qui n'arrête pas de se répéter ?

4° En regardant dans le rétroviseur : pouvez-vous redonner à l'enfant que vous avez été et à ses blessures toute leur place ?

Quand aurait-il eu besoin de la compréhension d'un adulte bienveillant ? Comme un grand frère, ou une grande sœur ou un bon parent que vous pouvez être aujourd'hui, pouvez-vous l'aider à ce se sentir moins seul ?

5° Et si vous avez un enfant,...

D'après vous, comment se sont passées ou se passent les étapes pour lui ?

Dans son physique, sa manière d'être, son mode de relation, que pouvez-vous deviner ?

Que pouvez-vous faire pour encourager sa belle énergie de vie, qui n'est pas la même que la vôtre, à se déployer au mieux ?

Et surtout, ne culpabilisez pas. Mettez votre intention à être et faire pour le meilleur. La perfection n'est pas de ce monde. Surtout faites confiance à l'élan de vie et la sagesse intérieure de votre enfant. Lui aussi a son axe ciel-terre et son chemin d'âme.

CHAPITRE III

RENCONTRER ET REMETTRE EN MOUVEMENT NOTRE ÉNERGIE-CONSCIENCE BLOQUÉE : LE PROCESS OU LA DESCENTE DANS LES SENSATIONS DU CORPS

I. Le principe de la rencontre et le Process

1. L'attention est le baume guérisseur

Nous avons vu que l'enfance n'est pas un long fleuve tranquille et que des petites parties de nous-mêmes, des bouts d'énergie-conscience, sont restés bloqués en nous : crispations physiques, charges émotionnelles, pensées limitantes et contentieux spirituels.

Une part originale du travail de la psychoénergie consiste à **descendre délibérément au-delà des pensées et des émotions, dans les sensations du corps, pour aller au plus profond, en conscience, là où ces parties blessées se sont imprimées et enkystées**. L'intention est de leur donner l'attention qu'elles n'ont pas eue en leur temps et les aider à se remettre en mouvement dans le flux de la vie.

L'attention est baume guérisseur. Nous l'expérimentons tous les jours : se voir prêter attention, que nous soyons grands ou petits, sans jugement et avec bienveillance, met du baume au cœur et fait déjà se sentir mieux. Pendant cet instant, nous ne sommes plus seuls, nous sentons que nous comptons, que nous sommes vus et entendus, tels que nous sommes avec notre souffrance ou notre joie. Il en est de même pour toutes les parties blessées de nous-mêmes à l'intérieur, qui n'attendent que cela pour **mettre fin à leur plainte et reprendre le chemin de la croissance**. La remise en mouvement de l'énergie-conscience se fait ainsi, dans le respect et l'accueil, en redonnant de l'espace, de l'écoute et de la compréhension à chaque partie vulnérable, enragée ou glorieuse.

La psychoénergie, en ce sens, rejoint la tradition hawaïenne du Ho'oponopono[1], qui ne guérit pas en enlevant, en rejetant, en éliminant, mais au contraire **en réaccueillant et en incluant**. La tradition

1. Ho'oponopono : tradition des guérisseurs hawaïens. *Cf.* Luc Bodin et Maria Elisa Hurtadot-Graciet, *Ho'ponopono*, Jouvence, 2011. La jolie phrase de cette pratique, qui considère que tout est conscience, se formule ainsi : « *désolé, pardon, merci, je t'aime* ».

chamanique, qui va récupérer les morceaux d'âme perdus, ne fait pas autrement. La cartographie change, la technique aussi, mais **l'intention est toujours la même : soutenir ce besoin essentiel et universel d'amour inconditionnel**.

Il va de soi que cette **spéléologie intérieure se fait progressivement** et qu'elle ne peut pas advenir sur commande en imposant un agenda établi d'avance. Rien ne peut se forcer dans le monde de l'énergie, juste s'inviter. Les blessures les plus anciennes, les traumatismes les plus enfouis, telles les premières fondations d'une maison, mettront du temps à oser se montrer. Il faudra avoir dégagé des strates plus superficielles et consolider sa confiance pour aller chaque fois un peu plus profond dans les oubliettes souvent sombres et inquiétantes de nos mémoires.

Le cheminement de conscience, cependant, est toujours le même et nous en donnons ci-après le principe avant de passer aux exemples vécus.

2. Le Process ou descente accompagnée en conscience dans les sensations du corps[1]

Mode d'emploi pour entrer dans les sensations

Venue du monde anglo-saxon, la psychoénergie parle de « process » pour définir ce type de travail. La traduction est difficile, car il veut dire à la fois le déroulement dynamique de la séance, l'expérience vécue en profondeur par la personne et la libération énergétique qui l'accompagne. Ce « process » se fait en séance, en face-à-face, assis et parfois allongé, et peut se pratiquer seul, à l'occasion, quand la personne a pris l'habitude d'entrer en elle-même et sait être un bon contenant ou bon parent pour elle-même.

1° La séance débute sur un sujet spontané ou apporté par la personne.

2° **Un élément émerge**, qui semble susciter de l'implication : la voix change, un chat dans la gorge apparaît, ou le corps s'agite ou la parole devient plus passionnée ce qui signifie que quelque chose est touché, ébranlé.

1. Cette pratique est enseignée, entre autres, dans le cadre du *PsychoEnergetics Training*, (Espagne, États-Unis).

3° Le moment vient alors de demander à la personne **ce qu'elle ressent** en la ramenant au contact d'elle-même. La première réponse est souvent de l'ordre de **l'émotion** : colère, tristesse, énervement, anxiété… Laisser la personne rentrer dans son ressenti émotionnel favorise sa descente dans un état de conscience plus authentique et ouvre la porte à l'exploration au-delà des rationalisations de surface.

4° C'est l'occasion d'aller plus avant encore, en cherchant **la ou les sensations** qui apparaissent dans l'ici et maintenant du corps, en dessous de l'émotion : « *où y a-t-il une sensation ? – j'ai un point là, juste en dessous du nombril* », et d'inviter à y entrer en observateur curieux, patient et attentif : « *pouvez-vous rentrer dedans ? Sans jugement, comme un témoin neutre et bienveillant ?* ». L'important est de laisser toute la place et tout le temps à cette manifestation d'énergie-conscience dont on ne sait rien *a priori*, mais qui est bienvenue et a le droit d'être là.

L'intention est de **rester au plus près de l'expérience** et pour ce faire, de décrire la sensation : « *c'est chaud, marron, un peu comme de la terre* » ; de suivre la sensation si elle bouge ; d'aller plus dedans si elle se renforce : « *ça devient plus dur, comme de la pierre* » ; de ne pas chasser les images incongrues qui peuvent venir : « *c'est comme une grotte, on dirait qu'il y a un trou, maintenant ça devient tout noir, on dirait du mazout* » ; et de ramener toujours au corps et à ce qui s'y passe : « *et maintenant que se passe-t-il ?* ».

L'accompagnateur est lui-même très ancré dans son corps, – champ énergétique expansé, cœur ouvert et lien terre-ciel bien aligné –, pour offrir un **contenant sûr, non intrusif** et très en contact avec ses propres sensations dans le corps, pour être en résonance avec la personne.

Tout peut alors arriver

Avec l'encouragement de cette attention bienveillante, tout peut arriver :

La sensation peut se dissiper, diffuser peu à peu et disparaître, comme de l'énergie qui circule avec un ressenti de détente. Sans mot, sans image, quelque chose a lâché.

La sensation peut bouger, il faut alors la suivre et remettre l'attention dans sa nouvelle place, toujours en observateur curieux et patient.

La description débouche le plus souvent sur **des images analogiques** – « *c'est comme* », « *ça ressemble à* » – et **un échange exploratoire** va se faire avec la forme improbable qui s'est présentée.

Le monde de l'énergie étant métamorphique, d'association en association, **un voyage imaginaire peut se dérouler**, avec du ressenti émotionnel, tactile parfois, voire olfactif, et surtout selon un registre improvisé qui peut aller de l'expérience préhistorique à la fiction galactique, du conte de fées plutôt angélique à l'heroïc fantasy un peu gore.

Dans cette exploration intérieure en état de conscience légèrement modifiée, **il arrive souvent qu'un flash mémoriel émerge**. Il devient possible d'y rentrer, en témoin bienveillant, simplement présent ou intervenant selon les besoins, pour rencontrer l'énergie-mémoire, qui s'y trouve enfermée, et l'aider à en sortir.

Une conscience ou une mémoire d'un autre temps, aussi, peut s'inviter : énergie-conscience transgénérationnelle ou d'une autre vie personnelle ou transpersonnelle.

Plus profondément encore, le « process » peut continuer sous forme de **mouvements spontanés du corps ou d'expressions sonores**, emmenant loin dans une exploration non verbale, chargée d'expériences somatiques, émotionnelles et imaginaires venues du premier âge de la vie ou au-delà.

Tout est bienvenu

Tout est bienvenu dans ce « process », car tout doit avoir le temps, l'espace et la présence qui lui est nécessaire **pour se sentir accueilli** et pouvoir se libérer enfin en toute confiance.

Un enfant en peine a besoin d'être reconnu dans ce qu'il ressent, et accueilli tel qu'il est. Parfois, il a besoin d'être consolé dans les bras, et parfois aussi qu'on lui explique. Et presque toujours qu'on le rassure sur lui-même, sa légitimité, sa valeur, son innocence...

Il en est de même pour tous les enfants perdus au fond de nous. Toutes nos énergies-consciences arrêtées dans leur développement et gelées en attente dans notre corps, ont besoin de cette reconnaissance bienveillante, permissive et non intrusive pour reprendre leur chemin. Il faut souvent beaucoup de patience, venir et revenir, sans rien forcer, car la blessure peut être trop sévère ou trop archaïque pour que la confiance arrive. Il faut toujours **la réassurance d'une présence inébranlable et inconditionnelle** pour aider à plonger dans l'obscurité la plus sombre, à la rencontre de la terreur et de la violence enkystées au plus profond.

Tous les langages, aussi, sont permis, des plus délirants aux plus réalistes ; des plus physiques, sans mots pour le dire, aux plus imagés ou aux mieux verbalisés ; des plus narratifs, genre « *Voyage au centre de la terre* », aux plus sibyllins ou plus silencieux. Car l'exploration traverse toutes les dimensions de l'être d'énergie-conscience de la personne.

3. Un cheminement expérientiel avant tout

La descente psychoénergétique dans le corps est comme **une descente à la cave** vers les archives stockées et entassées de notre passé. Elle est donc aussi une sorte de **remontée dans le temps**, avec cette qualité particulière d'être **hors du temps**, hors de la linéarité de notre temps conscient et hors du temps présent. Comme une forme de rêve, d'hallucination ou de voyage initiatique[1].

Il n'y a **pas d'ordre apparent de rangement** dans cet espace où toutes les dimensions énergétiques cohabitent et s'entremêlent : physique, émotionnelle, mentale, spirituelle. L'exploration de cet espace inconscient **multidimensionnel et multispatiotemporel** est une aventure imprévue permanente, qui n'appelle pas l'interprétation systématique, au contraire.

Le travail est d'abord et **avant tout expérientiel. L'important est que l'énergie** bloquée, sous l'effet de l'attention bienveillante, **se remette en mouvement** progressivement.

Ceci peut se faire cellulairement, corporellement, émotionnellement, sous une forme imaginaire, et le plus souvent avec une prise de conscience et **la possibilité de mettre en mot, mais pas toujours ou pas tout de suite**. Le mot anglais « process » rend bien compte du processus concret en marche, bien en deçà du mental.

1. On retrouve ici, bien évidemment, des convergences avec l'analyse des rêves en psychanalyse, la pratique du rêve éveillé, l'état d'hypnose ericksonienne ou régressive, les plongées dans l'inconscient très archaïque de la respiration holotropique, et bien sûr les voyages chamaniques.

Le cheminement appartient à la personne et au « process » en elle, qui se déroule à son rythme. Le rôle de **l'accompagnateur** est d'offrir par sa présence en pleine conscience, **un contenant de sécurité**, bienveillant et encourageant, avec tout l'espace et le temps nécessaire. Il n'est pas le pilote, **il facilite, il peut suggérer éventuellement, mais pas trop**. Ceci n'exclut pas qu'il puisse avoir dans sa palette de compétences des techniques plus interventionnistes, mobilisables à d'autres moments de la séance ou de la relation thérapeutique.

Rendre compte pédagogiquement de ce cheminement toujours imprévu, et parfois incomplet ou emmêlé sur une session, alors que le travail se continue dans le temps, n'est pas chose facile. Je propose ci-après **un échantillon d'expériences**, autour de quelques thématiques non exhaustives.

II. Les exemples de rencontre ou Process

1. Rencontre avec les énergies-mémoires de cette vie...

Petite fille saisie dans la violence

Marylin[1] arrive *« avec plein de choses »*.

1° Son fils ne va pas si bien parce que son père, compagnon avec qui elle ne vit plus, va revenir de l'étranger et Marylin se soucie de savoir comment celui-ci va se débrouiller.

2° Elle s'est disputée avec une assistante, mais est contente d'être restée mieux centrée cette fois-ci. Long silence.

3° Et... elle vient d'apprendre que son père a un problème à une jambe et qu'une biopsie osseuse est en cours. Silence. Je lui demande comment elle se sent dans son corps. *« Un tourbillon dans la tête et du bruit dans les oreilles, comme si j'allais m'en aller* (ceci ressemble effectivement à une sortie de corps, quand la réalité n'est pas soutenable), *dans le ventre, j'ai aussi de la colère, la même rage que quand, petite fille, j'écrasais les insectes ; et j'ai ma jambe droite dans le plâtre ».*

Silence, je m'ancre bien profondément ; après un certain temps, je prends l'initiative : « *c'est un ébranlement quand on touche la mortalité d'un parent* ». Marylin se met à pleurer, doucement, longuement et nous laissons la vague de la peine arriver à son terme. Elle retourne spontanément à son corps : *« J'ai encore une sensation. Comme un portemanteau dans le dos, ... on me tire par l'arrière du col, ... du poids sur les épaules,... il y a comme des boîtes noires, des casiers dans ma poitrine, ... ah oui, comme si une main m'attrapait le col.* – De qui la main ? – *Mon père, ...* (elle fait une sorte de grimace, pommettes relevées), *je vois aussi des pommettes, oui quand il avait ce ricanement de colère.* – Une expérience de violence de votre père ? – *Oui, je me souviens à*

1. Les prénoms et autres éléments éventuels de contexte sont modifiés pour préserver l'anonymat des personnes, qui ont par ailleurs donné leur accord.

20 ans, j'ai dû emmener ma mère chez le médecin et au commissariat... (elle se met à pleurer)... *je pleure parce que je n'ai pas donné la parole à mon père, pas laissé mon père s'expliquer à ce moment-là.* Je l'invite à suivre cette émotion en retournant à sa source dans une sensation du corps. *J'ai les bras lourds, ... les pommettes qui ont envie de remonter... comme les ricanements de mon père quand il se mettait en colère, ... c'est tout crispé dans mes bras, mes épaules, mon dos, ... je ne respire pas...* – Vous êtes dans une scène ? – *...Oui, dans la cuisine, ... à peu près cinq ans, je crois, il a défait sa ceinture, ... une puce je suis, un énorme géant qui peut m'écraser, ... j'ai très peur, je ne peux pas bouger, ... je suis paralysée...* – La grande Marylin peut-elle entrer dans la scène ? – *Oui, j'y suis.* – Pouvez-vous lui dire qu'elle n'est plus seule, que vous, la grande, vous êtes là avec elle ? – *...Elle m'a vue...* – Elle a le droit de ressentir tout ce qu'elle ressent, d'être terrorisée, d'être malheureuse, de lui en vouloir très fort... – *... Elle écoute...* – Elle n'a rien fait de mal, c'est son papa qui est malade, personne n'a le droit de faire ce qu'il fait, nous sommes scandalisées... Comment cela se passe-t-il ? – *Elle s'est redressée.* – De quoi a-t-elle besoin ? Ne faites rien, laissez-la faire – *... D'être prise dans les bras et emmenée hors de la maison...* – Comment ça se passe ? – *Elle m'a sauté dans les bras, un élan de gaîté, elle a envie de gambader.* Après un long moment, Marylin rouvre les yeux et se frictionne : *Ouf, je suis toute courbatue, moulue, comme si on m'avait battue ! ».* Nous finissons la session par un nettoyage du champ énergétique sur la table de soins.

L'exposition à la violence dans l'enfance est dans mon expérience assez fréquente. Les personnes concernées l'évoquent volontiers, quand ils ou elles se racontent au début des séances. Mais je remarque qu'en général, elles restent assez extérieures à ce qu'elles disent et passent dessus en minimisant, comme si c'était quasi normal, ordinaire « *à l'époque* » et de toute façon du passé révolu. Une sorte d'insensibilité semble s'être mise en place. Il faut un certain temps pour pouvoir y revenir en profondeur et pour libérer l'enfant pétrifié et endurci, insensibilisé pour ne plus ressentir, ni la peur, ni les coups, ni la colère.

La petite fille « secouée »

Aliénor, la quarantaine et deux beaux enfants, a du caractère. Elle a quelque chose d'une guerrière qui bataille pour l'honnêteté et la justice, et donne souvent l'impression d'être en colère. Elle travaille auprès des enfants et suit une formation d'acupunctrice. Au début de la séance, elle se dit plus détachée, moins affectée, par exemple, par les tensions avec sa plus jeune sœur. Comme elle se gratte la gorge, je lui demande ce qui s'y passe et elle me répond qu'elle a un truc précancéreux, lui a-t-on dit, qu'il lui suffit pour l'instant de surveiller. Je sens le côté droit de mon cou et la sensation remonte jusqu'à mon oreille. Je lui en fais part. Elle me répond : *« Oui, ça circule de mon cou à mon oreille,... d'ailleurs, j'ai un peu d'acouphènes, ...là, c'est comme si j'avais un haut-parleur dans l'oreille... comme si on voulait me crier quelque chose dans l'oreille... que je devrais entendre ? ».*

Long silence, j'ai besoin de m'ancrer et de respirer pour accueillir, je ne sais quoi. – Et maintenant que se passe-t-il ? – *« J'ai un point au poumon droit, ... à la gauche du sein ... bien à l'intérieur...* (Long silence, puis Aliénor a une sorte de hoquet et fronce les sourcils dans une sorte de dénégation) : *Ah non, ... une image indicible...* (Longue pause et Aliénor reprend sa respiration) : *Je vois une petite fille secouée... que l'on secoue... sur un homme, ... un homme la secoue sur lui... beuh... dans une chambre... sur un lit... beurk !... Ça y est, c'est ça, je comprends, c'est mon grand-père maternel, ce monstre, celui qui battait ses fils et a peut-être abusé ma mère, le salaud !... Je me sens bizarre, ... complètement confuse dans ma tête,... ça me tourne.* (Dans mon expérience de praticien, j'ai remarqué que les petites victimes d'abus sexuel tendent à sortir de leur corps pour échapper à l'insoutenable ; d'où le profond refoulement et déni de ce genre de traumatisme ; redécouvrir cette expérience toujours aussi difficile à admettre, redéclenche cette réaction de défense schizoïde). Je descends dans mon corps, m'ancre, m'aligne pour créer un espace d'accueil et de sécurité, et invite Aliénor à ouvrir les yeux et redescendre aussi dans son corps : – Comment vous sentez-vous ? – *Je suis abasourdie, ... j'ai mal partout.* – Accueillez toutes ces sensations, sentez-les bien dans tout votre corps, acceptez-les, donnez-leur le temps et l'espace, la place, elles ont le droit d'être là,... c'est de l'énergie longtemps bloquée qui se dégèle, de l'énergie-mémoire douloureuse... respirez... – *Ouf, j'émerge un peu.* – Pensez-vous pouvoir retourner à la scène et pouvoir y entrer en grande personne pour rendre visite à la petite fille ? – *Absolument !* – Entrez dans la scène et voyez ce dont elle a besoin ?... – *Elle a besoin de se réfugier dans mes bras et qu'on l'éloigne de son grand-*

père et moi j'ai envie de gifler le grand-père et qu'il aille en prison... – Est-elle bien dans vos bras maintenant ? – *Oui, plus calme.* – Vous pouvez lui dire qu'elle n'est plus seule avec son horrible secret et que ça n'arrivera plus jamais. – *Oui, elle écoute.* – Petite Aliénor, nous sommes désolées de ce que tu as dû subir ; nous sommes scandalisées de ce qu'a fait Grand-Père, il n'a pas le droit, cela est puni de prison... Et tu sais, cela n'a rien à voir avec toi, ce n'est pas ta faute ; c'est la partie malade de ton grand-père, c'est lui qui est sale et qui porte la honte, toi tu es toute pure et innocente comme au jour de ta naissance... – (Aliénor s'est relâchée et a les larmes aux yeux.) *Tout s'éclaire maintenant, je comprends pourquoi j'ai toujours voulu être une redresseuse de torts et réclamer la vérité ; et ma colère et ma peine à 25 ans quand mon grand-père est mort, parce que rien ne pourrait jamais être dit et que justice ne serait jamais faite ; et aussi pourquoi je me suis érigée protectrice de ma petite sœur ».* L'expérience inconcevable si hermétiquement enfouie au fond du corps a enfin pu sortir de son déni. Nous terminons la séance sur cette profonde prise de conscience.

Le souvenir des abus peut rester dans la conscience, surtout s'ils ont été répétés. Beaucoup d'entre eux, cependant, sont totalement oblitérés et il faut un certain temps de descente intérieure pour que l'expérience traumatique commence à remonter à la surface.

Dans tous les cas, elle suppose qu'on ose aller retrouver la partie enfantine, de la prime enfance à l'adolescence, enfermée dans cet indicible et honteux secret.

On retrouve des points communs dans ces histoires. Souvent par exemple, la jeune personne abusée n'a pas trouvé d'autre défense que de sortir de son corps pendant l'abus. Cette fuite schizoïde facilite l'oubli et le déni. Elle se retrouve ensuite dans la manière d'être : elles peuvent avoir une présence un peu évaporée, un peu flottante, pas bien ancrée sur terre. Elles ou ils se sont fabriqué des rondeurs de protection, et plus particulièrement au ventre, dans les hanches, jusqu'à gommer toute féminité (ou masculinité). À moins qu'à l'inverse, ils et surtout elles, aient affamé leur corps pour en évacuer toute sensorialité et toute désirabilité.

Le corps n'est pas aimé et surtout sa partie basse. Il y a du dégoût, de la honte à son égard et pour son apparence et pour ce qui se trouve à l'intérieur : du sale, du mauvais, du souillé. Cela s'accompagne d'une profonde et douloureuse mésestime de soi, de type très masochiste.

Le travail est donc celui du retour au respect de soi, en redécouvrant son innocence, sa pureté, sa beauté originelle. Cela passe par le dévoilement du secret, souvent imposé par l'abuseur, mais de toute façon indicible ; par la possibilité de rendre la honte et la souillure à l'abuseur ; et par le fait que le partage de l'expérience traumatique puisse être vu, entendu, accueilli sans jugement avec bienveillance par le regard d'un autre.

Tout-petit tout seul dans le deuil

Christophe, 40 ans et célibataire, a envie de parler du manque de sa mère à la naissance, (l'accouchement s'étant mal passé, la mère n'a pas pu/voulu le prendre dans ses bras et il n'a retrouvé sa mère que plus d'une demi-journée plus tard), de ce sentiment d'abandon qui l'habite toujours. Par exemple, il a envoyé des demandes de stages. Une proposition lui convient et il va devoir dire non aux autres. Rien que de dire cela lui amène les larmes aux yeux. – Que se passe-t-il ? – *« Je vais les laisser seuls, abandonnés...* (J'ai du feu dans le cœur.) – Où cela se passe-t-il dans votre corps ? – *J'ai une boule dans ma poitrine...* – Restez bien avec, dedans... – *Ça s'étend...* – Donnez-lui tout le temps, tout l'espace... – *Sensation pesante dans les bras, ... je ne peux pas bouger,... je suis triste, ... dans la maison... mes jambes, assis par terre ?... de ?... de l'anxiété... quelque chose d'oppressant, ... comme si tout le monde avait peur... je crois que je suis en haut... dans la chambre de mes parents... assis par terre, un tapis... tout seul, personne, ... oui deux ans à peu près ?... En fait, ça doit être quand mon grand-père maternel est mort brutalement à 52 ans d'une crise cardiaque. Ma mère s'est effondrée en deuil pendant dix ans, "comme un trou noir, comme dans un puits", m'a-t-elle expliqué depuis. On devait aller au cimetière toutes les semaines. Elle était fâchée avec son père et n'a pas pu aller au bout de la relation avec ce départ prématuré. Alors, elle ne devait pas s'occuper de moi, être présente à moi. Je me souviens même que je lui disais un peu plus tard "tu ne me ris pas".* ("Tu ne me ris pas" : ce mot d'enfant m'émeut et me vrille le cœur, je me réancre.) – Le petit est-il toujours là, assis dans la chambre tout seul ? – *Oui, je vais aller dans la chambre avec lui... je lui dis qu'il n'est plus tout seul...* – Pouvez-vous lui expliquer qu'on est désolés, qu'il doit se sentir bien abandonné, que cela n'a rien à voir avec lui, maman, la famille a un grand chagrin, n'a pas pensé à lui expliquer, n'a pas pensé que lui aussi pouvait sentir les choses et avoir besoin d'être rassuré, les adultes souvent ne se rendent pas compte – *...il, Il est moins triste...* – Et puis nous sommes désolés aussi qu'il ne soit pas encouragé à marcher et explorer comme un petit garçon de son âge, a-t-il envie qu'on l'aide ? C'est sûrement ce que maman et papa aimeraient le voir faire, même s'ils ont du chagrin ?... Comment cela se passe-t-il ? – *Il a attendu un moment et puis a marché avec moi, et nous avons dévalé l'escalier pour nous retrouver dans un jardin plein de lumière et de fleurs. De la joie, du rire, comme un feu d'artifice* ».

Les enfants sont des éponges énergétiques. Ils n'ont pas besoin d'atteindre l'âge de la parole pour comprendre ce qui se passe dans le monde des adultes qui les entourent. Ils ressentent tout et quand ils sont tout petits, de l'embryon à l'âge de deux-trois ans, ils sont plus ouverts encore et reçoivent tout sans pouvoir l'assimiler : la dépression de maman ; l'inquiétude de papa qui a perdu son emploi ; l'ambiance hostile de la famille ; la panique devant la maladie foudroyante d'un proche.

Ne pas expliquer, est une forme d'abandon. L'enfant est laissé seul dans la tourmente émotionnelle qui l'entoure, avec en sus une conscience confuse qu'il puisse en être la cause. Il est poignant de retrouver dans le travail d'accompagnement, ces petits bouts de conscience oubliés seuls dans leur coin. Ils ont besoin qu'on revienne les chercher, qu'on leur explique ce qui se passe, qu'ils entendent qu'ils n'y sont pour rien, puis qu'on leur tende enfin la main pour les ramener à leur joie de vivre.

Le bébé impuissant

Marie, 35 ans et célibataire, arrive contente en séance parce qu'elle se sent plus légère qu'avant. Elle aimerait bien maintenant comprendre pourquoi elle se sent mal à l'aise avec un homme blanc (tous ses amis ont été des hommes de couleur). Je lui demande : – et pouvez-vous me donner un exemple de ce malaise ? – *« ...Mmm... oui, par exemple, il y a quelques années, je commençais une relation d'abord amicale avec un ami blanc, et dans l'ascenseur, il se tenait derrière moi. J'ai presque failli m'évanouir du fait de le sentir ainsi dans mon dos.* – Quand vous évoquez ce souvenir, vous ressentez-vous quelque chose dans votre corps ? – *Oui, quand je me mets dans mon dos, je suis tendue..., c'est comme si j'étais retenue par les épaules... je ne peux pas bouger... mon dos est collé ... pas pouvoir me relever... comme un petit dans un lit... oups, ça me porte au plexus... presque mal au cœur...* – Alors, allez dans votre plexus... – *Je peux avoir 6 mois... des gens qui se disputent... comme des gens malades, un couple "malade", c'est bizarre cette impression que c'est malade... ou malsain ?... Ah, oui, chez ma grand-mère, ... je dois protéger ma grand-mère... danger... c'est idiot, cette impression, je ne suis qu'un bébé !... Mais c'est vrai, mon grand-père et ma grand-mère se disputaient. Mon grand-père était violent, ... ma mère m'a expliqué depuis qu'elle avait peur que son père tue sa mère. Elle m'a même raconté qu'une fois, ma sœur aînée a servi de bouclier entre ma grand-mère et la hache du grand-père ! ... En fait, j'ai l'impression qu'on a été un peu utilisées pour ça par ma mère ... Mon Dieu !... ».* – Pouvez-vous retourner vers la petite Marie pour la rassurer... lui dire que ce n'est pas son rôle de protéger sa grand-mère... et qu'elle n'est plus toute seule... que grand-père est malade et que tous les hommes blancs ne sont pas fous comme grand-père... ? Peut-être même que si petite Marie avait été en danger, grand-père et grand-mère, qui l'aiment à leur manière, voleraient à son secours pour la protéger.

Les enfants dépendent de leurs proches parents qui sont leur seul univers et leur seul rempart contre l'inconnu du monde. Ils feront tout pour que ceux-ci se portent bien, même si ceux-ci se comportent mal ; au point de devenir les protecteurs, les thérapeutes, les bons parents de leurs parents[1]. Nous portons tous en nous cette graine de petit sauveur et les adultes qui se tournent vers les métiers d'aide à la personne la portent en eux, sans aucun doute.

Le nourrisson et les yeux froids

Elvire, 50 ans, épouse élégante et mère de deux grands adolescents, arrive un peu en retard et mécontente de l'être, bien que cela ne soit pas une nouveauté pour elle. Je l'invite à se poser tranquillement et prendre le temps de se déposer et recentrer à l'intérieur. Nous avons tout le temps. Je m'installe moi-même à l'intérieur, bien ancrée, présence ouverte à sa présence. Elle ouvre les yeux, sans passer à la parole, et le silence s'installe. Mes yeux sont ouverts, accueillants et sans attente, le temps et l'espace sont là pour elle et notre échange, quel qu'il soit. Puis, brusquement, elle rompt le silence : *« Je n'aime pas quand vous me regardez, ... vos yeux, ça me met mal à l'aise, ... ça me fait peur... je me dis que vous devez me juger... et que vous pouvez voir tout ce qui est mauvais en moi...* – J'entends, vous me dites ressentir du malaise, de la peur, où ressentez-vous cela plus particulièrement ? – *Mes yeux sont tendus...* – Rentrez dans vos yeux, donnez tout l'espace et le temps à leur sensation de tension. – *Beuh, ça me porte au plexus, ... sorte de*

1. La notion de l'enfant thérapeute a été initiée par Ferenczi. Voir aussi Bruno Clavier, *Ces enfants qui veulent guérir leurs parents*, Payot.

nausée... » – Alors, suivez la sensation dans votre plexus, même si ce n'est pas très agréable, descendez dedans comme si vous étiez un spéléologue... – Elvire creuse son plexus... et peu à peu se recourbe insensiblement sur lui... Tout le reste du processus va se dérouler très lentement au rythme des mouvements internes du corps lui-même... Elvire se replie de plus en plus autour de son plexus... s'enroule vers ses genoux... en même temps, insensiblement, comme si elle pouvait ou ne voulait plus se tenir assise, son corps s'incline latéralement vers le canapé... Lentement, le corps se pose... et finit de s'enrouler sur le flanc... en position fœtale... tête sur le canapé et cachée derrière la main... silence et immobilité.

Pendant ce long glissement régressif, ma respiration s'amplifie spontanément, mon champ s'agrandit et tout se passe comme si le temps se suspendait, prenait une qualité particulière, quelque chose de sacré et d'éternel. Je ressens l'élan de me rapprocher, de me poser calmement au chevet de Elvire, sans rien faire, bien alignée dans mon axe et le cœur ouvert. Elvire est comme redevenue nourrisson, dans sa conscience-mémoire de bébé renfermé sur lui-même, apeuré et méfiant, presque hostile, recroquevillé contre un environnement qu'il ressent comme inhospitalier, voire dangereux. Je me fais seulement présence, respectueuse et bienveillante, qui ne demande rien, n'impose rien, peut attendre sans limites avec la patience infinie de l'amour inconditionnel. Je laisse le temps, puis dis doucement : « Elvire, tout va bien, vous pouvez rester ainsi aussi longtemps qu'il vous est nécessaire, je suis là à votre côté aussi longtemps que vous en aurez besoin, je n'attends rien de vous, vous êtes bienvenue comme vous êtes ». À ces mots, Elvire se ramasse un peu plus sur elle-même, ... puis peu à peu, ... dans la durée, elle se relâche progressivement, sa tête repose plus confortablement sur le côté, sa main se détend, plus mollement posée sur son visage... Après quelque temps, je reprends doucement la parole : – « Elvire, tout va bien, vous êtes en sécurité, je suis toujours là à vos côtés, si vous le voulez, et seulement si et quand vous le voulez, vous pouvez essayer d'ouvrir un peu vos yeux et les refermer à votre gré, ce n'est pas obligé, faites selon vous, pas selon moi, vous pouvez ne pas le faire, c'est ok pour moi, je suis là quoi qu'il arrive, vous êtes bienvenue comme vous êtes[1] ». Je reste bien dans mon axe, ouvre grand mon cœur et appelle la douceur dans mes yeux, je suis dans l'accueil, respectueux de mon espace et du sien, juste réceptif.

1. À ma connaissance, cette pratique s'enseigne dans le cycle *Advanced Studies* de l'école Barbara Brennan ainsi que dans le programme de *Psychoenergetics Training*. On la retrouve probablement dans la formation de l'école de *Coreenergtics* et l'École d'analyse psycho-organique aborde cet aspect très archaïque de la vie dans un très joli stage sur la naissance.

Dans un premier temps, Elvire ne bouge pas, comme suspendue, puis peu à peu sa main va retomber doucement et dégager son visage... Plus tard, Elvire risque un œil furtif, inquiet et presque provocant, juste le temps de contacter mes yeux, puis elle les referme avec un petit mouvement de crispation dans tout son corps, qui se relâche progressivement. Elle recommence à ouvrir les yeux la minute suivante, recontacte mes yeux et les referme tout aussi vite, sans contraction. À nouveau, quelque temps après, elle rouvre les yeux, maintient un peu plus le contact comme si elle cherchait à tester mon regard, puis elle ferme encore les yeux en se recontractant légèrement. Je ressens la peur, la méfiance, une pointe d'hostilité, de mise à l'épreuve. C'est bien ainsi, je suis là, sans attente. Elvire ose son regard plusieurs fois, après de longues pauses. Elle ne se contracte plus, puis sa main finit par se poser tranquillement à côté de son visage sur le canapé. Après un petit moment, je pose doucement ma main sur le canapé sans la toucher, à disposition si elle veut. Jusqu'à la fin de la séance, elle ne la prendra pas. Elle se contentera de se relâcher, yeux simplement clos, comme pour repartir doucement et avec contentement dans son sommeil de bébé presque apaisé.

À la fin de la séance, Elvire reprend lentement ses esprits, encore dans un état second, comme « assommée ». *« Je n'aurais jamais cru que cela fasse si peur d'ouvrir les yeux et d'être regardée ... Au début, vos yeux étaient durs, et puis peu à peu je me suis rendu compte que ce n'était pas vous, que vous, vous aviez les yeux doux, pleins d'amour. C'étaient les yeux de ma mère, je crois ».* Elle me parle alors de sa mère, de ses yeux froids, de son manque de chaleur maternelle. Nous y reviendrons. L'énergie-conscience du bébé Elvire s'est un peu dégelée, un peu de détente confiante est apparue. Il faudra la rassurer encore pour qu'elle puisse vraiment se laisser accueillir par des yeux bienveillants, qu'elle puisse faire confiance et qu'elle puisse s'aventurer à chercher la main, les bras, le giron et s'abandonner enfin à l'amour de l'autre.

Nous avons tous un peu peur du regard des autres. Nous nous sentons jugés même s'il n'y a pas jugement. C'est que nous ne voyons pas les yeux d'aujourd'hui, de la personne en face de nous, mais des yeux du passé, d'une personne d'hier qui nous était vitale[1].

1. En psychanalyse, quand nous superposons inconsciemment l'image de quelqu'un d'autre sur notre interlocuteur, et par exemple sur notre thérapeute du moment, cela s'appelle le transfert. La projection est un mécanisme apparenté, il consiste à plaquer sur le monde tel qu'il est, une vision réductrice, déformée, fantasmagorique, issue de notre expérience passée de l'enfance. Voir aussi la séquence « *Je te vois, tu me vois* » dans Françoise Bonnal, *Petites révélations pour devenir soi*, Jouvence, 2011.

Certains ont si peur qu'ils ne regardent jamais dans les yeux. La souffrance vient de loin et remonte jusqu'à l'aube de la vie, quand le nouveau-né, sans autre univers que la matrice énergétique de sa mère, ne croise qu'un regard absent, dur ou désespéré. L'amour enveloppant avec ses yeux tendres où l'on pourrait se fondre, son sourire si doux qui cajole et ses bras bien chauds qui contiennent, fait défaut et le monde n'est que froideur et hostilité.

« *Les yeux de maman sont des étoiles* », dit la chanson, pas pour tous, malheureusement. Le nourrisson, qui n'a pas même encore la conscience rassurante d'avoir un corps bien à lui, se crispe, se congèle, se referme sur lui-même et sa petite conscience continue son travail de méfiance, de résistance, de défi même, dans l'adulte qu'il va devenir. Retourner à cet état originel terrifiant d'insécurité existentielle peut prendre du temps, mais il est toujours possible, avec persévérance, de rouvrir, au plus profond de cette obscure détresse, la possibilité de l'amour.

Le petit fœtus qui dit non

Michelle, 55 ans, deux garçons et une activité créative, vient me voir aussi souvent que possible, portée par son désir très déterminé de se sentir enfin en paix à l'intérieur. Intelligente et volontaire, elle a par le passé exploré son arbre généalogique chargé d'épisodes incestueux. Très sensitive, pour ne pas dire médiumnique, elle a acquis l'intime certitude qu'elle n'est pas la fille de son père et qu'elle a été abusée par son oncle. En relation très antagoniste avec sa mère, Michelle fait preuve d'une extrême méfiance à l'égard de ce qui lui est proposé de l'extérieur et veut garder le contrôle. Il est rare qu'elle accepte de monter sur la table de soin et prend le plus souvent, par une parole continue, la direction de la séance. La peur est grande d'être maltraitée encore et je lui donne le temps et l'espace dont elle a besoin pour se sentir en confiance.

Au début, Michelle n'existait que dans sa tête et plus haut encore : ses yeux se tournaient facilement vers le haut. Elle est venue me voir parce qu'en tant que psychoénergéticienne, je pouvais accueillir ses expériences extrasensorielles et spirituelles, donc la recevoir dans toute sa singularité. À la première séance, elle n'a pas voulu descendre dans son corps, me disant qu'elle pouvait à peine y respirer. Sur mes conseils, elle a pu, par la sophrologie, s'accoutumer peu à peu à descendre, toujours très prudemment, dans son corps.

Michelle a déjà accompli un grand travail de retrouvailles avec elle-même, quand nous arrivons à la présente séance. Elle commence très vite : « *Plus de bavardage, c'est une manière de tourner autour du pot, de ne pas entrer dans le dur, je me raconte des histoires … Je me rends compte que je suis sans repères avec les autres,… je ne sais pas trouver la bonne distance… par exemple à la chorale, comme je ne maîtrisais pas la partition la dernière fois, il a fallu que je fasse confiance à mes deux voisines et c'était difficile, parce que la première, une grande, se met devant moi et me cache la vue et l'autre à côté, c'est physique, elle m'est insupportable… je ne sais pas faire et ce n'est pas la tête qui peut m'aider à résoudre cela…* (long silence…) *Ma mère vient de nous avouer qu'elle a un cancer depuis un moment et qu'elle a choisi de ne rien faire. Ma sœur est en colère et, pour elle, pour nous, elle va accepter de se soigner maintenant.* – Et vous, qu'est-ce que vous ressentez à l'intérieur quand vous me dites cela – *Calme, je suis calme ou anesthésiée, non calme, … détachée mais pas insensible… pour la première fois, je crois que je peux comprendre ma mère, elle a le droit de suivre ce qui lui convient, je sens quelque chose d'authentique, là,… curieux, je suis en phase avec elle. Ce serait un premier contact, enfin ?* – Et dans votre corps ? – *… Toujours la poitrine prise… comme si je suffoquais… n'arrive pas à respirer… du mal à respirer…* – Restez avec cela si vous pouvez. – *J'ai toujours respiré a minima… ça remonte peut-être à ma naissance… la langue collée au palais… c'est le bébé qui a du mal à respirer… qui ne peut pas trop respirer… ne veut pas trop respirer… c'est irrespirable… irrespirable… oui… dans… le ventre… noir… toxique… la mort… sale.* – Restez dedans, si vous pouvez. – (Long silence.) *Je sens comme une petite palpitation dans mon ventre, … comme un petit cœur qui bat…* – Pouvez-vous aller le visiter ? – *Peut-être je n'ai pas pris ce qui m'était donné, peut-être il y avait plus que je ne voulais croire, … j'ai refusé… peut-être le bébé avait envie de prendre ce qui lui était donné, qu'il aurait aimé être pris dans les bras* ».

Long silence. Mon champ a grandi, je dois respirer très fort et mes bras se sont arrondis. Long silence. « *Je suis fatiguée. Je vois un homme avec un tube de laboratoire et quelque chose de marron dedans. Ça a l'air très précieux pour lui, et une femme le suit. Ils sont tous les deux dans une forêt de résineux, de pins…* (Elle penche sa tête…) *Ma tête voudrait se reposer.* – Et vous, de quoi avez-vous besoin ? Avec un petit sourire en coin et une toute petite voix, elle me dit : – *D'un soin, peut-être, sur la table ?* ». J'attends un peu, parce qu'il me semble qu'elle a besoin de quelque chose de plus simple encore.

Nous échangeons sur le refus qu'elle a rencontré dans son corps et sur le plaisir qu'elle a pu avoir de résister et de refuser, pour ne pas donner le pouvoir, ni raison à l'autre. Je déplie la table de soins lentement, je suis en suspens, elle répète qu'elle a envie de poser sa tête. Je lui demande : « Poser sa tête sur l'oreiller (la table de soin a un coussin) ou sur l'épaule ? ». Elle marque un temps de pause, puis contourne la table et vient se lover dans mes bras et commence à pleurer. Nous restons un long moment debout, puis nous nous installons sur le canapé où, plus confortablement, elle peut laisser aller son corps, le dos bien soutenu.

Cette séance est assez complexe, elle comprend de la descente dans le corps et un contact rapide, mais probable avec l'énergie-mémoire du fœtus, mêlée à de l'imaginaire et de la symbolisation déjà bien construite. Elle est néanmoins assez exemplaire du processus d'exploration et de libération de l'énergie-conscience, sans que l'on puisse toujours distinguer les différents niveaux de conscience, du plus physiquement archaïque au plus mentalisé. Elle est un tournant important de lâcher-prise et de réécriture du scénario de vie de Michelle.

Incorporation, au-delà des mots ou presque

Valérie, 38 ans et psychologue, vient me voir parce qu'elle veut se « *réunifier* ». Elle est raisonnablement bien installée dans sa vie personnelle et professionnelle, mais elle a depuis l'enfance des expériences extra-extrasensorielles qui l'intriguent et la perturbent. Elle aimerait rassembler ces deux parties d'elle-même pour donner plus de sens et d'utilité à sa vie. Ceci est sa deuxième séance. Elle commence par un feed-back depuis la dernière fois. Elle a senti lâcher une défense avec son compagnon. Elle sent moins son désir masculin comme une attaque et un arrachement, comme si on lui enlevait « *un trésor/une boule* » entre le deuxième et troisième chakra. Je lui demande ce qui a pu lui arriver avec les hommes ? À huit ans, peut-être ? Elle a demandé à un cousin de monter sur sa moto. Une fois sur la moto et en prenant de la vitesse, il a mis la main entre ses jambes et derrière elle, dans son dos, elle a senti son sexe se durcir. Je lui demande si elle éprouve quelque chose dans son corps quand elle évoque ce souvenir. *« J'ai un point derrière en bas du dos qui diffuse en onde... il bouge dans le dos... remonte vers l'épaule... maintenant au cou... ça s'aligne ...* (Elle se redresse effectivement). Très long silence. – Et maintenant, que se passe-t-il pour vous ? – *Je visite mon corps... je sens mon pied gauche, ... ma jambe, ... mon bras gauche... ça ne circule pas dans ma cuisse droite... le bassin... j'ai un trou dans la tête à droite.* À partir de là, les mots se font rares. Lentement, très lentement, le corps de Valérie commence à se plier, comme dans un film indéfiniment ralenti. Des minutes passent. Elle chuchote : *"Comme une pierre"* Elle est en boule sur ses genoux. Cinq minutes, dix minutes ? Je n'éprouve pas le besoin de faire quelque chose, juste respirer pleinement, ouvrir le champ, l'espace. Valérie est dans son corps, avec son corps. Tout est bien. Me vient la phrase : « le corps est accueilli comme il est », vrai, pas vrai, peu importe, le temps est suspendu et l'espace plein. Dix minutes encore, plus ? Puis Valérie doucement se redéploie, reste un temps les yeux fermés, et les ouvre. D'une voix très calme, elle dit ces mots très simples : *"Je reviens de loin ... j'ai découvert mon corps".* Un long silence tranquille s'installe. *"Un espace que je ne connaissais pas, si lent, si dense, si lourd... on dirait que je me dépose enfin" ».*

Beaucoup d'entre nous n'habitent pas leur corps. Il est possible même que cela soit général à notre genre humain d'avoir du mal à nous déposer complètement dans la matière, nous qui pouvons rester accrochés à l'esprit tout en haut dans notre tête. Nous ne savons pas encore, pour Valérie, si l'expérience traumatique de ses 8 ans a contribué à la faire en partie sortir de son corps ou si d'autres épisodes plus anciens dans cette vie, sa lignée ou d'autres vies l'ont retenue de descendre et d'être tout à fait là. Nous allons continuer d'explorer « le trésor », « la boule », « la pierre » et l'expérience pour elle d'être toujours plus pleinement et en conscience bien campée dans son corps, « *les pieds sur terre et la tête dans les étoiles* », comme le dit la formule.

L'incomplétude du jumeau

Ariane, 52 ans et deux grands garçons, arrive au terme d'un long processus de séparation d'avec son compagnon. *« Ça y est, je commence à mettre des frontières... Tiens, je n'ai pas arrêté d'avoir des fuites d'eau cet été, mais j'ai fini par en venir à bout, plus de fuites... C'est drôle, ça me fait penser aux eaux maternelles, ... à mon jumeau qui n'est pas resté, ... la poche qui se déchire, l'eau... et maintenant me voilà qui envoie la lettre recommandée à G. (son compagnon), avec AR, ... un peu mon jumeau Gérard, à qui je ferme enfin la porte ...* (Nous avons abordé ce sujet dans d'autres séances, de sa relation plus "*frère et sœur qu'homme et femme*" avec son compagnon.) *... On dirait que je commence à me séparer vraiment...* J'ai l'image d'une béance qui se ferme et d'un œuf qui se referme et devient entier – Vous vous séparez, vous trouvez votre entièreté ? – Ariane a une sorte de hoquet du corps quand je dis cela, elle me regarde comme interloquée ou stupéfaite, puis ferme les yeux et rentre à l'intérieur d'elle-même. Un très long silence s'installe. Son bras droit commence à frémir, se déplacer latéralement, puis il se lève très lentement par petits déplacements imperceptibles ; le bras gauche suit peu à peu et progressivement rattrape le bras droit dans son mouvement d'élévation arrondie vers la tête. Je suis très ancrée, très axée, très présente, je dois respirer plus fort et l'espace autour de nous deux a pris cette qualité particulière de temps suspendu. Arrivés en haut, les bras entament une lente descente. Ariane n'aime pas trop descendre habituellement dans ses jambes et reste dans sa zone de confort dans le tronc et plutôt le haut du tronc. 2 minutes, 3 minutes, 4 minutes, 5 minutes, les bras d'Ariane finissent par envelopper les pieds. Fermeture de l'œuf, fermeture de l'aura ? Ariane reste longtemps pliée ainsi, les bras arrondis vers le bas. Puis le mouvement reprend, de l'axe vertébral cette fois-ci, qui peu à peu se redresse, lentement, insensiblement. Ordinairement, en séance de gymnastique par exemple, cette sorte de déroulement au ralenti de la colonne peut demander un effort, mais Ariane ne semble pas faire d'effort, la force vient de l'intérieur et rien n'est forcé. Après un temps indéfini, Ariane est redressée dans un bel alignement, les mains ont fini par se poser sur chaque cuisse avec une présence quasi impériale. L'image des deux pharaons-colosses assis du temple d'Abou Simbel, piliers entre le ciel et la terre, me vient à l'esprit. Quelques bonnes minutes encore et elle ouvre les yeux. Silence, elle dans son axe et moi dans le mien... – *Pfff, conclut-elle, en s'étirant, quel voyage ! Je me sens complètement bien, j'ai dû fermer mon œuf, j'imagine... ?* – Je n'ai personnellement pas prononcé le mot d'œuf ni d'aura, mais je l'ai pensé et c'est ce qui semblait se passer au travers de votre corps. Vous ai-je influencée ? – *Non, je ne pense pas, je n'avais aucune idée de ce qui se passait, mes bras faisaient ce qu'ils voulaient avec cet étrange mouvement qui vient de l'intérieur sans que ma volonté n'intervienne ni que mon mental prévoie quoi que ce soit, même si, bien sûr, je m'interroge pendant et après, sur ce qui se passe... Incroyable que cette histoire de jumeau qui a dû partir très tôt m'ait autant marquée ».* Nous finissons la séance avec un petit rituel de reconnaissance et d'au revoir avec ce jumeau qui a partagé les tout débuts de sa vie et l'a laissée meurtrie de son départ. Elle le ressent comme un garçon et le nomme Jérémie. *« Bon voyage, Jérémie, sur le chemin qui est le tien, que la lumière soit avec toi, et moi je continue le chemin qui est le mien ici-bas*[1] *».*

J'ai rencontré un certain nombre de cas de gémellité dans ma pratique. Le jumeau peut être bien vivant, ou parti pendant la gestation, parfois très tôt. Pour les jumeaux partis avant terme, le fait peut

1. Nous aborderons plus loin, dans ce chapitre, ce rituel de clarification des relations, qu'il s'agisse de personnes vivantes ou défuntes. Voir chapitre V.

être avéré, connu et reconnu par la mère ou il peut apparaître au cours du travail comme une hypothèse de plus en plus probable de fausse couche précoce, remarquée ou non par la maman. Certains points communs semblent s'imposer dans ce vécu de gémellité.

Dans tous les cas, que le jumeau soit vivant ou non, il existe **une sorte d'incomplétude**, comme si les frontières au moins du champ énergétique[1], n'étaient pas tout à fait closes entre les deux jumeaux. Les jumeaux ont été ensemble physiquement et énergétiquement très intimes pendant la gestation et la trace persiste après. Il reste un certain manque de l'autre qui peut se retrouver dans un mode relationnel un peu confusionnel ou un syndrome d'abandon a minima. Une sorte de dépendance affective, de type oral, rôde. L'une de mes jeunes clientes n'arrêtait pas de se pencher vers la droite, quand elle me parlait de son fiancé. Elle éprouvait une certaine insatisfaction avec lui, mais ne pouvait pas faire autrement que de suivre son désir à lui. Je lui ai demandé de se remettre dans ce mouvement de pencher à droite et elle est revenue alors aux premiers jours de sa vie où elle se trouvait en couveuse avec son jumeau, plus fragile. On lui a raconté qu'elle ne cessait de se rapprocher de lui (dans la mesure où un tout-petit peut se rapprocher ?) et qu'il avait fallu les séparer.

Quand le jumeau est parti en cours de grossesse, on peut observer d'autres traces, plus complexes encore. Le deuil semble n'avoir pas été vraiment fait, tant toute cette expérience à l'aube de la vie est au-delà des mots. Et les traces peuvent se manifester d'au moins trois façons.

L'embryon survivant en plein élan de vie a ressenti simultanément le mouvement inverse de la mort. Quelque chose alors se crispe sans doute dans l'embryon. **Vie et mort** peuvent ainsi rester liées à jamais avec, par exemple, un fond de dépression incompréhensible.

Aussi incroyable que cela puisse paraître à cet âge de la vie, il semble aussi **qu'une sorte de culpabilité** du survivant s'installe ; elle est en tout cas, souvent exprimée à l'âge adulte : « *c'est moi qui ai dû profiter le plus, tout lui prendre* », « *je n'ai pas pu lui donner envie de rester* ». Une espèce d'ombre portée sur son droit à bien vivre sa vie peut s'installer.

1. Je ne suis pas en mesure de faire la différence entre vrais jumeaux et faux jumeaux. Les spécialistes de la gémellité ont sans doute plus approfondi le sujet. Florent Dechoz, *Et si vous étiez un jumeau né seul ?* Quintessence. Christine Louveau, *La Sophro-Analyse des mémoires prénatales, de la naissance et de l'enfance*, Grancher.

Une autre manifestation est que **le lien au jumeau mort ne semble pas rompu** et, dans le cas des petits morts avant terme, le dialogue paraît continuer sur un mode quasi médiumnique. Les survivants se montrent **plus ouverts** que la moyenne **au monde de « là-haut »**, celui des esprits, des anges, des entités et, en l'occurrence, de la petite entité du jumeau, du petit double. Une sensibilité de type schizoïde, avec cette difficulté à être complètement dans la réalité bien corporelle, peut ainsi se repérer chez le jumeau rescapé.

En chamanisme, on dirait qu'un bout de l'âme du survivant est parti avec le jumeau mort ou resté attaché à lui. C'est tout à fait l'impression que donnent et expriment les adultes en travail sur ce sujet. Et c'est un fait également recevable dans une vision énergétique du monde, où tout est relié et où toutes les traces, de toutes les expériences, restent dans l'espace et le temps, et au-delà.

2. Exemples de rencontres avec les mémoires de la lignée

Tout communique dans un monde d'énergie. Il n'est donc pas impensable que le travail de descente dans nos mémoires au fond de notre corps, nous amène à rencontrer des **mémoires venues des générations précédentes**[1]. Le tout-petit baigne dans le champ énergétique de sa mère et de son père à côté, qui ont baigné dans le champ de leur mère respective et de leur père à côté, qui à leur tour ont baigné… **et, pourquoi pas, jusqu'à la nuit des temps qui nous plonge dans le grand bain de tous les humains, puis de tout le vivant.**

Les bonnes choses ont pu circuler et être intégrées ; les moins bonnes, traumatiques et difficiles à digérer, stagnent et chargent les champs d'une génération à l'autre. L'analyse transgénérationnelle parle de « *fantômes* » et ceux qui ont déjà participé à des constellations familiales ont pu faire l'expérience saisissante de ressentir, puis incarner des mémoires anciennes ignorées, dans le présent de leur corps. Il n'est donc pas rare en séance, de contacter des énergies-consciences qui n'appartiennent pas à la personne, mais à un proche de sa lignée familiale. En voici un aperçu.

1. Pour les références, *cf.* Didier Dumas, *L'Ange et le Fantôme : Introduction à l'impensé généalogique*, *op. cit.* ; Danièle Flamenbaum, *Femmes désirées, femmes désirantes*, *op. cit.* ; Bruno Clavier, *Les Fantômes familiaux*, *op. cit.* Bert Hellinger, *Les Constellations familiales*, Le souffle d'or.

Mort à la guerre

Suzanne, 52 ans, mariée, 2 grands enfants, est venue sans grande motivation. Elle vient de commencer un cancer du sein, pris au début, et sa cousine a insisté pour qu'elle vienne me voir. Elle s'assoit, je lui demande de faire le point sur ce qui lui arrive, et l'invite à exprimer ce qu'elle veut. Elle explique rapidement où elle en est et enchaîne : *« Je vais bien, je suis en de bonnes mains et la cause de mon cancer me paraît claire.* – Oui, que voulez-vous dire ? – *C'est mon fils, ... Voyons, comment dire ? Il est grand, maintenant, a fini ses études de vidéaste, et il m'a semblé, enfin, avec mon mari, qu'il était temps qu'il prenne son autonomie... Nous nous entendons bien, il a toujours été proche de moi ... et pour tout dire, j'appréhende le moment où les enfants ne seront plus là, alors, disons que j'ai un peu pris les devants avec lui... Il a son studio, cela fait maintenant presque un an, mais en fait, depuis ce moment-là, c'est comme si on n'existait plus ... il n'appelle pas, ne passe pas ou très peu.* (Pendant que Suzanne parle, je sens ma poitrine s'oppresser et j'ai mal au chakra du cœur.) – Quand vous partagez cela, ressentez-vous quelque chose quelque part dans votre corps ? – (Elle met sa main sur sa poitrine.) *Oui, là j'ai vraiment mal.* – Pouvez-vous porter votre attention en ce point-là, à l'intérieur de votre cage thoracique, fermez les yeux, restez avec, vous avez le droit de ressentir cela, d'avoir de la peine. – Elle rouvre aussitôt les yeux et reprend la parole : *Mais ce n'est pas tout, il y a plusieurs mois, avant le cancer, il est arrivé tout excité dans mon cours, pendant une pause,* (elle fait de la formation pour adulte dans une association), *il a traversé toute la salle et m'a annoncé, qu'il partait en Tunisie suivre les événements. C'était comme un coup de poignard. J'étais tout étourdie. Je crois que c'est ça qui m'a tuée. Vous vous rendez compte, partir ? Partir là-bas, c'est dangereux, il met sa vie en danger, il y a des gens qui meurent là-bas, il pourrait ne pas revenir !* Je comprends l'inquiétude de Suzanne, je comprends aussi, pour l'avoir vécue, la difficulté à voir s'envoler les enfants du nid, et je compatis, mais je suis surprise par l'intensité de sa réaction et la violence des termes qu'elle utilise. – C'est difficile, je comprends, et en même temps, je m'interroge sur l'intensité de votre réaction ? – *Vous ne comprenez pas, il risque sa vie, c'est dangereux, il peut mourir là-bas, il part, je ne sais pas s'il va revenir, si je vais le revoir.* La véhémence de sa voix m'étonne et il me vient à l'esprit, avec les mots qu'elle utilise, qu'elle réagit comme si son fils partait à la guerre. J'ai le sentiment qu'il y a quelque chose d'autre qui vient se superposer à son inquiétude légitime de mère. – Quand je vous entends, il me semble qu'il y a plusieurs choses. D'un côté, il y a la difficulté que vous avez à voir votre fils s'envoler, c'est une fierté, mais c'est aussi un deuil à faire, comme un second baby blues, et il y a, en plus, l'inquiétude car, en cohérence, avec le métier qu'il a choisi, votre fils va couvrir l'actualité du monde là où il bouge. Que vous réagissiez, paraît dans l'ordre des choses, mais j'ai l'impression que vous réagissez à plus que cela ; vous surréagissez, comme s'il y avait autre chose. Pouvez-vous vous remettre dans votre poitrine ? – *J'ai peur, j'ai peur qu'il parte, c'est comme la guerre, là-bas, il pourrait se faire tuer et ne pas revenir.* – Y a-t-il des jeunes gens morts à la guerre dans l'histoire de votre famille ?... – *Oui, à la guerre de 14, mon arrière-grand-mère, elle a perdu deux fils... Mon Dieu !* – Oui, restez avec cela, l'oppression dans votre poitrine, le poignard, soyez avec elle avec douceur... il y a, là aussi, la douleur de votre arrière-grand-mère, et arrière-grand père sans doute, et toute la famille en deuil, les frères, les sœurs, votre grand-mère... Donnez de l'espace à cette peine... accueillez-la avec tendresse et respect... (Pause. Suzanne ferme les yeux et respire.) – En même temps, cette peine-là n'est pas la vôtre, elle ne vous appartient pas, vous pouvez la laisser aller, vous pouvez laisser tomber ce lourd manteau. – *Étonnant, ce n'est pas si facile à faire, effectivement, mon fils ne part pas à la guerre, j'espère que ça va m'aider à m'apaiser un peu ».* Nous arrêtons là la séance et Suzanne ne reviendra pas. Dans un autre cadre, nous aurions pu approfondir les deux sujets : laisser s'envoler le fils d'un côté, rendre visite à l'arbre généalogique de l'autre.

Sans le savoir, nous sommes porteurs d'énergies-consciences bloquées, qui ne nous appartiennent pas, mais nous sont transmises par notre famille, voire notre collectif ancestral plus large. Elles nous habitent à notre insu, travaillent dans l'inconscient et nous font agir, réagir et surréagir sans que nous puissions en comprendre le ressort.

Avoir conscience de cette dimension transgénérationnelle, éclaire et enrichit le travail. Dans le processus de descente intérieure, cette connaissance élargit les possibles, accroît la vigilance, et permet de démêler, du mieux que l'on peut, ce qui relève de la personne de ce qui ne relève pas d'elle.

La loi du silence

Alicia, 35 ans, mariée, un petit garçon, est d'origine brésilienne. Elle a une très belle sensibilité et est aussi très sensitive, « psychic » diraient les Américains. Les premières fois qu'elle est venue me voir, j'étais inquiète pour elle, parce que je la voyais à la limite de la dissociation, se plaignant de présences et de visions envahissantes. Elle s'est peu à peu réancrée et a pu s'aventurer à la rencontre de ses blocages et de ses mémoires jusqu'à la mise à jour d'une lourde histoire incestueuse. Elle fait un sport bien physique qui l'épanouit, a trouvé la formation qui lui convient et semble avoir pour l'essentiel trouvé sa voie. Elle continue de venir pour se déployer plus pleinement, apaiser, au moins pour elle-même et son fils, l'imbroglio familial et, pourquoi pas, aider les autres à le faire un jour. Elle arrive en séance et commence d'entrée : *« Je suis fatiguée. ... ah oui, ... je me centre d'abord et je vais à l'intérieur... J'ai une plaque de béton sur la poitrine... ça me monte dans le cou... ça me gêne.* – Restez dans cette plaque, ne cherchez pas à la faire bouger, elle est bienvenue. – *C'est comme ces robes qui montaient presque jusqu'au menton... un tableau comme ça... oui, un tableau très imposant en haut d'un escalier... mon arrière-grand-mère, dans la maison Pinheiro...* – Que se passe-t-il dans votre corps ? – *... Deux cordes* (il y a eu beaucoup de cordes, de tuyaux et de chaînes dans le travail d'Alicia) *qui partent du plexus jusqu'au cou, elles me serrent la gorge...* – Restez dans cette gorge serrée... – *Il me vient une phrase : "ne pas dire par amour" ... loi du silence... les femmes de la famille.* (Silence. Puis, en restant à l'intérieur d'elle-même, sans ouvrir les yeux, Alicia retrace le chemin du silence jusqu'à elle.) *Mon arrière-arrière-grand-mère, madame Pinheiro, on disait avec respect, c'était une femme courageuse, elle a caché sa fille Lucia de son mari* (Alicia ne précise pas comment) *pour pouvoir la mettre au pensionnat à sept ans afin que celle-ci suive une scolarité. Elle a choisi d'éloigner sa fille d'elle, par amour, pour que celle-ci ait de l'éducation et soit une femme plus libre... Carlotta, mon arrière-grand-mère, est devenue une infirmière "moderne", elle n'a eu que deux enfants, et je sais maintenant qu'elle s'est fait stériliser pour ne plus en avoir, sans le dire à son mari, ... Grand-mère Maria, si aimante avec moi, elle s'est tue aussi, mais pour notre malheur, en couvrant les infidélités de son mari, puis de son fils aîné, mon père Pablo, et de son cadet, mon oncle Juan, avec ses bizarreries... Ma mère Teresa aussi a gardé le silence, n'a jamais voulu nous dire que Papa était parti pour de bon ; elle n'a jamais dit jusqu'à maintenant encore qu'il était homosexuel ; elle n'a pas voulu voir non plus que son fils était abusé alors qu'il avait une MST à 7 ans, le docteur s'est étonné, sans poser de question !* (Alicia aborde là un épisode juste émergé dans une séance précédente.) *Et moi, Alicia, je n'ai pas parlé non plus...* (sa voix s'étrangle)... *terrorisée. Terrorisée dans la chambre quand l'oncle entrait... pétrifiée quand le docteur s'est étonné de la MST, ... je n'ai rien dit... je ne suis pas venue au secours de mon petit frère... Pardon, Georgito...* (Silence, Alicia pleure.)... *Je me sens si coupable...* – Comment est-ce dans votre corps ? – *Très chargé et j'ai un gros paquet dans la gorge, je voudrais le sortir, hur-*

ler que je n'en veux plus de ce silence-là, qui a fait tant de mal ! – Vous pouvez hurler si vous voulez, hurlez, comme vous voulez, en conscience. – (Alicia hurle un long moment en silence, yeux fermés et bouche grande ouverte. ... Elle s'arrête, pousse un grand soupir et se relâche sur le canapé...) *Mmmm, ça fait du bien !* – Et dans votre corps ? – *Je me sens libérée, pas de plaque dans la poitrine, ... la gorge est dégagée, pour l'instant en tout cas ».* Nous finissons la séance par un Dialogue de Clarification avec ses aïeules qui ont maintenu la loi du silence[1].

Les non-dits règnent dans les familles. Le silence au nom de l'amour et/ou de l'honneur scelle les secrets. Tout passe, malgré tout, d'une génération à l'autre, l'obligation du silence et le secret qu'il recèle, avec le mal qu'ils peuvent y faire. Il faut qu'un jour quelqu'un ait le courage de briser la loi du silence et de dire tout fort ce qui attend de l'être depuis longtemps

L'oreille qui ne veut plus entendre

Julien vient me voir après avoir assisté, une première pour lui, à mon atelier d'énergie. Il veut voir si je peux faire quelque chose pour son oreille droite qui entend de moins en moins. Il a essayé tous les docteurs et les examens ne détectent aucune anomalie physiologique. Je lui demande depuis quand il a un problème avec son oreille droite. Il me répond qu'elle décline surtout depuis quelques années. – Pouvez-vous vous mettre dans votre oreille droite et me répondre en partant de cette oreille, comme si elle participait activement à la conversation ? – *« C'est bizarre, mais oui.* – Ça a donc commencé avant. À quand remonte la première fois ? Restez bien dans votre oreille, vous pouvez fermer les yeux. – (Julien reste silencieux un moment, très concentré.) *Ben, c'est pendant mon service militaire, pendant les exercices de tirs, de fusils, pas de canon, c'était difficile pour moi, ... Oui, c'est depuis ce temps-là qu'elle me gêne, j'ai des acouphènes, mais c'est maintenant qu'elle entend mal.* (Je ressens des frissons dans mon corps et mon oreille droite palpite, il y a quelque chose derrière les tirs.) – Les tirs ? Il y a eu des tirs dans votre enfance ? – *Non, pas que je sache.* – Restez bien dans votre oreille, écoutez-la, il. Il a une histoire de tirs dans votre famille ? – ...*Oui, mais je n'étais pas né. C'est mon père, plutôt...* – Oui, et alors ? – *C'était pendant la guerre, mon grand-père Lucien était le maire très respecté. Il arrivait à peu près à gérer la situation. Mais un*

1. Dialogue de Clarification, voir chapitre suivant.

jour, il a dû, les Allemands lui ont demandé, je crois, d'héberger un homme, plus ou moins collaborateur, plus ou moins trafiquant. Il était fou, cet homme-là, et il tirait un peu n'importe comment dans la cour de la ferme, sur les pigeons, les poules ... Mon père, René, était là, il avait 14 ans... Et puis un jour, cet homme est parti, ou plutôt il a disparu. Est-ce qu'il s'est enfui, est-ce qu'il a eu des problèmes avec la Résistance, on n'en sait rien, mais les Allemands se sont mis à sa recherche. Et un jour, ils sont venus interroger mon grand-père, ... il faut croire qu'il ne savait rien ou n'a rien dit. Alors les Allemands l'ont fait sortir de la ferme et l'ont emmené sur un chemin, avec un talus et une sorte de ravin en contrebas. Mon père était en train de rentrer à la ferme et est passé par là, juste à ce moment-là. Les Allemands l'ont arrêté et fait asseoir sur le bord du chemin de l'autre côté du talus. Mon père ne pouvait rien voir, il ne savait pas ce qui se passait vraiment, mais il a entendu des tirs et, bien sûr, c'était sur Grand-Père qu'ils tiraient. C'est comme ça que le grand-père est mort et que mon père en a été témoin en entendant les tirs. C'était quelqu'un de bien. Maintenant, il y a un petit monument au coin du chemin. Il y a eu une cérémonie. – C'est une bien terrible histoire, je vous remercie d'avoir eu le courage de la raconter et je rends hommage à votre grand-père et à votre père. Comment vous sentez-vous dans votre corps ? – *Je tremble un peu dans mon corps ».* – Oui, c'est un grand traumatisme, autorisez votre corps à trembler, laissez la place au tremblement et laissez-le circuler. Vous pouvez respirer aussi pour aérer cette oppression. C'est une mémoire familiale terrible que vous portez là. – Julien se remet un peu de ses émotions et moi de la mienne. L'impulsion me vient de tenter un exercice. – Vous admirez beaucoup votre grand-père, et vous respectez votre père, vous êtes un fils et un petit-fils loyal à leur égard, fidèle à leurs valeurs et à leur mémoire ; je me demande si votre oreille n'est pas dans le même cas, comme si elle était toujours un peu l'oreille de votre père qui entend ces insupportables tirs et qui ne veut plus entendre l'inaudible. Je vous propose d'aider votre oreille à bien se dissocier de l'oreille de votre père, René, et à être vraiment votre oreille, celle de Julien, ouverte et pleine de curiosité pour tout ce qui se passe aujourd'hui, autour de vous et dans le monde. –

Je lui propose donc de faire un petit Dialogue de Clarification générationnelle[1] pour inviter son oreille droite, « oreille de Julien », à se libérer de sa loyauté à « l'oreille de René », son père. Il s'y prête volontiers et avec émotion.

1. Rituel du Dialogue de Clarification. Voir ci-après.

À son départ, je lui conseille de se mettre à l'écoute de son oreille, en particulier, et de lui-même plus généralement. J'ai remarqué qu'il parle de manière très instrumentale et critique de son oreille et de sa personne. Il ne dit pratiquement jamais « je », mais « on » quand il parle de lui, comme s'il était à côté et détaché de lui-même, opérant comme un personnage social, parfaitement convenable, mais absent. Il faudra aller visiter plus avant cette loyauté côté paternel et maternel.

Quelques séances plus tard, Julien n'a pas récupéré toute son oreille, mais il s'est beaucoup ouvert, animé et s'est mis à l'écoute avec curiosité de tout ce qui l'aide à se sentir plus lui-même. Il n'est plus aussi rigide sur ses valeurs et s'est comme remis en route sur le chemin de sa propre vie.

3. Exemples de rencontres avec d'autres vies : imaginaires ou d'ailleurs, antérieures, archétypales, transpersonnelles ?

Toutes sortes d'expériences se rencontrent dans cette descente spéléologique au sein de notre corps et de son champ énergétique. Il n'est pas toujours facile de repérer à quel niveau de conscience, on se situe, de discerner s'il s'agit d'un épisode mémoriel enkysté de la personne à remettre en mouvement et en mots, d'une construction imaginaire ou symbolique à explorer plus avant ou d'informations moins identifiables et apparemment moins liées à la personne elle-même : mémoire transgénérationnelle de lignée, archétype de notre espèce humaine ou transespèce, imaginaire de ce monde, d'une vie antérieure ou d'une autre dimension.

Le monde de l'énergie est fluctuant, métamorphique et de toute façon dépaysant. Parfois, ne pas pouvoir élucider, ni mettre tous les points sur tous les i n'a pas d'importance. Le travail se fait subconsciemment parce que l'énergie s'est remise à circuler et que quelque chose, sans le dire, s'est libéré. À un moment ou à un autre, un flash, un glissement de conscience peut émerger à la surface et la compréhension se faire, dans un après-coup. Ou pas. La mentalisation à tout prix tout de suite peut devenir une fermeture.

Nous livrons ici, pour finir ce tour d'horizon, quelques expériences « imaginaires » qui ne semblent relever ni de la mémoire de la personne, ni de celle de sa lignée.

Les hommes bleus

Emmanuelle, 30 ans, en couple sans enfant, technicienne et en quête spirituelle. Elle vient me voir pour la première fois, principalement par intérêt pour l'approche énergétique de Barbara Brennan. Je lui demande si elle a, par ailleurs, un besoin particulier. Elle a effectivement depuis 2 ans une douleur au flanc gauche, *« comme un ballon qui se dilate parfois ».* Ce qu'elle me décrit fait penser à un spasme du coude gauche de l'intestin, mais je ne suis pas clairvoyante, ni médecin non plus. Je lui en fais part, tout en lui demandant si elle a fait les examens de base avec son médecin traitant. Elle ne l'a pas fait et je lui conseille de le faire, même s'il est tout à fait possible que cela soit « psychosomatique », comme on dit, ou psychoénergétique, comme je pratique.

Me limitant donc à ce que je sais faire, je lui demande si elle se souvient de la première fois que cette douleur est apparue. Elle se recueille et constate qu'en fait, la toute première fois remonte à plus longtemps, soit 4 ans, quand elle a commencé à pratiquer la méditation Za Zen[1]. Depuis, la sensation s'est installée progressivement. Je me dis que son ouverture à la spiritualité peut avoir commencé un remaniement dans son champ énergétique et une mise en mouvement de choses pas digérées, ou mal digérés, ou encore l'arrivée d'énergies différentes à métaboliser. Mais je ne tiens pas aux interprétations hâtives et je l'invite donc à aller porter son attention à cette zone douloureuse. – Seriez-vous d'accord pour aller à la rencontre de cette zone qui se manifeste à vous, comme une visite d'amitié ? – *« Oui.* – Alors je vous propose de descendre votre point d'attention à l'intérieur de votre corps, par votre cou, votre cage thoracique jusqu'à la sensation à votre flanc gauche. Et vous restez là comme un témoin bienveillant, en ne cherchant pas à changer quoi que ce soit, donnez tout le temps et l'espace à cette sensation... – *C'est à la fois douloureux et gênant, et lumineux et chaud.* – Continuez, allez au plus près... – *Il y a des couleurs vert et jaune...* – De la texture, une forme matière ?... – *Il y a comme un tourbillon, un trou... j'ai peur d'aller dedans...* – Ne forcez rien, restez au bord si vous voulez, dites juste bonjour à ce tourbillon, sans jugement... – *Il y a les figures de mes parents*

1. Forme de méditation bouddhiste, basée sur le « ne rien faire », simplement en posture assise.

qui flottent là, ... paisibles, ... ils sont peut-être là pour m'encourager,... je vois de la lumière au fond du trou,... comme une ville en contrebas avec ses lumières le long des rues... je vais descendre... (Pause.) – Vous êtes descendue ? – *Pas tout à fait, je suis au-dessus, je surplombe des fenêtres allumées, je dois être à peu près au 6ᵉ étage,... il n'y a personne.* (Cela m'évoque une problématique de lignée à la 6ᵉ génération, à voir plus tard.) – Restez bien dans votre corps tout en voyageant ainsi, que ressentez-vous ? – *J'ai de la tension dans les bras, ... En bas, il y a de l'eau et des Indiens, comme des Indiens d'Amérique, ils ont l'air bien et l'eau est belle, turquoise... j'ai envie d'y aller, Maman est là et m'encourage..., j'y suis...* – C'est comment dedans ? – *Dedans, c'est clair... au fond, il y a un tunnel... peut-être un peu artificiel...* – Comment est-ce ? – *Je ne sais pas, mais je ressens de la tristesse... J'y vais...* (Silence.) – Où en êtes-vous ? – *Au bout, il y a une trouée qui donne sur une cascade, je suis là... En bas, la nature est belle et il y a des humains... En même temps, à peu près à mon niveau de vision, il y a des sortes d'engins spatiaux métalliques...* – Agréables, pas agréables ? – *Si, agréables, ils sont beaux... et il y a des êtres bleus, plus grands que nous, cristallins et bleus, j'ai des frissons... J'aimerais bien aller vers eux... ils montent et je monte pour les suivre... ils m'accueillent bien mais je commence à avoir mal à la tête... c'est comme si ça résistait dans ma tête, je contrôle, je n'arrive pas à lâcher prise...* – Lâcher prise pour quoi ? – *Pour me laisser aller à monter, je crois...* – Mettez de l'espace dans votre tête, vous avez aussi tout l'espace de votre corps pour lâcher la pression... n'ayez aucun jugement sur l'obligation de monter ou de descendre... – *J'ai un nœud à la gorge, maintenant...* – Soyez avec ce nœud, allez dedans. – *Ils m'invitent à redescendre, je crois que c'est ça qui me serre la gorge... Ils me donnent un petit sac bleu... je redescends dans mon corps avec le petit sac...* – On dirait que c'est un peu d'eux-mêmes qu'ils vous ont donné, le lien est toujours là, même dans votre corps ? – *Oui, le liquide bleu se répand dans mon corps, ... partout, ... jusqu'aux orteils...* (Emmanuelle ouvre les yeux et prend son temps pour se retrouver dans la pièce...) *Mon mal de tête s'est dissout, j'ai toujours la sensation dans le ventre, un peu moins forte, mais je ressens une grande détente, je n'ai plus de tension...* (Elle me regarde intensément...) *Je ne vous vois plus pareille, très claire, très apaisée, pleine de lumière ».* – Je la regarde aussi bien dans les yeux, une autre qualité de présence entre nous, presque sacrée, et je lui souhaite « Bienvenue, Emmanuelle ».

L'histoire d'Emmanuelle ressemble à un processus de conception, gestation, naissance, emblématique d'une problématique schizoïde avec des traumatismes très archaïques et probablement de lignée, qui rendent difficile son incarnation, pleine et entière. Nous partageons rapidement. Emmanuelle me dit qu'elle a déjà vu ces hommes bleus et se sent attirée par eux. Je lui fais part de mon sentiment qu'elle me semble en conflit entre son désir d'être bien ici dans sa vie et son aspiration à rester en dehors de la vie, dans la sphère spirituelle. Elle me confirme qu'elle ne se sent pas bien en général dans *« ce monde, cette société, ces gens violents, ce n'est pas pour moi »*.

Face à ses propos et son imagerie de soucoupes volantes, certains peuvent émettre l'hypothèse qu'Emmanuelle vient d'un autre monde. Je ne sais rien là-dessus, même s'il m'arrive de recevoir d'autres personnes, tout à fait fonctionnelles dans leur vie, mais exprimant ce même ressenti d'étrangeté, comme si elles se sentaient venues d'ailleurs, sortes d'exilés ou de métis intergalactiques ou interdimensionnels. Je me contente de l'hypothèse de ma vision énergétique qui autorise une réalité plus grande que ce que nous voyons, sans plus. Je lui suggère que le monde des hommes bleus et le nôtre sur terre ne sont peut-être pas si séparés que cela. D'ailleurs elle en a gardé le petit sac, et que pour être bien en contact avec le plus haut, il lui faut aussi être bien en bas, dans la base de son corps.

L'accident

Patricia, 45 ans, vit en couple et a deux enfants, un garçon et une fille. Psychothérapeute, elle a une véritable sensibilité médiumnique et vient me voir pour mieux descendre dans son corps. Avant la séance, je m'interroge sur sa vigilance et son besoin de garder la maîtrise, comme si elle portait en elle une peur profonde qu'on lui fasse du mal et qu'elle seule peut savoir ce qui est bon pour elle.

Elle revient de vacances et me fait part d'un incident marquant : sur l'autoroute, à un moment, elle a vu son mari au volant partir vers la gauche alors qu'une voiture arrivait derrière. Elle a hurlé, s'est repliée sur elle-même, la tête dans les mains et recroquevillée comme un fœtus. Son mari a tranquillement redressé le cap et rien n'est arrivé. Mais elle a continué à trembler et s'est mise à pleurer. À l'arrêt, elle est passée derrière avec sa fille, n'a pas pu s'empêcher de pleurer encore. Elle lui a expliqué qu'elle était elle-même étonnée de sa réaction. Comme si la vie ne tenait qu'à un fil, que tout va bien, tout le monde est heureux et une seconde après, « tout bascule » dans l'horreur. *« Et c'est pis pour celui qui reste ».* Elle pleure à nouveau en séance et je sens un terrible déchirement dans mon cœur. Je lui propose de donner du temps à cette expérience, mais elle veut partager autre chose : deux fois, en séance énergétique, on lui a fait observer qu'elle tournait sa tête à gauche, un peu comme si elle ne voulait pas. Et nous faisons le lien avec une première séance où sur la table, j'ai choisi d'arrêter un soin tellement je sentais sa peur et sa résistance à se laisser faire. Elle observe combien elle est vigilante et partage le fait qu'elle a toujours ressenti une tension intérieure dans son corps, aussi loin qu'elle se souvienne.

Pour poursuivre la séance, nous sommes devant deux options : aller à la rencontre de cette tension endémique dans le corps ou revenir à l'épisode de la voiture si interpellant. Nous optons pour l'expérience émotionnelle de la voiture. – Pouvez-vous vous remettre dans l'état émotionnel dans lequel vous étiez tout à l'heure ? Dans votre poitrine surtout ? – (Elle ferme les yeux en faisant oui de la tête.) *« Mmmm.* (La voiture qui dérive sur la gauche. Elle se remet à pleurer, en silence, avec des sanglots par moments, la souffrance paraît grande. Je tiens l'espace et il me semble qu'elle a besoin de plus de soutien.) – Vous n'êtes pas toute seule, voulez-vous que je m'approche de vous et vous tienne les pieds ? – (Elle me répond d'une voix blanche.) *Oui... je suis pleine de tristesse... il y a deux corps par terre, allongés, je n'arrive pas à croire...* – Pouvez-vous me les décrire ? – *Pour l'instant, c'est le corps de mon mari actuel et celui de ma fille qui viennent.* – Restez bien dans la sensation dans votre poitrine, donnez-lui l'espace, vous êtes en sécurité ici dans cette pièce. – (Je reste à ses pieds...) *Maintenant il y a le corps d'un homme métis sur la civière... et puis celui plus petit d'un garçon métis aussi...* – Et vous ? – *Je vois des bras blancs de femme, des bijoux, une manche... ? Soignée, rien de plus... je ne veux pas les laisser partir... ils flottent... ils semblent s'en aller tranquillement, mais moi je ne veux pas, je les retiens...* – Pouvez-vous faire autrement, maintenant ? – *Seulement au revoir, le cœur déchiré, je les tiens très serrés, puis je les lâche et je leur dis au revoir ».*

Un certain calme s'installe, Patricia est recueillie et il me semble qu'elle a besoin de plus d'espace à nouveau, je me recule, pas trop loin, m'assois sur une chaise et tiens l'espace. *« J'ai la gorge qui me serre maintenant, comme un nœud, juste sous la mâchoire* – Allez dedans. – Long silence. J'ai l'image, l'intuition que l'énergie a besoin d'être invitée à circuler, vers le haut, mais aussi et surtout vers le bas, comme si quelque chose devait être lâché et rendu à la terre pour s'y reposer. Laissez circuler, vers le haut, mais vers le bas aussi ; ce qui est mortel peut aller à la terre et y être accueilli. Patricia se met alors à grimacer, à crisper ses bras et émet une sorte de hoquet : *Il y*

> *a une femme blanche qui se pend. Je vois une photo à ses pieds : tous les trois, souriants, tout va bien ; et puis elle bascule la chaise en dessous d'elle ; c'est terrible cette "bascule", la photo, la famille heureuse et puis cette détermination à pousser la chaise et plus rien...* – Où êtes-vous dans cette scène ? – *Dans la voiture, j'étais la femme, je voyais avec ses yeux et je ressentais comme elle, mais là, je regarde de l'extérieur, je suis spectatrice...* – Pouvez-vous rester dans la scène avec toute votre présence et votre compassion ? Elle n'est plus seule dans son désespoir ; peut-être est-il possible de la déposer sur le sol avec compréhension et tendresse ? – *Oh, il y a une mésange sur le balcon !* (Il y a effectivement une mésange sur le balcon de mon cabinet.) *Alors je vais appeler "mes anges" ».* – Oui, appeler les anges, donner soin à son corps... et lui dire que l'on comprend sa douleur et son geste et qu'elle peut reposer en paix. – Patricia prend son temps et un long silence s'installe encore, dans l'apaisement. Puis Patricia reprend peu à peu ses esprits et se sent très fatiguée. Nous partageons ensuite notre compréhension de cette expérience.

Personnellement, je suis toujours prudente face à l'hypothèse de vie antérieure, mais cette expérience peut en être une. Avec Patricia, nous avons exploré plusieurs possibilités. L'hypothèse transgénérationnelle ne semble pas tenable pour des raisons chronologiques : Patricia est née en 1963 et la scène de voiture est clairement d'après-guerre. L'hypothèse transpersonnelle n'est pas à exclure : Patricia, très médiumnique, aurait capté l'expérience d'une autre personne accidentée dans ces lieux. L'hypothèse symbolique peut toujours être considérée ; Patricia insiste beaucoup sur la fragilité de la vie : tout peut « basculer », comme une ligne qu'on dépasse, une chaise qu'on bascule, un fil qui se coupe. Il y a là toute l'expérience de notre vulnérabilité, mortalité, finitude humaine que nous dénions en permanence. L'incident fonctionne comme un rappel brutal au réel, comme une grande claque de réalité. La précision de l'expérience, cependant, et la force de la réaction émotionnelle peuvent faire penser à une vie antérieure, arrivée quelques années avant la naissance de Patricia. Elle peut expliquer, en partie, son état permanent de tension, sa médiumnité, sa difficulté à descendre dans son corps, sa résistance à tout ce qui ne vient pas d'elle. Nous nous quittons en laissant l'hypothèse ouverte et nous y reviendrons.

Les Atlantes

Cécile, 50 ans, célibataire, grande amoureuse de la vie en mer, a déjà pas mal travaillé sur elle-même et est étudiante de l'école Barbara Brennan. Nous nous suivons depuis un an. *« Il y a quelque chose que j'aimerais aborder avec vous, j'ai peur de le faire toute seule. Parfois, quand je médite, j'ai la sensation, qui me fait peur, que je vais disparaître en me liquéfiant. Je me sens comme aspirée vers le bas, le bas du corps surtout, et emmenée vers les profondeurs. Mais l'eau aussi monte vers moi et je vais me noyer.* Je l'invite d'abord à se centrer, bien s'ancrer, aligner sa ligne terre-ciel, ouvrir son champ et je fais de même. – Pouvez-vous maintenant redescendre à l'intérieur, plutôt vers le bas du corps, pour retrouver cette sensation ? Gardez bien le contact avec votre conscience de témoin pour ne pas vous noyer dans l'expérience, un peu comme le périscope du sous-marin, 5 % au-dessus de l'eau et le reste immergé, et je suis là avec vous. – *Je ne sais pas, il y a des images qui passent : notre plage des Landes où il y a des tourbillons, ... des dauphins, ... je me suis peut-être noyée dans une autre vie ?...* – Restez bien à l'intérieur, donnez de la place, et respirez... vous êtes en sécurité. – *...Ahhh, au-dessous de moi, dans l'eau, je vois des personnes qui s'agitent, comme dans une ville, ... ils... elles courent, ... une ville antique... Je suis triste, triste... Les Atlantes, les Atlantes... j'ai toujours eu un lien avec eux, ... ils ont peur ... la panique.* – Respirez bien, centrez-vous, votre conscience-témoin est là et vous n'êtes pas seule, vous pouvez faire appel aussi à l'être spirituel de votre choix pour être présent à vos côtés. – *Oui, Marie.* (Très long silence. Je tiens l'espace. Cécile respire aussi fortement.) – Et maintenant, que se passe-t-il ? – *Ils avaient peur, ils ne savaient plus où aller, puis quand je me suis recentrée, c'est comme s'ils étaient passés par moi, depuis le bas de mon pubis jusqu'au haut du crâne et vers le ciel, ... étrange ! ».* – Restez avec cette expérience, toujours en conscience, ancrez-vous bien et alignez-vous, ouvrez votre cœur et j'ouvre le mien, aussi, peut-être y a-t-il besoin de beaucoup de compassion, là ? Cécile replonge. Très long silence encore, elle respire comme j'ai besoin de respirer moi-même, très profondément.

La séance est sur Skype et devant mes yeux, derrière Cécile, je peux voir l'immense poster d'une passerelle gracile en sorte de bambou, c'est en pleine nature et on ne voit pas ce qu'elle enjambe, mais elle semble s'ouvrir pour moi vers l'éternité, c'est très beau, très poétique. Cécile reste longtemps recueillie. – Et maintenant ? – *« Eh bien, ça a continué, j'ai vu toute une suite de gens que je ne connais pas, de tous les âges, de tous les continents : d'Égypte, de Mongolie, de la Terre de Feu, tous, comme une grande cohorte, qui ve-*

naient d'en bas, passaient par mon pubis et remontaient jusqu'à ma couronne pour rejoindre le ciel, la lumière, ... je n'avais rien à faire, j'étais là, à l'intérieur, pas de sensation, vraiment, ... très présente, une sorte de tendresse, j'étais témoin de cette foule d'humains, ... comme des énergies venues des profondeurs, qui cherchaient leur passage pour remonter et se libérer là-haut... – Vous étiez la passeuse de mémoires oubliées ? – *Oui, je n'ai jamais connu cela, mais cela ressemble à ça, ils avaient besoin de se libérer et j'étais la passeuse...* – Comment vous sentez-vous dans votre corps ? – *Pas si fatiguée que ça, un peu sonnée, mais lavée aussi... C'est bien, si j'ai pu aider,... je suis très émue, ... les Atlantes surtout... ils me touchent... j'aime tellement la mer, j'ai dû avoir des tonnes de vie en mer, je viens peut-être d'eux et ils ont besoin de moi...* (Cécile a les larmes aux yeux et je sens son cœur qui se serre.) – Restez bien avec cette émotion, et allez dans la sensation, c'est au cœur ? – *Oui... c'est passé maintenant, c'est apaisé.* – Vous pourrez faire un rituel pour eux, si vous le sentez. – *Bien sûr, je vais le faire ».* Nous terminons la séance en douceur et je l'invite à bien boire et se doucher ou de se baigner avec des sels. Je lui suggère aussi de brûler du papier d'Arménie, de la sauge ou un encens qui lui convient, tout cela pour dégager son corps et son champ énergétique de sa peur et de toutes les images sombres qui peuvent l'encombrer.

Le « process » de Cécile est complexe. Au départ, l'aspiration vers le bas, dans un milieu liquide, pouvait faire penser à un début d'expérience d'accouchement. L'abondance d'eau qui aspire, puis déborde, évoque aussi un trop-plein de maternel, de féminin en souffrance et en excès dans la lignée. Mais peut-être est-ce plus que cela. Quelle que soit l'interprétation, quelque chose à ce moment-là s'est libéré énergétiquement chez Cécile : mémoires de notre humanité, mémoires ancestrales, vies antérieures, mémoires encore indicibles de ses proches ou de sa propre vie ?

C'est peu de temps après que Cécile va voir émerger de ses très grandes profondeurs à elle, un souvenir traumatique crucial de sa vie d'enfant. Cette première descente et cet étrange nettoyage énergétique, totalement transpersonnel en apparence, ont peut-être ouvert la voie ou laissé la place libre à cette autre mémoire tellement plus personnelle.

Dans une vision énergétique, nous ne sommes pas séparés et nous sommes multidimensionnels. Avec cette perspective, il est possible de vivre, en conscience, des expériences hors de l'ordinaire, hors du niveau de conscience habituel. La psychoénergie ne fournit pas toutes les explications, sur le moment au moins, mais elle permet à la personne en quête de compréhension d'elle-même, un champ d'exploration et d'expression élargi, sans jugement *a priori* sur sa rationalité ou irrationalité. **Et, souvent sans toujours comprendre, quelque chose se libère.**

En résumé

Notre corps est une formidable bibliothèque d'archives mémorielles. Tout ce que nous avons vécu peut s'y retrouver, surtout les expériences passées traumatiques que notre conscience d'enfant n'a pas pu métaboliser. Elles restent ainsi bloquées en chemin, comme en attente qu'on revienne les chercher. Elles continuent d'agir dans nos comportements répétitifs d'aujourd'hui, nos pensées réductrices de nous-mêmes et des autres, nos réactions émotionnelles démesurées et nos inconforts physiques. Au-delà de l'intellect et au-delà des émotions, la psychoénergie nous invite à aller les retrouver directement, en descendant dans les sensations de notre corps et en leur donnant toute l'attention bienveillante dont elles ont besoin pour s'apaiser et remettre en mouvement leur énergie de vie bloquée. Dans cette descente, sans substance, ni hypnose, tous les niveaux de conscience peuvent s'expérimenter sans inhibition, en confiance et en conscience : imaginaire, émotionnel, corporel, cellulaire, ou spirituel ; du nourrisson à l'adulte à la lignée et au-delà. Parfois, le chemin peut paraître obscur. L'important, cependant, est de donner tout l'espace, le temps et l'accueil nécessaires, pour que les énergies-mémoires se « processent » à leur rythme et que nous retrouvions, à chaque fois, toujours un peu plus de nous-mêmes.

Et vous ?

Questions

1° Quel rapport entretenez-vous avec votre corps ? *Vous y sentez-vous bien, comme chez vous ou, au contraire, vous n'y êtes pas du tout à l'aise et auriez tendance à en sortir, ou au moins préférer rester dans votre tête ? Êtes-vous content de votre corps comme il est ou, à l'inverse, êtes-vous critique à son égard en rêvant qu'il soit autrement ? Diriez-vous que vous êtes plutôt en complicité avec votre corps avec une certaine écoute ou un dialogue entre vous ou vous n'avez jamais pensé à lui en ces termes et le vivez plutôt comme un instrument qui doit juste bien fonctionner ?*

2° Comment faites-vous avec votre ressenti émotionnel ? *Vous vous laissez facilement déborder et emporter par vos émotions comme si c'était plus fort que vous et même si vous le regrettez plus tard ? Vous avez des poussées d'émotions à l'intérieur, mais vous vous contenez et faites tout pour les refouler et passer à autre chose, au risque d'avoir une cocotte-minute à l'intérieur ou un marécage de mal-être ? Ou encore, vous ne ressentez pas tant d'émotions que cela, seulement de manière amortie ou avec une sorte de détachement, au risque de vous sentir un peu mort vivant ou que l'on vous demande si vous avez vraiment un cœur ?*

3° Quel intérêt portez-vous aux sensations dans votre corps ? *Vous avez l'intuition qu'elles sont non seulement une information de votre corps, mais aussi un message de vous-même à vous-même qui mérite attention ou vous ne vous préoccupez de vos sensations corporelles que quand elles sont désagréables et les considérez comme une gêne passagère à faire partir au plus vite ?*

4° Avez-vous déjà eu des expériences hors de l'ordinaire avec votre corps ? *Des mouvements spontanés du corps qui se crispe, se détend et semble se reconfigurer tout seul ou des moments de grâce en danse, chant, dessin, sport où tout semble se mouvoir en harmonie, bien au-delà du contrôle ou de la maîtrise mentale ? Des phases d'indispositions incompréhensibles qui* *partent comme elles sont venues, ou des réactions physiques après un choc, une contrariété ? Des symptômes récurrents à une date anniversaire ? Des intuitions extrasensorielles, visuelles, auditives, tactiles, émotionnelles ? Avez-vous expérimenté des voyages chamaniques sans substance, vécu une transe mystique, une « sortie de corps » ? Faites-vous parfois des rêves singuliers qui vous restent à l'esprit parce qu'ils ont une charge particulière ou s'avèrent prémonitoires ?*

5° Quelle est votre expérience des approches de développement personnel impliquant l'imaginaire, l'émotionnel et/ou le corporel ?

Suggestions

1° Habituez-vous à passer de votre tête à votre corps

Pour ce faire, descendez votre point de d'attention ou de conscience, comme dans un ascenseur, de votre crâne à votre cou à votre cage thoracique à votre ventre à vos jambes, à vos pieds et à tout point de votre choix dans votre corps. La tête ne représente qu'un que 1/10e du corps, ayez le réflexe de profiter de ce plus grand espace plein de ressources qui vous appartient en totalité. Respirez-y à l'aise. Une pause dans cet espace peut vous régénérer et vous faire repartir d'un meilleur pied.

2° Habituez-vous à passer de l'extérieur à l'intérieur de vous-même

Pour ce faire, rapatriez-vous en conscience dans votre corps, un peu comme si vous rentriez au chaud et au calme à la maison, c'est-à-dire en ramenant au-dedans, toutes les parties de vous-même dispersées à s'occuper en pensée de milliers de choses affectives, patrimoniales, professionnelles… et de nombreuses personnes, passées, présentes et futures, toutes situées en dehors de votre corps. À la manière d'une maman poule rassemblant sous ses ailes tous les petits poussins agités de sa portée, recentrez les bouts éparpillés de vous-même à l'intérieur et en douceur. En ce centre-là, vous redevenez entier et mieux en possession de tout votre potentiel.

3° Entraînez-vous à prêter attention à votre ressenti émotionnel, sans juger ni en faire quelque chose.

Votre émotion de colère, de tristesse, de frustration, de jalousie, de peur est signe que quelque chose en vous est touché. Évitez de l'ignorer et d'agir malgré tout à partir de lui. Prenez-en acte au contraire. C'est qu'une partie ancienne de vous blessée est activée ou qu'un besoin actuel n'est pas satisfait ou les deux. Ne la refoulez pas, acceptez et accueillez cette part de vous, elle a besoin d'être entendue sans jugement et c'est aussi une information. Reconnaissez-vous avec ce ressenti en lui donnant l'espace et le temps dont il a besoin. Suspendez, en revanche, l'impulsion de réagir. Donnez-vous le temps de digérer cette poussée d'énergie-conscience pour agir à bon escient, si nécessaire.

4° Apprenez à utiliser les sensations dans votre corps pour retrouver le calme.

Les sensations du corps sont la voie royale à la méditation et au retour au calme. Elles sont le meilleur moyen pour arrêter le mental en l'occupant à se concentrer sur une sensation, à l'explorer, puis à la suivre si celle-ci bouge. La méthode TIPI[1], s'est fait une spécialité de ce processus. Si vous vous sentez agité, dispersé ou débordé par une émotion, cherchez la sensation principale dans votre corps, derrière l'agitation ou l'émotion, et concentrez votre attention dessus, comme un témoin, un observateur. Sans jugement, sans attente, sans interprétation. Dès que le mental s'échappe, ramenez-le, ramenez-vous à la sensation. Le mieux est de pouvoir tenir jusqu'à 10 minutes, mais si déjà vous prenez une pause de quelques minutes, le niveau d'agitation ou de charge émotionnelle aura baissé.

Suivre les sensations dans le corps est aussi une technique de méditation de la pleine conscience, très joliment enseignée par John Khabat ZinKabat-Zinn dans son livre. L'Éveil des sens[2].

1. TIPI : technique d'identification sensorielle des peurs inconscientes, mise au point par Luc Nicon. Pour plus de détails, voir : tipi.fr.

2. John Kaba-Zinn, *L'Éveil des sens*, Éditions Les Arènes.

5° N'ayez pas peur de vos sensations, allez à leur rencontre : elles sont aussi de l'énergie-conscience et une clé vers plus de vous-même.

Le travail de descente dans les sensations du corps se fait plus facilement en séance avec l'accompagnement du praticien. Mais il est tout à fait possible de vous entraîner à le faire. Toute sensation est expression d'une partie de vous-même. Entraînez-vous à prêter attention, à donner de l'espace et du temps dans l'ici et maintenant au ressenti dans votre corps. Soyez avec vos sensations comme une présence bienveillante et un spéléologue curieux. Apportez-leur ce baume guérisseur de l'attention. Et laisser faire le mouvement de l'énergie-conscience ainsi mis en route : la sensation pourra se dissiper, se déplacer, ou livrer passage à un bout de vous-même. Quelque chose, quoi qu'il arrive, sera libéré.

6° Appliquez-vous à regarder votre corps comme un lieu de conscience *au même titre que votre tête et à le célébrer comme la plus formidable communauté coopérative de petites énergies-consciences qui puisse exister. Ce peut être un thème de méditation ou de prière journalière : « Merci à la communauté de mon corps ».*

7° Essayez d'imaginer qu'au-dedans de vous, dans votre corps, tout est là.

Toutes les mémoires blessées de votre enfance ou d'un passé plus lointain qui continuent d'influencer vos comportements à votre insu ; tous les acquis de votre croissance qui font votre moi adulte d'aujourd'hui ; toute l'expérience et l'aspiration d'une âme en chemin ; toute la sagesse accumulée du monde ; et au-delà, tout au fond, l'être, l'unité, l'esprit, la lumière, le vide... que certains appellent aussi le divin.

CHAPITRE IV

RETROUVER L'HISTOIRE DE NOTRE ÉNERGIE-CONSCIENCE : LA VISITE DES CONDITIONS DE NAISSANCE ET DE CROISSANCE

I. Le principe de la Visite des Conditions de Naissance et de Croissance

1. Conditions de naissance et de croissance : retourner à l'origine pour rencontrer l'énergie-conscience bloquée

Le Process est la voie spontanée en séance pour aller retrouver, derrière les contrariétés du présent, la part d'énergie-conscience restée bloquée dans le passé. De la surface du quotidien, on retourne pas à pas aux profondeurs de l'histoire de la personne.

La pratique en psychoénergie, comme toute pratique clinique, est plutôt « *free style* », dans le ressenti du moment présent. C'est ainsi qu'en cours d'accompagnement, m'est venu le **besoin de chercher des raccourcis**. Pourquoi tant de tristesse ? Depuis quand cette colère rentrée ? D'où sourd cette timidité viscérale ? Des bouts d'enfants de tous âges, jusqu'aux origines de la vie, se laissent entrevoir, et l'intérêt de remonter à la source de l'histoire, pour les retrouver, s'est imposé. **L'approche est évidemment plus directive**, puisque l'idée est de planter le décor de l'arrivée sur terre, les « conditions de naissance », d'en explorer factuellement les circonstances, l'environnement familial, puis, si nécessaire, de suivre les étapes ultérieures de l'enfance, « les conditions de croissance ». Faire le tour des « conditions d'incarnation », pourrait-on dire en résumé.

2. « Il était une fois... » : planter le décor des conditions de naissance de la graine d'énergie-conscience et l'accompagner dans son expérience

Le principe est simple. Il consiste à inviter la personne à camper progressivement le décor de son arrivée sur terre, **à l'aide de feuilles de papier posées sur le sol**, figurant le prénom des protagonistes présents à l'époque, c'est-à-dire lors de la conception, de la gestation, de la naissance, puis à mesure, des différentes étapes de croissance.

Cette démarche s'apparente pour une part aux approches du système familial et de la psychogénéalogie, mais avec la conviction spécifique à la psychoénergie que l'énergie-conscience, d'autres diraient l'inconscient, est aussitôt présente et mobilisée dès que la mise en situation commence. Car il ne s'agit pas de raconter l'histoire verbalement, au passé et à distance, mais de **se remettre dans le présent de ces moments, comme si on y était**, quand les parents étaient de jeunes gens avec une enfance toute proche, les grands-parents des adultes en pleine maturité, les frères et sœurs tout petits ou pas nés encore, et le collectif, ce qu'il était à l'époque. **Le retour vers le passé n'est pas si difficile, car à l'intérieur, il n'y a pas de passé, de présent et de futur, il y a l'éternel présent** pour les parts d'énergie-conscience enfantine qui y sont restées bloquées.

Le déroulé est *a priori* chronologique, mais une fois l'histoire amorcée, il va y avoir ses méandres d'interrogations et de suppositions à vérifier, en famille, des retours en arrière sur les vies des parents ou grands-parents, des prises en compte du contexte familial ou collectif du moment. Les émotions seront souvent au rendez-vous, à « processer » pas à pas, pour accueillir les parts d'embryon, de fœtus, de nourrisson, puis d'enfant blessé, restées sur le bord du chemin. Chacune, à chaque âge, attend dans la solitude, d'être vue, entendue, comprise, ou tout simplement de comprendre, pour se remettre dans le flux de la vie. **Revisiter remet de la lumière et du principe de réalité, là où il n'y avait qu'obscurité et fantasmes.**

Il est déjà intéressant, à ce stade, de voir comment la personne, qui travaille, place les prénoms : parfois, les feuilles sont collées, ou très écartées, ou pas dans l'ordre, ou l'un a disparu. **La simple mise en place spatiotemporelle met en mouvement une réalité psychoénergétique** jusque-là inconsciente. Pour les jumeaux, les feuilles sont souvent collées ; pour les frères et sœurs, quand l'un est mort, il disparaît ; ou le conjoint se retrouve en dessous ; ou la personne se colle pratiquement à l'un de ses parents.

« Il était une fois... ». La personne est invitée à revisiter sa propre histoire d'arrivée.

Cela commence par l'**existence de chacun de ses parents**, une feuille par personne, une feuille avec le prénom du père et à côté, sur la même ligne générationnelle, une feuille avec le prénom de la mère. Car pas d'incarnation, pas de conception, pas de naissance et la suite, sans ces deux jeunes gens-là. La question se pose alors de comment ils sont au moment de la rencontre, leurs forces, leurs faiblesses, leur état d'esprit et leur expérience passée. **Avec quelle histoire arrivent-ils**, en effet, qui peut leur peser ou non ? Derrière l'un et l'autre, apparaissent des parents, des frères et sœurs, des drames éventuels et tout le bagage familial, contextuel et psychoénergétique qu'ils portent en eux. Déjà des émotions peuvent surgir, car l'énergie-conscience se transmet de génération en génération. Un premier travail de libération peut se faire, et ce d'autant plus qu'il est possible de bien discerner, à qui appartient la peine[1].

Vient ensuite **la rencontre des parents, les conditions explicites et implicites** de leur attirance mutuelle et de la décision de faire couple ou famille. Il peut d'ailleurs ne pas y avoir eu vraiment choix, comme ce jeune père inconscient, de l'une de mes clientes, qui se retrouve forcé de se marier avec un pistolet sur la tempe. On imagine volontiers que la qualité du comité d'accueil de la petite énergie-conscience embryonnaire n'est pas au top et que pas mal de réconforts d'explications en séance vont s'imposer par-delà le temps.

Le contexte de la conception mérite attention, en effet. Est-ce la première expérience d'enfant pour les jeunes parents ou pas ? Est-elle désirée ou pas ? S'il y a eu fausse couche avant, ou avortement, ou mort-né ou autre drame de cette nature, la matrice et le champ énergétique des parents en portent la trace et l'énergie-conscience naissante qui l'a ressentie, a besoin d'être rencontrée et rassurée.

La gestation peut aussi être marquée par événements significatifs : événement intérieur comme le départ d'un jumeau ou la maladie de maman, ou événement extérieur comme des difficultés

1. Le chapitre suivant traite des modalités de clarification relationnelle et propose une pratique de libération sous la forme du Dialogue de clarification.

familiales ou collectives. Grenades et mitraillades tout près de la résidence à la fin de la guerre d'Algérie, ont rendu l'une de mes clientes hypersensible aux bruits impromptus. Frères et sœurs aînés participent à la qualité de l'environnement, tout comme la présence aidante ou pesante, selon, de grands-mères, de grands-pères, d'oncles ou tantes.

Et ainsi de suite jusqu'à **la naissance, facile ou non**, bien accueillie ou non, et sous la forme attendue ou non d'un garçon ou d'une fille. Pour le genre, l'embryon a déjà plus ou moins tout ressenti, il sent qu'il a tout bon ou qu'il a tout faux et ce n'est qu'un début, tel ce client, qui arrive garçon, quand, après quatre fils, sa mère se rêve enceinte de deux filles. Tout un travail plein de tendresse s'impose alors en séance pour soulager la petite énergie-conscience des projections de sa mère et la réhabiliter dans sa belle légitimité masculine.

Le maternage avec ses hauts et ses bas, quand bébé n'est que nourrisson, appelle ensuite l'attention, car là est la source de la confiance dans l'abondance, de la possibilité de l'amour, de la facilité de l'intimité et de l'agilité relationnelle. On imagine volontiers que l'abandon du père ou la dépression de la mère, la mise en nourrice chez un tiers fera blessure, appelant présence bienveillante et consolation.

3. Et ensuite... : continuer avec les conditions de croissance qui peuvent avoir été marquantes

Sur cette trame chronologique, de feuille en feuille sur le sol, de la prime enfance à l'adolescence, toutes les étapes de croissance peuvent être revisitées. Les conditions de naissance et de maternage sont les plus fondatrices. Mais certaines étapes ultérieures sont parfois marquantes et demandent alors qu'on s'y arrête pour apporter l'attention, l'écoute et les explications qui ont pu manquer.

L'arrivée d'un petit frère ou d'une petite sœur fait souvent date. Les parents paraissent plus intéressés par le nouveau petit être ; celui-ci demande plus de soins. Si son arrivée a été l'occasion de « vacances » chez les grands-parents, l'aîné peut se demander s'il compte encore, si les parents ne vont pas le remplacer. Telle cette jeune cliente qui a longtemps pensé que ses parents avaient décidé de faire une nouvelle fille, car ils n'étaient pas pleinement satisfaits de leur première, elle.

Un déménagement peut marquer parce qu'il change le réseau familial. Pour l'une de mes clientes, par exemple, il éloigne, des grands-parents qui étaient source de grande affection et la douleur de séparation est indélébile. Pour l'autre, il faut quitter la petite ville du Sud et le petit appartement entre papa et maman, pour se trouver dans l'immeuble familial en pleine ville, sous l'autorité opprimante d'un grand-père patriarche.

Les difficultés du couple parental affectent nécessairement. La violence des disputes peut laisser des traces, et la séparation bien sûr. C'est le cas, surtout, quand l'un parent s'effondre ou encore quand l'un d'eux demande à l'enfant de jouer un rôle d'adulte. « *Occupe-toi bien de ta mère et de tes petites sœurs, tu es un grand, maintenant* », dit le père à l'un de mes clients alors âgé de 10 ans. Et quand les familles se recomposent, la déstabilisation peut être grande.

La mise en sanatorium ou en pensionnat laisse souvent son empreinte aussi et réclame son lot d'attention.

Abus, maladie et décès, enfin, font la plupart du temps traumatisme et peuvent créer de **véritables arrêts de développement** tellement l'expérience déborde la capacité de l'enfant. Il n'est pas besoin, en général, pour ces cas, de remonter aux conditions de naissance ou de croissance, la mémoire en est encore vive ou des symptômes font surface spontanément pour être explorés.

Toutes les étapes de l'enfance peuvent ainsi être délibérément passées en revue, comme les chapitres d'une histoire de vie : école maternelle, école primaire, teenager, adolescent, jeune adulte, car des moments clés peuvent avoir eu lieu, avoir été oubliés ou pas. Et **à mesure du temps, une ligne directrice, un thème récurrent, un ou des scénarios peuvent apparaître**.

L'étape la plus fondatrice, toutefois, et incontournable dans un accompagnement est celle des conditions de naissance, de la conception au maternage. À explorer, donc, absolument.

II. Les exemples de Visite des Conditions de Naissance et de Croissance

1. Éclairer les conditions de naissance qui nous « conditionnent »

Le cœur plein de pleurs

Antoine, 45 ans, informaticien, père de trois enfants. Il vient consulter pour une sensibilité qu'il trouve handicapante. Des difficultés avec un voisin l'ont conduit à la limite de la dépression. Lors d'une séance où il arrive presque en pleurs, parce qu'il a dû consoler son fils en pleurs pour une affaire de devoir, nous partons à la rencontre de ce corps émotionnel si à vif. D'où vient ce cœur si sensible aux pleurs et lui-même sans doute en pleurs aussi ? Quels moments similaires lui reviennent à l'esprit dans le passé ? Une première relation amoureuse se présente où, en position de thérapeute permanent, il a dû rompre, la mort dans l'âme, pour ne pas plonger lui-même. Plus profondément à l'intérieur, il recontacte une conscience de petit bonhomme de 5-6 ans, oublié et laissé seul lors d'une randonnée. Plus profondément encore, il retrouve le bébé de 8 mois qui vient d'être déposé chez ses grands-parents maternels. Nous arrivons là pratiquement aux conditions de naissance, avec une belle blessure d'abandon, au moment du maternage, et je l'invite à faire cette remontée aux origines. « *Il était une fois* »... avec les papiers posés au sol. Son père, sa mère, comment étaient-ils avant sa venue ? La vanne des pleurs s'ouvre dès la mise en place de la feuille de la jeune mère. Dans le bagage émotionnel de la mère, il y a peines de cœur en cascade. L'arrière-grand-mère maternelle n'a pas pu épouser son bien-aimé, mort à la guerre, et s'est mariée en fermant son cœur à son compagnon et à ses enfants. Elle a un fils, qui se marie, et la jeune épousée, enfant joyeuse d'une famille joyeuse, ne tarde pas à s'éteindre de tristesse dans l'ambiance étouffante de sa belle-famille. Elle devient dépressive à vie et parvient difficilement à s'occuper de sa propre fille, future mère d'Antoine. Antoine observe alors que sa propre mère n'a pas su non plus montrer son affection et qu'avec un mari très volage, elle est vite entrée en état chronique de chagrin d'amour. **Antoine n'a pas encore posé sa propre feuille, car il n'est pas encore né, mais l'évocation de cette mémoire de chagrin familial en cascade le submerge** et nous faisons pause. Avant d'arriver à sa naissance, Antoine a besoin de déposer la peine de celles qui le précèdent : le chagrin d'amour endurci de l'arrière-grand-mère, la plongée dépressive de la grand-mère, le manque d'attention maternelle de la mère, et son chagrin d'amour chronique, et pour finir, aussi, sa propre peine d'enfant qui, derrière ce brouillard de larmes retenues, n'est ni vu ni écouté. Antoine prend conscience de cette marée de pleurs stockée en lui et lui donne la place. Il laisse couler ses larmes et laisse faire son champ énergétique seul dans un premier temps. Puis plus explicitement, et avec l'aide de plus grand que soi, il remet les peines qui ne sont pas les siennes à ses ascendantes, à la façon du Dialogue de Clarification abordé dans le prochain chapitre. Au terme de ce processus, Antoine est traversé par un **flash de compréhension**. Il n'a cessé de se sentir l'obligé des femmes, de courir à leur secours, comme si leur mal-être lui était insoutenable, qu'il était en charge de leur état d'âme, voire même coupable. La suite de la Visite des Conditions de Naissance et de Croissance éclairera plus encore ce dernier point, avec, pas à pas, ses pauses plus ou moins cathartiques, et ses nouvelles ouvertures de conscience.

Habitée par la peur

La première fois que Cécilia est venue me voir, 30 ans, célibataire, elle était pratiquement dissociée. Hors de son corps. D'origine chilienne, venue en France à la recherche d'elle-même et inconsciemment de son père, elle était anxieuse, se sentait oppressée et dormait mal avec des expériences paranormales de présences ancestrales, de visions d'esclaves maltraités. Elle était fascinée par l'approche énergétique, la vision des auras, l'état d'extrasensorialité qu'elle autorise et dont elle espérait des outils pour aller plus loin encore dans sa connexion à l'autre monde. Dans un premier temps et à l'inverse de sa demande je l'ai invitée à mieux habiter la réalité présente, dans son corps et dans le principe de réalité. Sans nier ses expériences extrasensorielles, car la psychoénergie peut accueillir toutes les dimensions, nous avons passé un long temps à accompagner son atterrissage dans la vie bien physique, combinant exercices et soins énergétiques d'ancrage-centrage-alignement et de nettoyage avec de la parole et du Process. Toujours en quête d'elle-même avec ardeur, mais stabilisée, elle est repartie dans la vie.

Cécilia est revenue, la quarantaine passée, mariée, mère d'une petite fille, judoka, et professionnalisée dans l'accompagnement d'enfants en difficulté. Moins anxieuse, plus présente, mais toujours hypersensible, elle revenait pour continuer sa quête véhémente de compréhension d'elle-même, de son histoire, de la souffrance humaine. Et avec mon accord inconditionnel, en suivant en complément d'autres thérapies, dont l'EMDR[1]. Cette nouvelle étape a permis l'exhumation d'une mémoire traumatique d'abus avec son cortège de catharsis physique et émotionnelle, de culpabilité, de colère et de prise de parole familiale et publique.

C'est après ce second palier de travail sur soi, que la possibilité d'aller revisiter les conditions de naissance s'est présentée, avec la découverte d'une immense peur originelle au bout du chemin. Peur individuelle, familiale et peur collective. Cécilia est le fruit d'une liaison scandaleuse à l'époque de la chute du président Allende. Sa mère, professeur, entretient une relation amoureuse avec l'un de ses élèves de terminale. Elle a 28 ans, il en a 17, et arrive ce qui doit arriver : elle est enceinte. Panique. L'avortement est la seule solution. Première grande vague de peur pour l'embryon. Mais les conditions médicales ne semblent pas réunies, les deux familles s'en mêlent et le mariage est arrangé. Un peu forcé pour le trop jeune père. Mélange de soulagement, de honte et de mal-être pour la mère et l'embryon. C'est la période du gouvernement Allende, avec son climat tendu, incertain, pénurique aussi, close par le coup d'État et l'assassinat du président. À 4 mois et demi de grossesse, la mère, professeur, est arrêtée et torturée. **Tsunami de terreur pour la mère et l'enfant.** La petite énergie-conscience Cécilia a commencé son aventure humaine dans la peur absolue. Il faudra rester longuement sur cette vibration de peur lovée dans toutes les cellules de Cécilia. La rencontrer, l'accueillir et lui donner la présence bienveillante qu'elle ne pouvait avoir alors, aide la libération. Les soins énergétiques contribuent à approfondir le nettoyage et la restauration de la confiance dans tous les niveaux du champ énergétique. La croyance originelle qu'être dans un corps est danger de mort et le monde extérieur monstrueux peut commencer à lâcher prise. Le travail va continuer avec Cécilia sur ses conditions de croissance, car malheureusement, une mère traumatisée, à jamais pétrifiée, n'est pas suffisamment chaleureuse pour une petite vie déjà terrorisée.

1. EMDR. Eye movement desensitization and reprocessing. Approche thérapeutique du traumatisme développée par Francine Shapiro. *Cf.* Françoise Shapiro, *Manuel d'EMDR*, InterEditions.

2. Revisiter ces accidents de croissance qui arrêtent notre élan de vie

Les conditions de naissance posent les bases et nous verrons plus loin que ces fondations peuvent s'écrire comme un ou des scripts, qui souvent se renforcent à mesure des étapes de croissance. Mais, en plus ou à côté, des accidents de parcours importants peuvent s'ajouter, chambouler le cours de la croissance et arrêter l'élan de la vie. Une part de l'énergie-conscience en herbe est comme **pétrifiée en plein essor**.

La petite fille pétrifiée

Quand elle vient me voir avant de prendre sa retraite, Nathalie ressemble à une petite fille qui aurait vieilli telle qu'elle. Impeccablement habillée, coiffée, chaussée, elle fait penser à une poupée miniature, incroyablement menue, polie, l'esprit vif et contrôlé dans les échanges. Sous cette apparence bien tenue, elle est très défendue, pleine de jugements négatifs sur elle-même, de comparaisons avec les autres et de « *oui mais* ». Elle appréhende la solitude et l'inactivité de la retraite, car elle vit et a toujours vécu seule, et s'occupe de sa vieille maman atteinte d'Alzheimer qu'elle aime de tout son cœur et qui est en maison médicalisée. Elle espère beaucoup de nos séances, mais ne croit pas qu'elle pourra jamais sentir l'énergie, ni descendre dans les sensations de son corps. Elle cherche absolument à être bonne élève, pleine d'envie de réussir, en même temps que pleine de résistance, de mécréance et de bouderie latente. Nous faisons beaucoup d'échanges quasi pédagogiques, beaucoup de soins sur table et Nathalie met toute son énergie et ses talents à trouver tout ce qui peut l'aider et l'occuper par ailleurs : couture, art-thérapie, ayurvédique, natation, ateliers de développement personnel, méditation de pleine conscience. Toujours et quasi en vain, elle cherche l'attention des professeurs, des autres participants et se sent tenue à l'écart, mal-aimée, pas aimée et retourne dans son coin, avec l'espoir qu'on viendra la chercher. Désespoir et colère rentrée.

La vie de Nathalie s'est arrêtée quand elle avait quatre ans. Pour soigner ses voies respiratoires un peu fragiles, elle a été mise en sanatorium pendant 2 mois et sans explication particulière. Les parents croyaient bien faire et n'étaient pas en mesure de venir la voir, habitant à l'autre bout de la France. Son cœur de petite fille s'est quasiment arrêté et fermé sur cette blessure d'abandon à vif. Mais pas sa petite tête qui n'a plus jamais cessé de gamberger. Sa mère était fâchée parce qu'elle était trop turbulente ; son frère avait toutes les chances de ne l'avoir que pour lui tout seul ; personne n'était gentil avec elle parce que personne n'était sa mère, et les petits enfants du sanatorium pas plus intéressants. Elle a demandé un camion de pompier pour cadeau, un cadeau de garçon que son frère n'aurait pas. Au cours du travail pour aller dégeler cette conscience de petite fille, ce camion deviendra la première aide à se présenter dans l'imaginaire de la grande Nathalie. Il viendra en voyage chamanique en lieu et place d'un animal de pouvoir. L'attachement de la grande Nathalie à sa mère vieillissante, on peut le comprendre, était à proportion de son traumatisme d'enfant et la perspective de sa disparition est restée un bon moment encore son pire cauchemar. Au départ, Nathalie, ne pouvait pas, ne voulait pas aller à la rencontre de cette petite fille. Elle ne parvenait pas à éprouver de la compassion pour elle. Il faudra plusieurs années d'accompagnement, et la persistance acharnée de Nathalie à continuer d'explorer plusieurs formes d'approche de soins, pour que le scénario du pis mis en place par la petite fille lâche prise et que grande Nathalie puisse tomber le masque.

Certes, la vie n'est pas parfaite, mais tout s'est assoupli : la coiffure bouclée, la tenue créative, le sourire, le « *oui mais* » qui s'excuse en riant, la curiosité, la possibilité de la spiritualité. Nathalie a pu accompagner sa mère jusqu'à sa fin avec la gratitude et la fierté d'avoir pu le faire et aux dernières nouvelles, Nathalie s'initie à la danse soufie.

En vie mais pas pour lui

Olivier est un bel homme de 38 ans, cadre commercial. Il est venu me voir trois ans auparavant pour tenter de clarifier sa situation envers les femmes. Nous combinons travail énergétique et travail de conscience. Puis la vie fait le reste. Olivier rencontre une jeune femme, pas tout à fait conforme à son idéal initial très limitant, mais tout à fait en phase avec sa réalité du moment. Ils s'entendent bien et arrive ce qui doit arriver : Olivier se retrouve père d'un beau petit garçon et en couple avec une compagne qui l'aime, s'assume bien elle-même et laisse Olivier réaliser son rêve : faire sa traversée de l'Atlantique en voilier. Tout est bien qui finit bien...

Mais peu de temps après, Olivier doit revenir me voir. Il ne se sent pas à sa place. Dans son nouveau rôle, il se sent dépassé par les événements, comme s'il n'était pas maître de sa vie et **en sous-vie**. Nous utilisons les ressources énergétiques pour le consolider dans sa vie quotidienne, l'aider à se recharger en énergie, à s'ancrer, à se centrer, à se réaligner.

Mais le sujet est plus profond et puise certainement à une grosse blessure de l'enfance. À 13 ans, Olivier a perdu son père dans un accident de moto, et, trois ans plus tard, à 16 ans, il perd son frère aîné mort dans un accident de voiture. Il est clair qu'il s'agit là d'un choc majeur pour un jeune adolescent en plein essor. Ses deux principaux modèles masculins l'ont quitté brutalement et il se retrouve seul avec sa mère, tous deux en deuil profond. Comment se porte ce jeune Olivier de 13 ans et celui de 16 ans, alors qu'à son tour il est devenu père lui-même, compagnon et homme à part entière ? Jusque-là, Olivier résistait à revenir sur ce double traumatisme : « *le passé est le passé* ». Mais le moment semble venu. Olivier accepte de revivre l'un après l'autre ces moments d'horreur. Il faut les décrire pas à pas, par le menu, pour que le ressenti, le vécu de l'enfant Olivier de l'époque refasse surface, puisse être entendu et accueilli.

Pour la mort du père, Olivier se retrouve le front contre la vitre de la voiture qui mène à l'hôpital, son cœur se révolte et se ferme de colère contre Dieu. Puis, après l'enterrement, replié dans sa chambre avec son chagrin, pour ne pas rajouter à la peine des autres, il ne voit plus de sens à la vie et pense à se laisser mourir. Il va continuer de vivre, mais la mort dans l'âme et avec une part d'énergie de vie en moins. Pour la mort du frère, Olivier se voit à l'hôpital, il entend sa mère, infirmière de profession, parler raisonnablement avec le corps médical, vaste comédie quand la mort est là. Il va voir son frère intubé, pour rien, car il n'y a plus d'espoir. Et à nouveau, il est dans sa chambre. La vie a encore moins de sens, mais il n'est même pas question de songer à mourir, car sa mère n'a plus que lui.

Alors il va continuer à vivre, même s'il n'en a pas envie. Vivre mais pas pour lui, **à moitié mort vivant**. Nous laissons beaucoup de place à ces mémoires congelées pour qu'elles se montrent, se réchauffent et libèrent leurs charges émotionnelles volcaniques et torrentielles. Olivier a tout le temps pour revivre et reformuler, réinventer son au revoir à chacun de ces deux êtres qui ont accompagné sa vie pendant 13 et 16 ans et ont laissé leur trace. Il peut exprimer sa gratitude, son chagrin, sa colère, et ses encouragements sur le chemin.

À l'adolescence, au moment même de la grande poussée hormonale qui fait de la fille une femme, et du garçon un homme, Olivier a perdu une part de son énergie de vie, de son envie de vivre et de sa raison d'être. Il s'est perdu de vue et a cessé de s'accorder l'importance qu'il se doit à lui-même. Le moment est venu pour lui de reprendre les commandes et le cap de sa vie.

Le cataclysme du viol

Sur le chemin de la croissance, l'accident de parcours qui semble dépasser tous les autres, c'est le viol. Me revient présentement le souvenir de six clientes. L'abus subi ne provoque pas seulement un arrêt partiel de l'élan de vie, mais une sorte de déflagration de la petite personne en cours de construction. Il est comme un séisme qui disloque le corps physique, un tsunami qui submerge le corps émotionnel, de la foudre qui débranche le mental, une malédiction qui souille le corps spirituel et condamne à l'indignité. Ces comparaisons un peu grandiloquentes essaient de rendre compte du choc morcelant et multidimensionnel que représente le vécu du viol. L'enfant dans la solitude subit tout le pis de l'adulte : la violence, l'intrusion, la trahison et l'abandon. La plupart du temps, la peine lui est infligée par les adultes qui lui sont le plus proches, en qui il a confiance et qui sont censés le protéger : un père, un oncle, un grand-père qui l'agresse, une mère, une grand-mère, une tante qui ne veut ni rien voir, ni rien entendre.

L'expérience dépasse toute capacité d'adaptation et d'intégration de l'enfant, et il faudra à l'adulte, qu'il devient, beaucoup de temps pour rassembler les morceaux et retrouver un semblant de soi-même.

D'abord parce qu'il y a l'oubli. Le plus souvent, la sidération est telle que l'enfant sort de son corps, l'esprit s'en va et la mémoire est enfouie. Et d'autant plus enfouie qu'il s'y ajoute l'incapacité de comprendre et la surdité de la famille. En psychanalyse, on parle de refoulement dans l'inconscient, en psychoénergie d'énergie-conscience congelée, en chamanisme d'un bout d'âme perdu. Dans tous les cas, le souvenir est hors temps, hors d'accès à la conscience.

Pourtant, le mal-être est là. Et c'est peu à peu par les symptômes que les abusées vont s'approcher de l'impensable horreur. Dans le corps, il prend la forme du dégoût, de la peur de l'intimité ou du rejet du contact. Le corps peut être déserté, insensible, surtout dans sa partie basse. Il peut s'être enrobé, pour se cacher et se protéger. Dans les relations, rien n'est simple. Souvent, une immense méfiance à toute intrusion est paradoxalement couplée à une fausse gentillesse, une douce séduction et une propension facile à la soumission malgré soi. L'image de soi est très atteinte, avec un jugement d'indignité radicale et un ressenti de saleté ou de souillure. La charge émotionnelle est immense entre désespoir profond et colère noire.

L'émergence du sujet tabou se fait peu à peu. En regardant les conditions de naissance, une personne met mal à l'aise ; une image étrange surgit dans un voyage chamanique ; un rêve propose une scène vraiment choquante ; une descente dans les sensations du corps amène devant une porte que l'on n'ose pas ouvrir, mais que l'on va ouvrir. Le plus spectaculaire et poignant qu'il m'a été donné de voir et accompagner, a été l'écriture automatique d'une cliente, qui, dans un état spontané de conscience modifiée, s'est vue dicter toute la vérité par la petite fille restée cachée en elle, une vérité toute crue, avec des mots de petite fille, et les soubresauts physiques et les sanglots qui vont avec.

La catharsis, le dévoilement de la mémoire taboue, est physiquement et émotionnellement très ébranlante, à proportion du séisme, du tsunami, du foudroiement et de la malédiction de l'événement lui-même, chronique ou pas. L'apprivoiser peut prendre du temps et appelle une immense bienveillance. Rien ne peut être imposé. Parfois, toute la catharsis du dévoilement ne se fait pas et le doute reste.

Le plus critique est d'oser faire face à ce qui s'est effectivement passé et de l'admettre pour vrai. L'impensable est impensable et son acceptation est une déchirure dans le principe de réalité, dans la version officielle de ce qu'était jusque-là l'histoire de vie de la personne et de sa famille. À ce stade, l'adulte a reconnu la petite victime en elle, et c'est déjà beaucoup.

Le chemin final de l'apaisement, au-delà du chagrin et de la colère de la victime, dépendra de chacun. Dire ou ne pas dire, réclamer justice ou pas, appeler plus grand que soi pour transmuter. J'ai été témoin d'une libération de parole très salutaire, qui a fait avancer toute une famille. J'ai vu une prise de parole avec engagement associatif très bénéfique pour la personne, mais sans effet familial. J'ai vu un renoncement à la prise de parole, accompagné d'une maladie, mais suivi d'un détachement serein. J'ai vu un livre s'écrire.

3. Dévoiler au plus profond les scénarios de vie qui se sont écrits, pour les désactiver

Revisiter l'histoire d'origine apporte le baume de l'attention aux parts d'énergie-conscience enfantines profondément enfouies.

Mais il y a plus encore. De véritables scénarios de vie peuvent faire surface. Il est évident que les conditions de naissance, puis de croissance, conditionnent, au sens plein du terme. Mais ce conditionnement apparaît de façon encore plus aveuglante, quand des scénarios se présentent.

Bien qu'il n'y ait *a priori* pas de mentalisation dans ces âges les plus tendres, il semble bien qu'il y ait conscience, sous une forme ou une autre, car ce sont de **véritables dramaturgies de vie qui peuvent se mettre en place** à ce moment-là. Le petit être ne connaît pas d'autre monde que celui où il se trouve, il en a une perception plus que partielle, et essentiellement physique et émotionnelle. Mais avec cette expérience première, il va se fabriquer **un script** sur sa propre place, sa raison d'être ou pas, dans un monde à sa façon, sorte de projection de soi, de l'autre et de la réalité déterminante pour la suite de sa vie.

Remonter à la source ne permet pas toujours de faire émerger un scénario originel. Des bribes peuvent se présenter, ou plusieurs scénarios complémentaires ou en couches successives. Une archéologie des profondeurs et un travail de déblayage préalable sont en général nécessaires. Y parvenir ouvre la porte à l**a possibilité d'un déconditionnement**, car il s'agit d'un imaginaire d'enfant et d'une interprétation réductrice de la vie. Avec une conscience d'adulte, **l'illusion peut se dégonfler** comme une baudruche ou l'histoire peut être enrichie et racontée autrement.

L'amour n'est pas pour moi

Danièle, 60 ans, belle situation, un fils, mais une vie affective moins réussie. Finalement, elle se définit comme une solo. Elle pose le prénom de sa mère et celui de son père. Sa mère a perdu la sienne jeune d'une fausse couche. Elle a juré qu'en femme moderne, elle planifierait ses grossesses. Son père rêve d'un fils pour être le père qu'il n'a pas eu. Les jeunes parents croyant à leur bonne étoile ne prennent pas de précautions et la vie trouve ainsi son chemin. Danièle est une fille et n'arrive pas à la bonne heure. Maman est très contrariée et inquiète. Contrariété incomprise par le père qui est plutôt fier de sa future paternité, dispute et incommunicabilité entre les deux, mais l'avortement n'est pas envisagé, le projet d'enfant est finalement accepté et la grossesse est bien vécue. Vibrations négatives, quand même, dans les eaux de la mère et le petit embryon y baigne et s'y confond. Impression confuse qu'elle n'est pas tout à fait bienvenue. Pas de problème notable du côté de l'accouchement. Mais dès les premiers moments, l'allaitement ne se passe pas bien et le personnel de la clinique ne semble pas avoir aidé. La jeune mère est très contrariée : « Tu ne voulais pas de mon lait », dira-t-elle encore cinquante ans plus tard, et le bébé très certainement aussi. Pour Danièle, c'est le déclic. C'est là, ressent-elle, que, confusément à cet âge si tendre, elle a **cessé de croire en la possibilité de l'amour** : la phrase « l'amour n'est pas pour moi » s'impose. Elle se voit/sent bébé à la clinique arrivant à cette conclusion définitive pour le reste de sa vie et au choix de vivre, ainsi, plus pour les autres que pour elle, la mort dans l'âme et le cœur sans illusion. Toute joie l'aurait désertée à ce moment précis. Un peu d'anorexie à l'adolescence, beaucoup d'autosuffisance à l'âge adulte, une vie amoureuse chaotique et désenchantée, derrière une vie sociale réussie, paraissent bien refléter cette interprétation originelle des conditions de naissance. Tout un travail de réaccueil intérieur commence alors pour ce petit bout d'âme désespéré, mais enfin compris, rassuré et encouragé à s'ouvrir à une réalité plus grande.

D'un point de vue adulte, les conditions de naissance de Danièle ne sont pas vraiment dramatiques et l'on peut s'étonner d'une blessure/fermeture aussi précoce. Mais sans doute les embryons sont-ils plus sensibles qu'on le croit et certains plus que d'autres. Le mal-être psychologique de la mère, son anxiété, sa contrariété, qui peuvent être vécus comme une légère hostilité, peuvent suffire à un petit être qui n'est que vibration, baignant dans les eaux vibrantes de sa mère et confondue avec elle.

Rien ne me séparera jamais de mes parents

Éliane, 50 ans, vit en couple avec une fille adolescente et occupe une bonne situation professionnelle. Elle a déjà fait un travail sur soi. Elle vient consulter, car une phrase étrange lui a traversé l'esprit et elle a du mal à s'en défaire : « Je ne survivrai pas à mes parents ». Elle est effectivement fille unique et proche de ses parents, mais à ce point, elle est surprise.

Je lui propose de repasser par ses conditions de naissance et, avec l'aide des feuilles sur le sol, un scénario d'enfant se dessine assez vite. Les deux parents ont beaucoup souffert dans leur enfance de l'absence d'un parent et de façon tout à fait symétrique. Le père est orphelin de père, fils naturel plus précisément. Grâce aux grands-mères, les premières années se passent plutôt bien. Puis, quand il a 9 ans, la mère se marie et le beau-père s'avère un parâtre. La vie devient sombre pour les dix années qui suivent et le jeune homme en porte des stigmates, auditifs et digestifs. La mère, de son côté, devient orpheline de mère à 11 ans. Le père se remarie, la belle-mère se comporte en marâtre et le père prend parti pour cette dernière. Les années qui suivent sont sombres et le moral de la jeune fille s'en ressent jusqu'à subir des électrochocs. Éliane naît dans ce contexte, avec deux parents qui parlent beaucoup de leur souffrance d'enfance et bien décidés à être les bons parents qu'ils n'ont pas eus, pour que leur fille, elle, soit heureuse. Toute petite, Éliane va en conclure trois choses : qu'un enfant séparé de ses parents est en danger mortel ; que ses parents ont beaucoup souffert et qu'ils sont plus importants qu'elle ; qu'elle a tout pour être heureuse puisqu'elle a deux parents, ce que ses parents lui disent aussi. Elle en tire une mission de vie toute tracée : rendre ses parents heureux, en étant la fille heureuse de bons parents, heureux d'avoir une fille heureuse... En séance, à mesure que la clarté de ce scénario se dessine, Éliane retrouve des pensées ou visions. La première date de l'enfance. C'est la pensée que « rien ne doit la séparer de ses parents, même de l'épaisseur d'un papier à cigarette ». Elle se rappelle ensuite l'état dépressif qui apparaît à l'adolescence, comme si elle ne se voyait plus d'avenir, et lui revient le souvenir d'une vision mortifère, où elle assiste à une scène d'enterrement, le sien. Éliane voit le lien. Sa mission de petite fille heureuse de parents heureux est intenable, ; inexorablement, la vie la fait grandir et l'éloigne de ses parents. La phrase qui se rappelle à elle à 50 ans, « je ne survivrai pas à mes parents », relève du même scénario et apparaît à point nommé pour la libérer de sa mission inconsciente de l'enfance. Par la prise de conscience et les émotions qui en découlent, le processus de dénouement de cette hyperloyauté se met en route.

Les difficultés de l'enfance sont souvent associées à la défaillance des parents, à leur manque d'amour, voire à leur violence. L'absence de « bons parents » est la plainte la plus répandue et l'explication la plus habituelle au mal-être ultérieur de l'enfant devenu grand. Dans le cas d'Éliane, il n'y a pas de mauvais parents, il y a des parents attentionnés, dont elle est la prunelle des yeux, et pour lesquels elle développe une hyperloyauté quasi sacrificielle. Il n'y a pas défaut de parent, mais plutôt **excès de parent**. L'histoire d'Éliane est exemplaire du syndrome de **l'enfant thérapeute**. Les adultes tourmentés ne sont pas tous des anciens enfants maltraités, beaucoup ont été bien traités et ont été, en retour, de bons bébés. Mais **la plainte cachée du trop bon bébé a souvent beaucoup de mal à se découvrir** et se faire entendre. Tel est le scénario d'Éliane, heureusement dévoilé, et dont elle peut maintenant se délier, avec sa conscience d'adulte, sans trahir ses parents.

4. Et pourquoi pas ? Renverser ou réécrire ces scénarios, pour s'en détacher

Nos conditions de naissance nous conditionnent. À partir de ce contexte d'arrivée totalement singulier et pas du tout représentatif de toutes les possibilités de la vie sur terre, et avec notre talent tout à fait unique aussi à percevoir les choses, nous nous inventons une histoire, nous nous fabriquons un rôle dans le théâtre de la vie, une partition limitée dans le concert du vivant, dont nous devenons prisonniers. **Comme un acteur, qui oublierait qu'il est autre chose que son premier rôle.**

Pouvoir retourner aux conditions de naissance et parvenir à dévoiler un ou des scénarios infantiles ne peut être que libérateur. Délesté des charges émotionnelles, démailloté des croyances mentales, délié des serments moraux originels, l'être d'énergie-conscience que nous sommes retrouve sa liberté d'être. **Avec plus de légèreté dans la vie, nous pouvons redevenir créateurs ou auteurs.** Et pourquoi ne pas, alors, renverser ou réécrire les scénarios avec une pointe d'humour. Avec certains de mes clients, nous nous sommes livrés à ce jeu.

Une vraie fille !

Élise a grandi en garçon. Avec une mère souffrante dans sa tête et un père plus présent et désireux d'avoir un fils, elle a pris refuge auprès de lui et en a fait son modèle. Éducation de la volonté, selon les valeurs paternelles, et franche camaraderie avec la gent masculine ont été un atout dans sa vie sociale, beaucoup moins dans sa vie amoureuse. Après un travail approfondi sur elle-même et dans le cadre d'un long voyage chamanique accompagné, elle a pu s'offrir l'expérience quasi cellulaire de renaître au sein d'une famille amérindienne et d'y refaire tous ses pas de croissance, : maternée, protégée, puis initiée par sa mère Fleur de soleil, son père

Dent de loup, sa grand-mère Ourse bonne et son grand-père Loup gris. Dans ce voyage, vécu quasi cellulairement, son père, bien sûr, lui a appris à monter à cheval et elle n'a rien à envier aux garçons au tir à l'arc. Mais elle a pu aussi s'ouvrir à l'intimité complice de sa mère, à sa qualité d'énergie féminine, s'initier avec elle aux arts des plantes médicinales, des broderies, de la peausserie, de la cuisine et des rituels d'hommage à la puissance du féminin, à la terre-mère et à la lune. Elle a pu revivre initiatiquement l'arrivée de ses règles avec ses consœurs, puis dans les danses se retrouver du côté des filles, face aux garçons et participer aux jeux de la séduction. Une restauration de son féminin par l'imaginaire, dans l'imaginaire.

Le bien vivant !

Denis est un jeune senior, mais il présente le plus souvent l'apparence d'un jeune garçon triste et fatigué, qui n'a pas une grande estime de soi. Un premier travail nous amène à voir combien il est marqué par le sentiment d'avoir déçu son père, de ne pas être le garçon dont son père pourrait être fier, contrairement à son frère cadet, alors qu'il est l'aîné. Nous allons retrouver des bouts d'énergie-conscience infantiles meurtris à quelques moments de la vie et nous complémentons par des soins énergétiques de renforcement. Nous n'en sommes qu'au début de l'accompagnement, mais intriguée par une telle mésestime de lui-même, je lui propose le raccourci d'aller revoir ses conditions de naissance. Le contexte de son arrivée sur terre est tout sauf plein de vie. Nous n'entrons pas dans l'histoire des parents, mais dans l'actualité du tout-petit, qui est mortifère. Juste avant son arrivée, une petite fille prématurée est morte à 6 mois de grossesse, et, juste après lui, un petit garçon meurt au même âge dans les mêmes conditions. Il faudra attendre 5 ans pour qu'un nouvel enfant naisse viable, le fameux frère cadet. Après réflexion, Denis prend conscience que son frère cadet a pu vivre parce qu'on lui a changé son sang à la naissance. Avec, ce lien, la situation commence à s'éclaircir. Les morts prématurées prennent sens. Les parents n'ont pas le même rhésus et la mère est rhésus négatif. Les deux enfants partis prématurément devaient être de rhésus positif, contrairement à leur mère, et l'état de la médecine n'a pas permis de les sauver. Denis a eu de la chance. Également de rhésus positif, différent de sa mère, il a malgré tout tenu le coup et est arrivé bien vivant. Grâce à lui, ses parents ont pu être rassurés sur leur capacité à être père et mère, fiers d'eux-mêmes, et pendant 5 ans, il a représenté la vie dans la famille. La séance se termine avec un retournement de perception de soi : Denis est le survivant bien vivant, le rayon de soleil qui a apporté l'espoir et incarné la vie dans la famille. Ses parents ne peuvent que lui en être reconnaissants et Denis se voit alors dans toute sa gloire d'être le bien né.

Quatre pères d'un coup !

Gabrielle vient me voir depuis longtemps. Très brillante, très créative et très sombre à la fois, elle déclarait avec grâce et panache qu'elle ne s'aimait pas et qu'elle n'aimait personne. Il est vrai que la vie n'avait pas été que bienveillance avec elle, surtout à l'adolescence. Avec le temps, beaucoup de soins et de paroles, et grâce aussi à la grande confiance qu'elle a bien voulu m'accorder, elle a lâché peu à peu son désamour d'elle-même, des autres et de la vie, et trouvé en elle et autour d'elle des ressources inépuisables de curiosité et d'émerveillement. Les séances sont l'occasion d'improvisation et je lui propose un jour de retourner sur ses conditions de naissance, ce que nous avons déjà fait en partie, mais l'état de conscience a changé et permet plus de clarté et moins de charge émotionnelle.

De nouveaux papiers sont posés pour décrire son contexte de conception, et, ce qui jusque-là était perçu comme un drame insurmontable, apparaît sous un autre jour finalement plus ludique. Gabrielle est le plus probablement une enfant naturelle. Elle a un père officiel, mais sa mère l'a conçue, au moins en pensée, avec quelqu'un d'autre. Fiancée à un GI américain juste après la guerre, elle a été aussitôt abandonnée par lui, qui n'est jamais revenu des États-Unis. La jeune femme ne s'est jamais remise de cet abandon et a cherché au travers d'autres Américains le prince charmant perdu. Hank, Rick, John ? Gabrielle se souvient de ces trois prénoms et d'avoir vu au moins l'un de ces hommes quand elle était petite. La version triste de l'histoire est que Gabrielle n'a pratiquement pas eu de contenant parental : elle a eu à peine une mère, qui, profondément dépressive, s'est suicidée quand Gabrielle avait 20 ans. Elle n'a pas eu vraiment de père non plus, car le père officiel, peut-être géniteur ou peut-être pas, était rude avec elle, jusqu'à lui dire un jour qu'elle n'était pas sa fille, de toute façon.

Mais un autre regard beaucoup moins triste et plus porteur de vie est possible. Il s'est mis à sauter aux yeux de Gabrielle lors de cette seconde visite de ses conditions de naissance. Sous ce nouvel angle de vue, Gabrielle ne peut qu'être un être exceptionnel : il aura fallu rien moins que quatre pères ou quatre hommes pour la fabriquer. Grand éclat de rire. Et il est vrai que Gabrielle sort de l'ordinaire : sur le mode senior maintenant, elle est grande et belle comme un mannequin, intelligente et spirituelle comme un grand esprit ou une vieille âme.

Pouvoir jouer à renverser ou réécrire ses conditions de naissance est certainement une plaisante façon de se libérer de leur emprise. Quel qu'en soit le moyen, l'important est de pouvoir prendre du recul et s'en détacher autant que faire se peut. **Rester fixé sur son scénario d'enfance et attaché à sa souffrance** et ses croyances est l**e plus sûr moyen d'en rester la victime**, bourreau de soi-même et souvent des autres du même coup. **Il n'y a pas d'autre chemin vers la liberté d'être que de lâcher prise.**

En résumé

Nous sommes des graines d'énergie-conscience. Telle la graine de fleur qui dépend totalement de son environnement pour se déployer pleinement, nous dépendons essentiellement de nos conditions de naissance et de croissance pour nous épanouir. Là se mettent en place, couche après couche, les tensions dans notre corps, les douleurs dans notre cœur, les présupposés dans notre mental. Là s'écrivent plus ou moins explicitement des scénarios de vie qui guident nos conduites et handicapent notre liberté d'être. Remonter aux conditions de notre arrivée sur terre, puis de notre enfance, et en replanter le décor avec ses protagonistes, de l'époque, son contexte familial et collectif, peut être un bon raccourci pour aller retrouver des parties oubliées et enfouies de nous-mêmes et les remettre en mouvement. Conception, gestation, naissance, maternage, autonomisation… apporter le baume de l'attention à chacune de ces étapes est libérateur d'émotions et d'incompréhensions retenues depuis l'âge tendre. « Il était une fois »… revisiter la situation factuelle de notre arrivée remet aussi de la lumière et du principe de réalité adulte, là où il n'y avait qu'obscurité et fantasmes d'enfant. Et au plus profond, nous pouvons retrouver des scénarios bien cachés, dont nous sommes prisonniers, comme un acteur qui n'aurait retenu que son premier rôle. Nous pouvons en rester les victimes ou choisir de changer de regard, nous en détacher, lâcher prise.

Et vous ?

Questions

1° Avez-vous un souvenir *très clair, plutôt clair, plutôt pas clair, pas clair du tout* **de votre prime enfance, de votre enfance, et votre adolescence ?**

2° Vous est-il assez facile d'y retourner, *pas vraiment facile ou résistez vous-même à l'idée d'y retourner voir ?*

3° Quels sont les faits ou situations qui vous semblent avoir été marquants pour vous ? *Les positifs et les négatifs. Les avez-vous intégrés ou pas encore ?*

4° Pourriez-vous en établir une chronologie, *comme si vous deviez raconter l'histoire d'un personnage à quelqu'un. : « il était une fois »…*

5° En la découpant en chapitres, *quels seraient les chapitres ?*

6° Plus en détail, *comment seraient les chapitres* **conception, gestation, naissance**, *puis* **maternage**, *puis école* **maternelle**, *puis école* **primaire**, *puis* **teenager**, *puis* **adolescent**, *puis* **jeune adulte ?**

7° Y a-t-il un script unique *ou pourriez-vous en écrire plusieurs ?*

8° Quel serait le ou les fils conducteurs ? *le ou les moteurs explicatifs ? le ou les thèmes sous-jacents ou récurrents ?*

9° Y a-t-il eu un événement ou une situation vraiment traumatique pour vous dans l'enfance et qui vous pèse encore lourdement ? *Que pourriez-vous faire, comment pourriez-vous vous faire aider pour vous en détacher ?*

Suggestions

1° Donnez-vous le temps et l'espace de visualiser vos conditions d'arrivée, en posant autant de feuilles et de prénoms qu'il y a de personnes significatives à l'époque de votre conception, gestation, naissance.

Posez les feuilles sur le sol, en respectant bien les niveaux générationnels :

Vos jeunes parents côte à côte, leurs parents au-dessus, les frères et sœurs nés avant vous en dessous.

Regardez et laissez venir les questions, les souvenirs, les ressentis.

Comment cela pouvait-il être pour la petite graine d'énergie-conscience que vous étiez ?

Est-ce un exercice facile ? Est-ce que tout est limpide ? Voyez les interrogations qui vous viennent, les ressentis agréables et désagréables, les zones d'ombre.

2° Donnez-vous les moyens d'aller plus loin, en interrogeant vos proches, en regardant les photos, les livrets de famille…

Est-ce facile de poser des questions ? Ou, au contraire, difficile, inhibant, gênant, effrayant de solliciter ces mémoires intimes, si précieuses pourtant puisqu'il s'agit de vous tout petit.

3° Des personnes importantes réapparaissent-elles, que vous aviez oubliées ou qui sont oubliées, dans le non-dit (fausse couche ou IVG, jumeau possible, enfant mort, géniteur, grand-père ou grand-mère, oncle, tante…) ?

N'oubliez pas de les faire figurer, car ils constituent votre environnement d'origine. Peut-être n'êtes-vous pas au rang de fratrie que vous croyiez ? Vous pourrez faire avec elles, plus tard, un Dialogue de Clarification ou de Reconnaissance, comme indiqué dans le prochain chapitre.

4° Une fois votre naissance bien posée, avec votre feuille, vous pouvez continuer l'histoire du nourrisson que vous êtes et de l'arrivée possible de frères et sœurs.

Les choses changent-elles ? Quel est le ressenti de l'enfant que vous étiez, comment cela se passait-il avec le père, la mère, la fratrie ? Quels étaient votre place, votre rôle ?

5° Voyez-vous une vision de vous-même, des autres, du monde se dégager de cette première étape de vie ?

6° Et après, comment se passe le chapitre école, puis le chapitre teenager, puis le chapitre adolescent, puis le chapitre tout jeune adulte ?

7° Voyez-vous un fil conducteur, un thème récurrent, un scénario se dégager ?

8° Si vous êtes en thérapie, accompagné d'une manière ou d'une autre, n'hésitez pas à apporter ce matériel.

CHAPITRE V

APPORTER L'APAISEMENT AUSSI À LA RELATION : DIALOGUE DE CLARIFICATION ET DIALOGUE DE RECONNAISSANCE

I. Le principe de l'apaisement de la relation et le Dialogue de Clarification

1. La relation aussi appelle le baume de l'attention

Pour remettre en mouvement toute l'énergie-conscience que nous sommes, nous avons, en premier lieu, exploré la pratique du Process ou de descente dans les sensations du corps. Nous avons, ensuite, décrit l'approche plus volontariste de la Visite des Conditions de Naissance et de Croissance, pour repérer les conditionnements, voire les scénarios, qui nous limitent. Ces deux approches sont centrées sur la personne.

Au fil de l'expérience, toutefois, **une pratique complémentaire, plus relationnelle**, s'est peu à peu imposée. Les événements de notre vie se passent toujours en relation et nous amènent automatiquement à en retrouver les protagonistes : mère, père, frère, oncle, grand-père, institutrice, partenaire, patron... Qu'on le veuille ou non, à chaque interaction, **les champs énergétiques se mêlent et s'emmêlent**.

Qu'il s'agisse d'un acteur vivant ou défunt, adulé, abhorré ou totalement escamoté, **le lien à la personne reste actif**, consciemment ou inconsciemment. Dans un monde énergétique où tout est là et relié, vouloir couper le lien en tournant le dos, vouer aux gémonies ou donner un pardon de surface, ne suffit pas. **L'empreinte de la relation reste à tous les niveaux, physique, émotionnel, mental et spirituel.**

La relation demande donc, elle aussi, d'être abordée pour être clarifiée et démêlée. Elle aussi appelle le baume de l'attention.

C'est ainsi que le travail de rencontre avec soi à l'intérieur gagne à s'étendre à **un travail avec l'autre** en conscience. La psychoénergie, qui danse entre énergie et conscience, invite à l'improvisation et permet l'invention. Je livre ici une pratique, formalisée peu à peu : le **Dialogue de Clarification** et sa variante, le **Dialogue de Reconnaissance**.

Le Dialogue de Clarification est à la fois **une démarche d'exploration de la relation et un guide ritualisé de dialogue** avec l'autre. Idéalement, il se pratique avec un accompagnateur, **dans l'ici et maintenant d'une séance**. Quand la relation à une personne se présente, que le moment est venu d'explorer et que l'on est prêt à le faire au-delà du règlement de comptes. Mais rien n'empêche de s'y atteler seul, si le besoin s'en fait sentir, l'intention bien alignée et avec la possibilité d'y revenir.

2. Clarifier l'ambivalence

Aucune relation n'est absolument parfaite, ni absolument mauvaise, et il en est de même pour l'interlocuteur qui se cache derrière. **Toute relation est ambivalente**, certes à des degrés divers, mais chacune a sa part d'ombre et sa part de lumière, sa part qui a été contributive à la vie et celle qui ne l'a pas été.

Souvent, malheureusement, nous n'avons pas ce recul et, avec les personnes qui nous ont été proches, nous vivons souvent dans **l'illusion du tout ou rien**.

D'un côté, nous idéalisons l'autre et ne lui accordons que des qualités. « *Ma mère était une sainte* », dira l'un, s'obligeant à une **sorte de culte**, tout en escamotant ses petites souffrances d'enfant, inavouables avec une mère si sainte. Dans les faits, pourtant, celle-ci a pu être dure, rigide, frustrée, et a peut-être bien fait sentir à chacun combien elle se sacrifiait.

De l'autre côté, nous pouvons diaboliser totalement quelqu'un et la relation avec, parce que la souffrance a été grande et la rancœur à proportion. Tout est **empoisonné par la mauvaise expérience** et il devient, alors, impossible de reconnaître une qualité ou un acte positif de cette personne, même si elle nous a apporté quelque chose. Une grand-mère dragon, par exemple, trop sévère à notre goût, a pu nous montrer, malgré tout, qu'il faut avoir du caractère pour s'en sortir.

Une grande part du chemin vers l'apaisement de la relation est de **sortir de l'illusion** que tout est blanc ou noir et d'y **remettre de**

la réalité. Cela passe par **faire le tri** de ce qui a été nourrissant, peut s'intégrer et donner lieu à remerciement, de ce qui ne l'a pas été, pèse encore et peut être déposé.

L'important est **que le bon soit reconnu et gardé et le moins bon nommé aussi et lâché**. Sans ce travail de clarification et de reconnaissance explicite des cadeaux et des contentieux, il semble difficile qu'il puisse y avoir vraiment pardon, sauf du bout du cœur et en continuant de se sentir supérieur à l'autre.

Il va de soi **qu'un travail d'inventaire et de libération émotionnelle préalable** est nécessaire pour que cette démarche puisse se faire. Le dialogue ritualisé vient ensuite.

3. Démêler les confusions pour rendre à chacun sa place

Personne ne se limite non plus à la relation qu'il ou elle a eue avec nous : père, mère, frère, collègue, conjoint, enfant, amant... **Chacun est une personne à part entière**, multifacette, avec une histoire de vie bien à soi : enfant aussi, puis adulte ensuite, avec une face souffrante certainement et une face plus lumineuse également.

Le Dialogue de Clarification sert aussi à cela. À **rendre à chacun toute sa place**, en démêlant les réductions et confusions interpersonnelles. Un fils est mort, la sœur n'a pas à porter, en plus de la sienne et du chaos ambiant, la peine de ses parents. La mère a perdu la sienne trop tôt, l'enfant n'a pas à compenser ce terrible manque d'amour. Violent, déprimé ou coureur de jupons, le père est défaillant, le fils n'a pas à jouer le rôle de l'homme de substitution auprès de sa mère.

C'est pourtant ainsi que les choses se passent le plus souvent dans l'inconscient des cœurs et des corps et toujours dans les champs énergétiques. Charges émotionnelles imbriquées, croyances et jugements répétés, streamers et cordes envahissantes, allégeances et loyautés excessives, d'un individu à l'autre, d'une génération à l'autre, **la confusion des expériences et des rôles règne et l'on ne sait plus qui est qui, ni quoi est à qui**.

La clarification s'impose ici alors, pour que chacun retrouve son individualité singulière, sa place pleine et entière, dans sa génération et sur son chemin de vie unique.

4. Toutes situations, toutes personnes

Prêter attention à la relation peut concerner un **large panel de personnes** et de situations.

La situation peut être **d'actualité** : le père vient de décéder, et il s'agit d'accompagner le travail de deuil ; un conflit récent avec une collègue continue d'empoisonner la vie ; le dernier coup de téléphone de la sœur a fait remonter tout le passif de l'enfance.

Il peut s'agir d'une personne **vivante**, qui émerge dans le souvenir d'un traumatisme : l'oncle qui a abusé ; la mère dépressive qui n'était pas là ; le père qui est parti ; la tante fusionnelle.

Ce peut être aussi une personne **défunte que l'on a connue** : la grand-mère tyrannique qui a imposé sa loi dans la famille ou le petit frère mort d'une péritonite.

Ou enfin une personne **décédée que l'on n'a pas pu connaître** : l'embryon que l'on n'a pas gardé ; l'arrière-grand-mère fille-mère qui a dû cacher sa faute ; l'arrière-grand-père abandonné sur les marches de l'église.

Toutes ces personnes existent à leur manière, elles sont ou ont été énergie-conscience, et elles sont présentes, au minimum sous forme de traces **dans le champ énergétique de chacun de nous**. Il est possible d'entrer en contact dans cette dimension vibratoire, et tout au moins avec **le ressenti que nous en éprouvons toujours**.

5. Le Dialogue de Clarification : un principe simple

Dans son aspect concret, la pratique est simple. C'est un cadre de travail qui prend ensuite sa propre vie à chaque séance. Nous en décrivons ci-après les principales étapes. Précisons que ce guide n'est pas un dogme, les formules utilisées sont à suivre dans l'esprit, pas nécessairement à la lettre.

Espace du dialogue

En premier lieu, il s'agit de **créer un bel espace de parole**, dans le respect et la bienveillance.

Celui-ci comprend *la personne qui travaille et son accompagnateur*, aussi présents que possible dans toutes leurs dimensions, au-delà du seul mental.

Des accessoires viennent compléter l'espace.

Deux symboles, images ou objets évoquant le « plus grand que soi », vont faire office de présences aidantes, quelle que soit la forme que l'on veut bien donner à ce « plus grand que soi » : univers, forces de guérison, entités spirituelles protectrices, grand champ unifié de conscience... Un premier symbole sera présence aidante pour la personne qui travaille et le seconde pour la personne à laquelle elle s'adresse.

Une bougie apporte sa lumière, signifie l'intention bien alignée du travail, et aidera à marquer le début et la fin du dialogue ritualisé.

Trois objets symboliques complètent la panoplie. Les deux premiers objets concernent la personne à qui l'on s'adresse : le premier, dit positif, représente le bon, *ce qui a été contributif à la vie dans la relation* avec cette personne et qui sera gardé. Le second, dit négatif, symbolise le moins bon, ce qui n'a pas été nourrissant, mais, au contraire, *plus ou moins toxique*, et qui sera rendu, déposé.

Le troisième objet concerne la personne qui travaille et va faire à la fin un retour sur soi. Il représente *ce qui lui pèse encore* et qui ne peut être imputé et rendu à l'autre personne. Il pourra alors être confié à la présence aidante.

Des feuilles de papier blanc : une seule pour le dialogue ritualisé ; plusieurs, éventuellement, pour la phase exploratoire.

Déroulé du dialogue

Une **exploration préalable** de la relation, est toujours nécessaire. Elle permet d'aboutir à un inventaire suffisamment profond pour préparer le **dialogue ritualisé**. Elle gagne à se faire une fois l'espace et les accessoires déjà mis en place.

Prénom (s) et papier(s) sur le sol

La personne qui travaille, *écrit* le prénom *de l'autre personne* (mère, oncle, grand-père, petite sœur mort-née, fils, conjoint...) *sur une feuille de papier blanc à l'italienne*. Il s'agit d'une personne entière avec toute son histoire, pas seulement de maman, papa, papy, petite sœur, fils... Donc, par exemple, « Teresa ».

Le dialogue se fait avec un seul interlocuteur. Il s'agit souvent, cependant, d'un *système relationnel* et, la plupart du temps, familial. *Lors de l'exploration* de l'histoire de la relation, il peut donc être utile de visualiser *les personnes les plus impliquées* dans le scénario de la relation. Chacune est disposée *sur sa ligne générationnelle, sur autant de feuilles*, et dans l'ordre de la fratrie. Il pourra en découler la découverte qu'il y a besoin de plusieurs dialogues à faire ultérieurement.

Le dialogue ritualisé en « je » et en « tu »

Le dialogue est, de fait, un monologue, puisque la personne qui fait le travail est la seule à exprimer sa part de l'échange. Mais la parole est bien dirigée vers une autre personne et n'est pas un soliloque intérieur. Le *dialogue consiste à s'adresser directement et à haute voix* à l'interlocuteur concerné, *en disant « je » et « tu »*. Pour signifier plus la présence de ce dernier et que le dialogue commence, c'est le moment *d'allumer la bougie* qui est placée sur ou à côté de la feuille de la personne interpellée.

La personne, qui travaille, engage le dialogue *en nommant son interlocuteur,* par exemple : « *Teresa, ma mère* », « *Étienne, mon frère, que je n'ai pas connu* »,...

Elle commence alors l'inventaire de la relation en débutant par le positif ou le négatif. Le choix dépend de la dynamique en cours. Parfois, il est important de dégager tout le négatif et son ressentiment pour pouvoir énoncer du positif. Parfois, au contraire, il est important de pouvoir exprimer du positif et de la gratitude avant de pouvoir énoncer du négatif. Admettons que l'on commence par le positif.

Le positif que l'on va garder (ou le négatif que l'on va lâcher).

La personne prend l'objet symbolique du positif dans sa main (droite) et dit :

« *Il y a (eu) de bonnes choses dans notre relation, qui sont (ont été) contributives, nourrissantes pour ma vie et pour cela, je voudrais te remercier.* »

Elle liste concrètement les actes et paroles, les bons moments, les qualités, les valeurs, les modèles, tout ce qui a aidé pour la vie.

Même si la relation a été essentiellement toxique, il est important de donner autant de corps possible à la personne interpellée et de ne pas la limiter au contentieux. Il y a toujours une partie porteuse de vie, une qualité, un petit apport : par exemple, pour un père abandonniste, d'avoir donné la vie, de l'avoir fait dans le désir avec sa partenaire, d'avoir resurgi parfois comme un père Noël chargé de cadeaux, d'avoir été un baroudeur dévoré par la curiosité du monde, d'avoir été un bon vivant…

Une fois la liste détaillée énoncée, la personne *remercie pour ce legs positif* : « *Pour cela, je te remercie, c'est ton cadeau de vie, je le garde en moi et je peux le transmettre* ». L'objet symbolique du positif est posé sur le cœur, comme pour incorporer cette part bénéfique de la relation.

Un temps de pause et d'intériorisation est alors bienvenu et nécessaire. Il permet à la personne d'accueillir, recevoir et ressentir dans son corps, en conscience, cet apport positif, comme une sève nourricière. Elle est déjà là, mais l'accepter, la reconnaître, fait toute la différence pour l'intégrer énergétiquement jusqu'au fond des cellules. Il en ressort souvent une sensation de plénitude.

La partie négative que l'on va déposer (ou positive selon l'ordre choisi)

La personne laisse l'objet positif à côté d'elle et prend l'objet symbolique du négatif dans sa main (gauche).

« Et en même temps il y a (eu) dans notre relation des choses moins bonnes, pas contributives à la vie, qui sont (ont été) difficiles, douloureuses, voire toxiques pour moi. »

La personne liste la part négative : ce que l'autre a fait ou n'a pas fait, des comportements, des gestes, des mensonges, des défaillances, des moments clés, ses propres drames ou convictions qu'il projette sur les autres, les conséquences douloureuses de tout cela.

C'est l'occasion pour la personne qui parle, non pas de crier vengeance, mais de ressentir la souffrance et les émotions (détresse, honte, culpabilité, inhibition, colère, ressentiment, solitude…) que cela a représentées pour elle-même, de se l'entendre dire et de le faire entendre.

Même si la relation a été bonne et qu'il s'agit, par exemple, d'accepter de faire le deuil d'une personne adorée, il y a eu nécessairement de petites zones d'ombre, de l'ambivalence qui méritent d'être reconnues et dites, y compris la douleur et parfois le soulagement du départ.

Une fois la liste énoncée, la personne *dépose l'objet symbolique du négatif sur la feuille de son interlocuteur.* Ce dépôt se fait dans le respect. Il ne s'agit pas de jeter et rejeter, mais de se détacher et rendre en conscience. Les mots suivants guident cette déposition et prennent en compte la présence de l'aide spirituelle de l'interlocuteur :

« Tout cela, je te le rends, j'ai bien conscience que cela a à voir avec ton histoire, mais cela ne m'appartient pas, je demande à (aide spirituelle) de t'aider là-dessus, je n'en ai plus la charge et je m'en libère. »

Un temps de pause et d'intériorisation est alors à nouveau bienvenu et nécessaire. Il permet à la personne de ressentir en elle ce qui se passe, émotionnellement, physiquement, énergétiquement. Il est possible de percevoir ou d'imaginer que les empreintes négatives ou charges qui n'appartiennent pas à la personne, *s'en vont du corps énergétique pour rejoindre l'objet symbolique posé sur la feuille.* Il en ressort souvent une sensation d'allègement.

Le retour sur soi

Le dialogue avec l'autre est terminé, mais avant de lui dire au revoir, la personne en dialogue gagne à faire un retour sur soi.

Elle peut nommer et déposer ce qui lui pèse toujours de la relation et ne peut pas être imputé et rendu à l'autre. Ce peut être sa propre part de responsabilité dans la relation, consciente et inconsciente ; certaines choses qu'elle regrette d'avoir faites ou pas faites, dites ou pas dites. Et c'est, de toute façon la surcharge émotionnelle et mentale qui lui pèse : émotions douloureuses ou agressives, pensées déprimantes ou hostiles, incapacité à se défendre ou à pardonner, malentendus... Tout cela est souvent plus fort que soi et ne peut s'en aller d'un coup de baguette magique. D'où l'utilité de se faire aider pour lâcher prise.

Elle prend son objet symbolique négatif, liste ce qui lui pèse consciemment et inconsciemment, et confie l'objet à son aide spirituelle :

« Chère (aide spirituelle), je te confie tout cela pour que tu m'aides là-dessus et que je puisse m'en libérer. Avec toute ma gratitude. »

Un dernier temps de pause et d'intériorisation est bienvenu et nécessaire. Il permet de lâcher prise de ce qui pèse, conscient et inconscient confondus, et le *laisser partir vers l'objet*, aux bons soins de l'aide spirituelle. Il y a toujours attachement à nos souffrances, ou au moins habitude à vivre avec, ce que Eckhart Tolle appelle le « corps de souffrance »[1]. Il peut y avoir résistance et en prendre conscience, mettre son intention à s'en détacher, est un pas décisif.

La clôture

Il reste à **prendre congé avec respect**.

La personne s'adresse à l'interlocuteur, en tenant la bougie : « *Au revoir X, je te souhaite un bon voyage sur le chemin qui est le tien* » et souffle la bougie.

Elle se lève ensuite, tourne le dos à la feuille de l'interlocuteur et dit : « *et moi je continue sur le chemin qui est le mien* ». Elle peut alors partir droit devant elle et aller faire un tour de la pièce ou de l'appartement, pour signifier et ressentir sa libération et son déploiement mieux individué.

Le principe de ce dialogue est simple, mais la pratique évidemment beaucoup plus complexe. **L'implication émotionnelle et énergétique est puissante.**

Faire la liste, jamais exhaustive, de la partie positive et de la partie négative, remue le passé et fait resurgir les souvenirs.

L'expérience est forte aussi pour l'accompagnateur, comme s'il fallait tenir un espace élargi, chargé, sacré aussi, où passé, présent, futur et éternité se mêlent. *Les personnes interpellées, comme évoquées, convoquées et invoquées, sont présentes à leur manière.* Quelle que soit la forme qu'on leur prête, traces dans le champ énergétique, ondes de forme, âmes en chemin, chacune est un être à part entière avec sa ligne de vie, son histoire, son destin dans le temps et au-delà du temps.

Un immense respect, une immense compassion et un profond sentiment de fraternité humaine emplissent les corps, les cœurs et tout l'espace dans la séance.

1. Eckhart Tolle, *Le Pouvoir du moment présent*, Ariane.

6. Variante : Le Dialogue de Reconnaissance

Le Dialogue de Reconnaissance se fait dans le même esprit de clarté et de bienveillance que le Dialogue de Clarification. Mais il n'y a pas de relation à inventorier, ni gratitude, ni contentieux véritablement, car **il s'agit de redonner sa place à un être d'énergie-conscience**, qui ne l'a pas eue jusque-là ou ne l'a plus, dans la vie consciente de la personne, ni généralement, dans le système familial.

Embryon ou fœtus non venu à terme souvent ignoré ou escamoté dans la mémoire ; enfant vivant, mais mort plus tard, à la fois présent et absent dans les esprits et les cœurs ; *adulte disparu plus ou moins jeune*, dont on peut parler, mais qu'on a évacué de la vie courante ; *adulte plus ou moins jeune que l'on a rayé des mémoires* pour cause inavouable : enfant naturel, géniteur méconnu, parent indigne, membre de la famille qui fait honte à sa réputation, personne internée, suicidée...

Physiquement, il n'y avait pas présence, mais énergétiquement, il y a eu et il y a toujours, sous forme d'**absence qui fait trou**, non-dit et chuchote dans l'ombre.

Le Dialogue de Reconnaissance est là pour restaurer le vide en nommant, en redonnant place et en permettant à chacun de se retrouver plein et entier. Il reprend le principe du Dialogue de Clarification en plus court, car il n'y a pas un grand inventaire à faire, et avec quelques variantes.

Même espace sacré, avec *bougie, deux aides spirituelles,* et *trois objets.* L'objet positif pourra servir de viatique de bon voyage, s'il n'y a pas de remerciement à faire. Le premier objet négatif pourra représenter les souffrances ou problèmes de l'absent qu'on imagine et qu'on lui rend. Le deuxième objet négatif est pour le retour sur soi.

Même principe des papiers et des prénoms, mais sous forme de *système familial,* ou arbre généalogique : chacun à sa place sur sa ligne générationnelle, et dans l'ordre de la fratrie. *Si l'être auquel on s'adresse n'a pas eu de prénom, faire confiance à l'énergie-conscience et lui donner le premier prénom qui vient et placer sa feuille à sa place, avec une croix dessinée signifiant le décès.*

Le dialogue est plus court.

Il commence par la reconnaissance de l'être concerné à qui l'on signifie sa place, son rôle, son statut…

« Bonjour, Emmanuel, tu es mon frère jumeau, parti très tôt dans le ventre de Maman. Tu es le fils de Jacques et de Christiane. Dans la fratrie, tu es le premier garçon et avec moi le deuxième ou troisième enfant derrière Julie. Je te souhaite bienvenue dans la famille. Tu y as ta place maintenant et pour toujours. »

Il continue par ce qui a besoin d'être dit des circonstances du départ si elles sont connues, du plaisir peut-être de la rencontre, de la peine certainement de l'absence et de n'avoir pu se connaître, des conséquences possibles de la disparition dans la vie qui a continué sans lui.

La part négative de la relation, qui est rendue, peut concerner les souffrances ou problèmes de l'absent, qu'on les connaisse ou non, mais dont on n'a pas à avoir la charge.

La part positive peut être difficile à énoncer. L'objet symbolique servira alors de cadeau, cette fois-ci donné, à l'absent, en guise de viatique d'amour pour sa bonne continuation.

Si l'absence a eu des conséquences sur la personne, comme par exemple pour un jumeau ou un frère mort, de se sentir obligée de vivre à sa place, de le remplacer en partie, signe de *confusion entre les deux vies*, il est important à ce stade de bien distinguer les deux feuilles portant les deux prénoms, en insistant sur le fait que chacun est qui il est et a sa propre destinée. Si les feuilles se superposent ou sont collées bord à bord, elles sont décollées.

Dans le cas de la mort d'un frère ou d'une sœur, il peut être nécessaire *d'élargir le dialogue aux parents* et de leur rendre à chacun leur part de peine respective, en déplaçant la bougie et en ajoutant des objets négatifs.

Le retour sur soi se fait de la même manière, **ainsi que la clôture**.

II. Les exemples d'apaisement et de Dialogue

Une seule et grande intention sous-tend ces dialogues ritualisés : celle de **remettre de la clarté et de l'amour, dans nos histoires humaines**, embrouillées et douloureuses.

En voici quelques exemples, organisés autour de thèmes clés.

1. Démêler l'ambivalence d'une relation

Dans une relation, nous l'avons vu, nous percevons rarement l'autre dans son intégralité et un seul point de vue va venir envahir le reste : **le mauvais va empoisonner ce qui a pu être positif, ou le bon, empêcher de voir le moins bon**. Ceci arrive beaucoup dans les relations familiales.

Jérôme et le deuil du père

Jérôme ne se remet pas d'avoir perdu son père, il y a quelques années. Il continue de lui vouer un culte. Il avait de belles valeurs, a bien fait sa carrière, donné une belle éducation à ses enfants, a été exemplaire en toute chose, y compris dans le choix de sa mort. Jérôme a du mal à accepter que son père soit parti avant d'avoir pu échanger vraiment avec lui. Et Jérôme se remet à pleurer. Il n'arrive pas à s'avouer qu'il éprouve un certain ressentiment contre son père et que celui-ci lui a fait défaut. Ce père si parfait n'était pas disponible pour l'enfant qu'il était, mettait la barre très haut pour ses fils, mais sans prendre en compte leurs personnalités propres et, finalement, se sachant atteint par une maladie grave, il a choisi de ne pas se faire soigner et d'abréger ses souffrances, ce qui est parfaitement son droit. Ceci n'empêche, évidemment pas la peine de Jérôme adulte et de l'enfant qui se cache derrière.

Il a fallu un certain temps pour que Jérôme puisse s'engager dans un dialogue authentique avec son père, car dire la moindre chose négative, comme son ressenti de petit garçon en manque d'attention de son père, tenait du crime de lèse-majesté. Il a donc fallu d'abord et avant tout, qu'il retrouve, accueille et accepte sa peine d'enfant pour pouvoir en parler comme un fait authentique pour lui et non comme une attaque contre son père.

Il a fallu aussi qu'il lève le voile sur la propre histoire et éducation de son père. Il a fallu, enfin, qu'en adulte, il se représente le chemin de son père au travers de la maladie pour admettre son droit au libre arbitre.

Ce n'est qu'après ce processus intérieur, qu'il a pu prendre la parole face à son père, d'être humain à être humain : accepter de lui, tout ce qui a nourri sa vie, exprimer ce en quoi il lui a fait défaut, le regretter et accorder le droit à son père de choisir son départ.

Marylise et l'impossible réconciliation

Le cas de Marylise est exactement l'inverse. Le contentieux est tel avec sa mère qu'il lui a été impossible pendant très longtemps d'imaginer de se livrer à un exercice de dialogue authentique avec elle. Peut-être enfant d'un inceste, abusée elle-même, dans un milieu familial apparemment parfait et avec une mère narcissique, elle a choisi de se protéger par un contrôle intellectuel extrême, affichant un profond dégoût pour son corps et une hostilité véhémente à l'égard de sa mère. Il a fallu un long travail de rencontre avec elle-même : sa détresse derrière sa colère et sa défiance, une exploration de l'histoire de la lignée maternelle et la découverte d'un traumatisme de lignée, puis la parole authentique de sa mère lui annonçant une maladie grave, pour que Marylise se sente « presque prête » pour tenter de « parler » à sa mère.

Le plus gros lâcher-prise pour elle, a été d'explorer, puis de reconnaître, puis de remercier pour la part positive qu'elle a pu recevoir d'elle.

La part négative était tellement présente qu'elle apparaissait beaucoup plus facile à énoncer. Mais la difficulté a été dans la façon de la formuler et de la dire : la formuler en partant de son expérience vécue et ressentie de petite fille, d'adolescente et de jeune femme plutôt qu'en faisant la liste de toutes les « fautes » commises par la mère ; la dire en conscience, avec la vulnérabilité et la grandeur d'un être humain, qui s'adresse à un autre être humain, aussi imparfait ou malade soit-il.

À la suite de ce dialogue très courageux, Marylise a pu constater qu'elle se ressentait un peu plus calme dans ses contacts avec sa mère et que quelque chose aussi semblait s'être débloqué de son côté. Un peu plus de fluidité, de vie et de liberté circulent dans la relation.

L'absence d'un proche ou la défaillance d'un parent sera toujours douloureuse. Mais l'expérience peut être vécue en adulte conscient et autonome, et non plus comme un enfant toujours en attente et à jamais débordé par la colère ou le désespoir. Sous réserve, bien sûr, que la souffrance de l'enfant ait bien été entendue et reconnue d'abord.

2. Redonner la place

Certains êtres ont croisé même brièvement l'intimité de notre vie ou celle de notre lignée. Ils ont disparu, et nous ne le savons pas ou nous les avons oubliés. Pourtant, leur présence a interféré avec la nôtre, ou celle de nos parents, et il en reste une trace, une empreinte, d'autant plus s'il y a eu traumatisme et que leur absence appelle en silence.

Alban, mon jumeau, où es-tu ?

Romane, la quarantaine, se plaint de ne s'être jamais vraiment sentie dans la réalité. Elle a exploré de nombreuses pistes thérapeutiques et de développement personnel. Elle a eu de nombreuses expériences extra-extrasensorielles et se sent à la fois attirée et effrayée par le monde d'en haut. Elle a une vie en apparence normale : famille, enfants, profession, amies, avec ce malaise profond, entre crises d'angoisse et plongées dépressives. Au cours des premières séances, consacrées surtout à l'aider à s'ancrer et s'aligner avant de partir en spéléologie intérieure, apparaît peu à peu le fait qu'en rêve, ou en état de veille, il y a un homme très spirituel, elle ou son double masculin, qui l'accompagne toujours et lui permet, par sa présence, d'être malgré tout sur terre. Je lui demande si elle a eu connaissance par sa mère d'un jumeau ou d'une jumelle ? Rien n'est sûr, mais sa mère a un doute à propos d'un saignement en début de grossesse. Je demande à Romane son ressenti et elle se sent tout à fait sûre.

Je lui propose, si elle en est d'accord, de faire un Dialogue de Reconnaissance avec ce jumeau très précoce et elle acquiesce. Je lui demande de trouver un nom pour ce petit être, qu'elle appelle aussitôt Alban, puis d'écrire son propre nom, celui de son jumeau, celui de ses parents et enfin de poser les feuilles par terre devant elle pour visualiser la famille. Elle met bien son père et sa mère en haut, et en dessous, à sa génération, sa feuille et celle de son jumeau, totalement collées l'une contre l'autre. Nous restons un instant ainsi, puis je lui fais remarquer qu'elle est une personne à part entière et son jumeau aussi, quel que soit le chemin qu'il a suivi. Je l'invite donc à décoller les deux feuilles. Elle dit qu'elle n'en a pas très envie. Je lui dis de prendre son temps et elle le fait très lentement, en pleurant.

Je l'invite ensuite à parler à son jumeau, en commençant par le reconnaître comme tel et lui donner sa place, puis d'exprimer ce qu'elle ressent de positif dans cette rencontre. Elle rayonne quasiment de joie de pouvoir lui parler, de lui dire combien elle a été contente qu'il soit là, combien elle sent la beauté de son énergie, combien ils ont dû bien s'entendre le temps qu'ils étaient ensemble et aussi qu'elle est reconnaissante de se sentir encore accompagnée. Pour cela, elle le remercie avec ferveur et, avec le petit objet sur son cœur, semble se nourrir avec gourmandise de la petite présence qu'il lui a donnée. Il lui est beaucoup plus difficile d'aborder la part négative, de l'énergie de mort qui régnait dans la matrice, de l'horrible absence de sa vibration à côté d'elle... Elle reconnaît qu'elle ne peut pas juger de ce qui s'est passé et lui rend cette expérience douloureuse. Elle remet l'objet symbole de cette part d'ombre après un certain temps, comme si elle avait du mal à se détacher même de cette partie douloureuse. Il lui faut un temps lent, cérémoniel et chargé de chagrin pour lui dire au revoir et lui souhaiter bon voyage en soufflant respectueusement et tendrement la bougie. Quand elle se rassoit, elle regarde sa famille qui compte maintenant 4 membres, soit 2 parents et 2 enfants, et non 3 seulement et partage combien cela lui fait du bien de voir qu'elle a un petit frère et qu'elle n'est plus enfant unique. Elle se sent moins seule, plus équilibrée maintenant que la famille est au complet.

Nous avons déjà vu dans le chapitre précédent des cas de jumeaux. Celui-ci vient confirmer la force de l'empreinte psychoénergétique de la gémellité, même extrêmement précoce et très éphémère. Les toutes petites cellules de l'embryon, poreuses à toutes les vibrations d'énergie-conscience environnantes et énergie-conscience elles-mêmes, ont ressenti la présence d'un autre, vécu son passage du vivant à l'inanimé et cette trace mémorielle indélébile continue d'habiter l'embryon survivant, devenu adulte.

Mère de deux enfants !

Fausse couche, enfant mort-né, IVG demandent aussi à être reconnus. Et ce travail de reconnaissance peut réconcilier la mère avec une part d'elle-même.

C'est le cas de Valérie. Elle a eu une première fille, a perdu un deuxième enfant au 3e mois de grossesse plusieurs années après et n'a pas pu en avoir un autre. Proche de la ménopause, elle doit se résigner à ne plus jamais avoir d'enfant et le vit mal. C'est la première séance et pour l'aider à surmonter cet inéluctable deuil de maternité, je lui propose de faire un Dialogue avec son deuxième enfant, qu'elle appelle aussitôt Paul. Je ne rentre pas à nouveau dans le détail de la démarche. Mais tout se passe comme si Valérie était bien repartie comme la mère de deux enfants et non d'un seul, avec l'apaisement d'avoir finalement accompli ce chapitre de femme procréatrice, et prête à d'autres formes de création.

Ce qui vaut pour des jumeaux, vaut pour une mère et son enfant. L'intimité vibratoire est absolue dans les débuts de la vie. Le deuil ne peut se faire que si l'être perdu est reconnu, aussi jeune soit-il, et remis à sa place. La mère peut ainsi se réapproprier cette part d'expérience de vie. Le chamanisme parle de recouvrement d'âme, pour désigner ce retour d'une part de soi partie avec le défunt.

Bonjour, sœur aînée, de retour dans le cercle de famille

Remettre quelqu'un à sa place a pour tous un effet pacifiant, stabilisant. Un morceau manquant du puzzle reprend enfin sa place, tout l'édifice y gagne en solidité. La parole se libère et chacun respire mieux.

Coralie a longtemps suspecté qu'il y avait une sœur avant elle, mais aucune photo n'apparaissait, aucune mention n'était faite d'elle. Coralie a peu à peu trouvé les ressources en elle pour aborder le sujet avec sa famille : une première fille anormale était née avant Coralie, les parents étaient restés cloîtrés chez eux, ne la montrant pas jusqu'à ce qu'elle décède à quatre mois. Coralie l'a remise à sa place, devant elle, dans la fratrie et a renoué le lien dans un Dialogue de Reconnaissance, d'amour et de deuil aussi. Elle ne se sent plus fille unique. Le voile est levé, le sujet n'est plus tabou avec ses parents et une plus grande communication authentique sur l'histoire de la famille est devenue possible.

Bienvenue, ma tante oubliée

Ce travail de réhabilitation peut se faire à tous les niveaux générationnels et concerne autant les êtres disparus prématurément ou dans des conditions traumatiques que des personnes vivantes en leur temps, mais qui ont été exclues et effacées par la famille.

Je me souviens du joli dialogue de Christine, une thérapeute psychogénéalogiste elle-même, avec une tante, séduite et abandonnée par son amoureux, devenue psychologiquement instable, puis mise en institution jusqu'à ce que le silence se fasse sur elle. Une petite menace de folie flottait dans la famille, sans que Christine comprenne pourquoi. La tante a pu reprendre sa place dans l'arbre pour le plus grand confort de Christine.

3. Se différencier et différencier les niveaux générationnels

Aider à se différencier, à prendre acte et assumer ce qui est de soi et à reconnaître et se détacher de ce qui est d'autrui, est une autre utilité de cette pratique du Dialogue.

Je ne suis pas le remplaçant de mon frère aîné

Gérard, la bonne quarantaine avenante et toujours célibataire, me parle de façon enjouée de sa famille. Je lui propose de visualiser cette heureuse famille. Quand les prénoms sont en place, les deux sœurs, puis lui, il me fait part qu'il faut sans doute ajouter un frère aîné, mort d'une opération bénigne, à l'âge de 7 ans. Il rajoute donc son frère en première position. Je lui demande quel âge il avait lui-même et il me dit, avec un grand sourire, qu'il est né un an plus tard, un jour après la date anniversaire de la mort de son frère. Il ajoute presque en jubilant, qu'en regardant les photos, il s'est rendu compte qu'il lui ressemblait beaucoup, presque comme une copie conforme. Et ses yeux font la navette de lui, le cadet, qui clôt la fratrie, à son frère qui l'ouvre. Il ne le dit pas, mais tout semble se passer, pour lui, comme s'il se sentait investi d'une mission : remplacer son frère, rapporter le soleil dans la famille et reprendre le flambeau glorieux du nom paternel. Ceci semble transparaître dans son port physique et sa manière d'être un peu forcée, comme s'il cherchait à être plus grand, plus fort, plus actif, joyeux, et à la hauteur, pour combler le trou fait par le départ de son grand frère dans le cœur de ses parents. En guise de premier travail, je lui propose de s'adresser à son grand frère, qu'il n'a jamais rencontré. La visualisation des deux feuilles manifeste clairement qu'il y a deux garçons dans la famille et qu'ils sont différents ; le Dialogue, par essence, pose qu'il y a deux êtres différenciés. Tout en travaillant à cette différenciation, Gérard se rend compte qu'en arrière-pensée, il aurait envie de promettre à son aîné de faire aussi bien que lui, de faire ce qu'il n'a pas pu faire... Il a du mal à s'écouter lui-même et entendre ce qui est sa voie à lui. La défusion demande un peu de temps une fois faite la prise de conscience.

La mort d'un enfant dans une famille ébranle tout le système familial et affecte profondément la fratrie. Plus que la confrontation à la mort et à leur possible mortalité, c'est surtout l'effondrement des figures protectrices des parents qui déstabilise les enfants. Chacun va bricoler la place et la sécurité qu'il peut dans ce tsunami avec une antenne toujours rivée vers les parents et leurs attentes. Souvent, celui qui suit l'enfant mort va prendre en partie la charge de son aîné disparu. Le cas de Gérard est extrême. Il apparaît comme le parfait enfant de remplacement : le seul garçon de la famille est mort, il arrive garçon, à la date anniversaire de la mort de son aîné et il lui ressemble. Les spécialistes de la psychogénéalogie parlent du « syndrome du gisant »[1].

Je ne suis pas la sœur de ma mère, ni la mère de ma sœur

Avoir des difficultés de place n'est pas toujours lié à une mort dans la famille, mais venir de la confusion dans l'esprit des parents et des grands-parents. Le Dialogue de Clarification peut aussi avoir son utilité dans ce cas, en faisant apparaître les confusions et en remettant chacun à sa place.

Élise, 55 ans, est mariée avec un homme plus âgé et sans enfant. Elle s'occupe, en revanche, beaucoup des fils de sa sœur. Elle se mésestime et s'est toujours sentie peu respectée par ses compagnons successifs. Née un peu prématurément pour ses parents étudiants vivant dans un studio, elle a été confiée à ses grands-parents maternels et n'a rejoint la famille qu'après l'arrivée de sa jeune sœur, dans un appartement plus grand. À mesure du travail, elle se rend compte que sa mère ne l'a jamais encouragée à être féminine alors que sa jeune sœur l'a été, comme si elle n'était pas destinée à devenir femme, à se marier, mais à rester vieille fille pour s'occuper de ses vieux parents dans la bonne tradition des familles méditerranéennes. Elle est meurtrie par cette injustice et l'idée vient d'un Dialogue avec sa mère.

1. *Cf.* Salomon Sellam, *Le Syndrome du gisant*.

La mise en place des feuilles/prénoms est éclairante. Elle commence par écrire son nom en tout petit et décentré sur la feuille ; puis sa position dans le système familial est hésitante : elle a été élevée assez longtemps par ses grands-parents, elle se sent comme « une pièce rapportée » dans le trio de ses parents avec la cadette. Si elle se met avec ses parents, au premier rang devant sa sœur, elle ne se sent pas à l'aise : elle a l'impression de s'imposer et de voler la vedette à sa sœur. Si elle se met avec ses grands-parents, alors elle devient la sœur de sa mère et la tante, voire la mère de substitution, de sa sœur, ce qui peut expliquer son rôle si important auprès de ses neveux. Se poser clairement à sa place, comme fille de ses parents et fille aînée devant sa sœur, demande un effort et un ajustement quasi physique. Elle doit prendre son temps pour intégrer. La mise en place devient l'occasion de réexaminer son histoire et de réélaborer tout ce qu'elle voudrait clarifier avec sa mère. Le Dialogue ritualisé se fera plus tard.

Je n'ai pas à épouser ta vision de l'amour

Laure, 35 ans, a du mal à trouver un compagnon. Quand elle en parle pendant la séance et descend dans son corps, elle rencontre une grande tristesse en me disant que de toute façon, « l'amour est voué à s'arrêter et après, il n'y a plus rien ». Invitée à aller plus profond dans cette croyance, en suivant les sensations de son corps, elle retrouve l'énergie de sa grand-mère maternelle, comme si c'était celle-ci qui disait cela. Effectivement, sa grand-mère a vécu dans l'illusion que son mari, vite infidèle, l'aimait, et quand il est mort par accident prématurément, elle a continué à maintenir l'illusion, gardant toutes ses affaires, portant le deuil physiquement et le faisant porter psychologiquement aux autres membres de la famille jusqu'au bout de sa vie. Laure était très proche de sa grand-mère, dispensatrice pour elle d'une affection qu'elle ne recevait pas de sa maman. Elle s'est ainsi imprégnée de cette énergie-conscience grand-maternelle. La pratique du Dialogue lui a permis de rendre hommage à l'amour que lui a porté sa grand-mère, tout en lui redonnant son expérience douloureuse et déformée de l'amour entre un homme et une femme.

Les histoires de lignée pèsent souvent sur les épaules des descendants. Le Dialogue de Clarification et son jeu de feuilles bien disposées aident à alléger le poids des loyautés familiales. Comme pour la relation avec une personne vivante, la relation aux ancêtres peut être clarifiée, en gardant le legs de vie de la lignée et en laissant tomber ses chaînes de fantômes.

Et finalement remettre de l'amour au-delà du temps

Chacun dans notre grande famille humaine, et celle plus grande du vivant, a besoin du baume de l'attention : être vu, reconnu, écouté, accepté, accueilli. Mettre de la clarté est aussi mettre de l'amour et la pratique de clarification ne concerne pas que les vivants d'aujourd'hui, elle gagne à s'étendre à tous ceux qui ont vécu avant nous, perdus dans l'obscurité des oubliettes du passé, de ses non-dits et de ses traumatismes non résolus.

Les ombres qui chuchotent

Je me souviens d'une séquence émouvante de voyage intérieur fait par l'une de mes clientes, Sophie. Elle était en cours d'élucidation d'un souvenir enfoui. Partie d'une sensation dans son corps, elle se trouvait devant une porte à battants qui lui faisait peur et elle n'osait pas entrer. Je lui suggérai d'accepter la porte et de lui parler. Elle a alors commencé à se représenter ce qu'il y avait derrière la porte : un trésor, une partie véridique d'elle-même. Elle a pu passer la porte et s'est retrouvée devant un chemin lumineux qui traçait son sillon jusqu'à l'horizon. Tout le reste était obscurité et quand elle a voulu avancer sur le chemin, l'obscurité se refermait sur elle, comme si des présences l'interpellaient et cherchaient à la retenir. Je lui ai dit qu'il s'agissait sans doute de présences ancestrales et qu'elle aurait à travailler ultérieurement sur son arbre. Comme il paraissait plus important qu'elle continue le chemin lumineux qui se présentait à elle, je l'invitai à ouvrir son cœur à ces présences et leur donner au moins la satisfaction d'être reconnues dans la compassion. Elle pouvait leur dire, par exemple, qu'elle avait conscience de leur présence, qu'elle était désolée qu'ils aient souffert, qu'elle pourrait revenir plus tard, qu'ils devaient savoir, en attendant, qu'ils n'étaient pas perdus, qu'il y avait toujours de la lumière et qu'ils étaient aimés. J'étais moi-même en grande compassion. Selon Sophie, les ombres se sont alors doucement reculées, pour la laisser passer et elle a cru entendre, comme dans un chuchotement, qu'ils se sentaient compris. Nous étions toutes deux très émues. L'amour semble guérir les spectres, au moins ceux fantasmés dans la conscience de Sophie, ce qui est déjà beaucoup. Au fil des séances, Sophie sera en mesure d'aller au bout du chemin de lumière, revivre une scène d'abus, oser prendre la parole et déverrouiller des secrets bien gardés sur plusieurs générations. Pour le plus grand bien de toute la famille.

Que tout soit relié est une évidence pour les psychoénergéticiens, les psychogénéalogistes et les familiers du chamanisme. La pratique de clarification est une première approche, où la personne qui fait sa propre part de clarté et de compassion pour elle-même, apporte aussi clarté et compassion à l'autre et dans l'obscurité de sa lignée[1].

En résumé

Nous sommes des êtres de relation et notre histoire de vie se charge du meilleur et du pis de nos relations. Il est des personnes avec qui nous sommes en paix, des personnes que nous adulons avec un excès d'émotions, d'autres pour qui nous ressentons rancœur, colère, jalousie, culpabilité… sans pouvoir toucher le pardon ou l'apaisement. De même que nous pouvons apaiser les parties blessées de nous-mêmes, il est possible aussi d'apporter le baume de l'attention à nos relations. Nous pouvons en clarifier l'ambivalence et l'accepter ; garder le bon et nous en nourrir, tout en libérant le moins bon qui nous empoisonne ; affirmer notre place, redonner sa place à un être oublié et remettre de l'ordre dans notre système familial ; restaurer un peu de l'histoire de nos proches ancêtres. En même temps que nous nous apaisons, nous pouvons avoir l'espoir que nous œuvrons aussi à remettre de la clarté et de l'amour dans notre famille, notre lignée et la communauté des humains.

1. D'autres pratiques peuvent s'adresser plus directement aux ancêtres par des rituels. Les grandes religions ont les leurs comme les messes des défunts. Dans le cadre de l'analyse transgénérationnelle, le Jardin d'idées propose une année consacrée à la Clinique des ancêtres.

Et vous ?

1° Avez-vous une/ou des relation/s idéalisée/s avec quelqu'un de vivant ou de mort ?

2° Avez-vous une/des relation/s difficile/s avec quelqu'un de vivant ou de mort ?

3° Avez-vous une/ ou des relations où vous avez du mal à pardonner ou dont vous n'êtes pas sûr que vous avez vraiment pardonné ?

4° Avez-vous l'impression d'avoir encore en vous un/ ou des deuils inachevés ?

5° Pouvez-vous identifier des personnes, vivantes ou mortes, dans la famille ou dans votre vie, dont la place a été escamotée ?

6° Avez-vous dans votre famille (votre fratrie ou vos propres enfants) des enfants morts avant ou après la naissance, fausse couche et IVG incluses ?

7° Avez-vous ou avez-vous eu à votre connaissance un jumeau, même parti précocement pendant la gestation ?

8° Avez-vous des difficultés à savoir quelle est votre place et / ou à prendre votre place dans votre famille, puis face à autrui ?

9°. Avez-vous l'impression d'être parfois envahi par la présence d'une personne vivante ou morte ou de porter des problèmes qui ne vous paraissent pas vous appartenir ?

Suggestions

1° Pour chaque relation importante identifiée ci-dessus, essayez de pratiquer le Dialogue de Clarification, avec une phase de préparation préalable.

1° Phase de préparation : identifiez votre ressenti heureux et malheureux avec cette personne ; faîtes ensuite l'inventaire de vos besoins satisfaits et contrariés. Puis dressez une liste aussi exhaustive que possible du bon (bons souvenirs, qualités, apports de la personne, conséquences bénéfiques pour vous) et du moins bon (mauvais souvenirs, défauts, défaillances ou méfaits, impacts négatifs pour vous, y compris vos propres réactions). Cette phase préparatoire est aussi l'occasion d'exprimer la charge émotionnelle négative, la plainte comme la colère, voire le besoin de vengeance.

2° Dialogue de Clarification : quand vous vous sentez prêt, mettez en place le rituel. Si vous avez une croyance spirituelle et des soutiens de cet ordre, vous pouvez demander leur aide pour vous et l'autre personne.

2° S'il s'agit de redonner plus de place à une personne, pratiquez le Dialogue de Reconnaissance, avec une mise en place préalable du système familial.

1° Mise en place du système familial : inscrivez chaque prénom des membres du système familial sur des feuilles séparées (une feuille par personne, dont vous-même) ; puis placez les personnes dans leur génération, et leur rang de fratrie ; puis installez la personne à replacer à sa juste place. Si possible donnez-lui un prénom, si elle n'en a jamais eu. Prenez le temps de regarder, de ressentir, d'intégrer le nouveau système familial en face de vous.

2° Dialogue de Reconnaissance : tournez votre attention vers la personne à replacer et laissez-vous tout le temps de ressentir ce qui vient de cette nouvelle présence, du remaniement du système familial qu'elle implique, de ce que cela vous fait… Quand vous vous sentez prêt, mettez en place le rituel.

3° S'il s'agit de clarifier votre place dans votre génération et votre lignée, vous pouvez vous installer dans votre système familial à trois ou quatre générations (fratrie, parents, grands-parents, voire arrière-grands-parents), puis, à mesure des besoins, engager aussi un Dialogue de Clarification avec chaque personne pertinente.

La seule installation de votre système familial (chaque personne sur une feuille, dont vous, posée au sol dans sa génération et son rang de fratrie), peut être le début d'un nouvel élan dans votre travail psychothérapeutique. Il vous faut vous laisser pénétrer par votre arbre, la présence ainsi à nouveau évoquée de chaque personne de votre lignée et laisser venir ce qui vous parle le plus. Regardez comment vous avez disposé les feuilles ; regardez les noms qui peuvent se répéter ; posez-vous sur chaque personne ou ensemble de personnes et ressentez ce qui vous vient. Comment était-ce avec cette personne ou entre ces personnes entre elles ? Comment était la transmission de mères en filles, de pères en fils ? Laissez-vous agrandir par ce système psychoénergétique transgénérationnel qu'est votre arbre de vie… et de conditionnement.

CHAPITRE VI

DÉPLOYER NOTRE ÊTRE D'ÉNERGIE-CONSCIENCE, L'AUTRE VOLET DE LA PSYCHO-ÉNERGIE : PANEL D'EXERCICES PRATIQUES

Nous ne nous limitons pas aux conditionnements de notre naissance, ni aux blocages accumulés en route. **En dessous et plus essentiellement, nous sommes des êtres d'énergie-conscience.**

Pour cette raison, le travail de « guérison » ou de croissance ne peut pas se contenter de se focaliser sur nos souffrances passées, il doit consister tout autant à **redécouvrir notre nature profonde et nous déployer dans toutes les dimensions de notre être**.

Ce **deuxième volet de la psychoénergie** se fait avec l'aide de praticiens énergéticiens[1], mais il est au moins aussi important de pratiquer personnellement, pour devenir pilote de soi-même et acteur de sa croissance.

Voici donc à l'usage de chacun, et à pratiquer à volonté, un **panel d'exercices** pour activer nos ressources profondes sur tous les plans :

1° Habiter pleinement notre corps physique et nous ancrer.

2° Ouvrir nos chakras à l'énergie universelle et expanser notre aura.

3° Aligner notre axe ciel-terre pour retrouver notre centre et notre grandeur.

4° Retrouver notre lien à l'unité pour lâcher prise et rayonner.

Ces exercices essentiels n'excluent pas d'autres pratiques comme le yoga, le taï-chi, le qi gong, la méditation, le chamanisme, ou l'immersion dans la nature, au contraire. Toutes ces approches, qui ramènent à l'intérieur, tout en reliant à plus grand que soi, contribuent au **déploiement de qui nous sommes vraiment**.

1. Les praticiens plus formés à combiner psychisme et énergie sont les praticiens issus de l'école Barbara Brennan, du *Pychoénergetics Training*, du *Core Energetics Institute*, du *Somatice Experiencing Institute*, de l'École d'analyse psycho-organique, pour ceux que nous connaissons le mieux. Les praticiens de l'École de la mémoire cellulaire, les kinésiologues, et certains étiopathes peuvent le faire à leur manière également.

I. Habiter pleinement notre corps et nous ancrer

S'intéresser à l'énergie ne veut pas dire se désintéresser du corps physique, au contraire. Le corps est énergie-conscience, plus dense certes, mais énergie aussi et une formidable cocréation communautaire permanente de milliards de cellules. Il est **notre unique maison et notre antenne sur toute chose**. Il est **la base-vie** et le centre d'où nous pouvons partir explorer les dimensions plus subtiles, en conscience et sans se perdre. Aller plus haut suppose d'être plus solide en bas. **Habiter pleinement le corps** et l'ancrer, ou encore **s'incarner en conscience**, est le passage obligé de l'aventure énergétique et un grand pas d'évolution.

Voici quelques exercices pour **faire alliance avec le corps**, oser y descendre et l'ancrer sur terre[1].

1. La visite d'amitié

Pour habiter pleinement le corps, le mieux est d'en faire le tour du propriétaire, et, pour se sentir bien avec lui, de le faire en amitié comme on rendrait visite à un bon ami.

1. Voir aussi : la pratique de la sophrologie ; le livre de méditation par les sens de John Kabat-Zinn, *L'Éveil des sens*, *op. cit.* ; la pratique de la pleine conscience avec Christophe André ou Pierre Miquel ; les petits livres de Mary Laure Teyssedre, chez Jouvence.

La visite de gratitude

1° Circuit des pieds à la tête

S'installer confortablement dans un endroit tranquille avec la garantie de disposer d'un temps suffisant sans être dérangé.

Prendre quelques respirations et faire quelques mouvements pour relâcher les tensions : bâiller, remuer les épaules, tourner la taille, le bassin et les articulations des mains et des pieds.

Fermer les yeux et descendre le point d'attention/de conscience dans le corps et l'amener dans les pieds.

Il va s'agir ensuite de **remonter méticuleusement depuis nos pieds jusqu'à notre tête et de remercier à chaque étape** :

« Bonjour mes pieds, qui me portez toujours, merci ;

Bonjour orteils qui me permettez de déployer ma foulée, merci ;

Bonjour ma plante de pied qui me colle à la terre et à toutes ses vibrations telluriques, merci ;

Bonjour mes chevilles qui me donnez la souplesse et me permettez de changer de direction, surtout au tennis, merci ;

Bonjour mes jambes qui me portez depuis tant années, et désolé, mon tibia droit, pour la fracture au ski, pardon et merci de t'être remis si bien... »

À vous de continuer et de faire preuve d'imagination dans cette rencontre d'amitié et d'alliance avec les précieuses composantes de votre anatomie physique.

Prenez le temps et ressentez, comme vous le feriez en découvrant un paysage et ses habitants.

2° Autres circuits de la visite

De la tête aux pieds

Les organes seulement

La structure : squelette, muscles, tendons et fascia

Les systèmes circulatoire, respiratoire, digestif, endocrinien

Ou **visite libre** *: en se laissant appeler par les parties du corps elles-mêmes.*

2. L'écoute des sensations

Pour arrêter le cinéma du mental, rien n'est plus efficace que de prêter attention aux sensations du corps. Elles nous mettent automatiquement dans le corps en occupant le mental.

1° Suivre les sensations, les pulsations ou les micromouvements spontanés du corps

S'installer confortablement, *assis ou allongé, dans un endroit tranquille et avec la garantie d'un temps suffisant sans être dérangé.*

Prendre quelques respirations et faire quelques mouvements *pour relâcher les tensions : bâiller, remuer les épaules, tourner la taille, le bassin et les articulations des mains et des pieds.*

Fermer les yeux et descendre le point d'attention/de conscience à l'intérieur *à la recherche des sensations les plus présentes à tout endroit du corps, tête incluse : tension, crispation, brûlure, lourdeur, oppression, palpitation, pincement, pointe, ballonnement…*

Prendre acte de leur présence une à une sans jugement et sans chercher à les chasser.

Puis choisir la plus significative et y porter l'attention comme le ferait un spéléologue curieux et bienveillant. *Donner tout l'espace et le temps. La sensation est là, de plein droit, elle est la réalité de l'ici et maintenant. Établir un contact respectueux, une sorte de rencontre et de découverte mutuelle sans attente particulière.*

Explorer en observant, *en se rapprochant, en contournant, en regardant au plus près la forme, la couleur, la texture, le ressenti, en touchant virtuellement, en allant plus à l'intérieur…*

Il est possible d'engager un dialogue : dire bonjour, demander comment ça va, ce qui se passe. Se rappeler que chaque cellule, chaque organe est une forme d'énergie-conscience et la sensation, qui l'affecte, tout autant.

Rester sans attente et laisser faire :

La sensation peut se dissiper et disparaître ;

s'amplifier et demander encore plus d'attention et de présence patiente ;

se déplacer et il convient alors de suivre le déplacement et prêter à nouveau attention à la nouvelle sensation et ainsi de suite dans les limites de votre temps.

D'autres possibilités peuvent se présenter :

- ***Vous entrez en contact avec les pulsations d'un organe,*** *de plusieurs, du corps tout entier. Laissez-vous entrer dans le concert des pulsations de votre corps. C'est une très belle découverte et très apaisante.*
- ***Sans que votre volonté soit impliquée, votre corps a envie de faire un micromouvement.*** *Laissez faire, il sera sans doute suivi d'autres micromouvements, souvent très lents, mais comme concertés de l'intérieur, comme une sorte de gymnastique mystérieuse au ralenti. Laissez-vous porter. Une libération ou reconfiguration d'énergie est en cours, guidée par la sagesse profonde de votre corps. Faites confiance et soyez curieux de l'aventure sans attente spécifique.*
- *Et si, à l'inverse, c'est un tremblement, des gestes saccadés, un besoin de décharge qui se présentent, ne censurez pas, lâchez prise du contrôle, défoulez... en conscience.*

2° Se fixer sur la/ou les sensations pour retrouver le calme

L'attention portée aux sensations du corps peut être aussi utilisée pour retrouver le calme après une grosse émotion. La méthode TIPI[1] en fait le cœur de sa pratique pour désactiver des traumatismes, phobies, surréactions... après coups.

S'asseoir confortablement dans un endroit tranquille et avec la garantie de disposer ***d'au moins 10 minutes*** *sans être dérangé.*

Fermer les yeux et reprendre contact en pensée avec l'émotion *et l'événement déclencheur de l'émotion.*

1. TIPI, voir p. 144.

Puis chercher avec votre point d'attention/de conscience les sensations les plus présentes *à tout endroit du corps, tête incluse : tension, crispation, brûlure, lourdeur, oppression, palpitation, pincement, pointe, ballonnement… TIPI conseille d'en identifier au moins trois.*

Puis identifier la plus présente et fixer l'attention dessus.

Pas de dialogue, ni d'exploration *dans ce protocole. L'idée est de rester fixé, accroché en silence à la sensation. Si des images, des associations arrivent, les laisser passer ; si le mental décroche, le ramener à la sensation. Si la sensation bouge, la suivre en témoin neutre et la fixer de la même manière.*

10 minutes de cette concentration*, amènent à plus de calme et à un état où il est possible de raisonner beaucoup plus sereinement.*

D'après les praticiens de TIPI, le problème peut même avoir été désactivé à sa source et l'émotion pourrait ne plus revenir avec une intensité aussi forte.

3. L'ancrage de l'arbre

L'arbre a la particularité de plonger autant de racines dans la terre qu'il déploie de branches vers le ciel. Il est notre meilleur modèle pour consolider notre base sur terre : bien dans notre corps et ancré dans le sol, tout en gardant la tête dans les étoiles.

Devenir arbre

L'exercice peut se faire dedans, dehors, dans la nature. Il se fait de préférence physiquement et debout, mais il peut se faire aussi assis et le faire en pensée, dans un lieu et un temps contraints, comme dans le métro ou au bureau, fait du bien.

Commencez par faire l'inventaire des arbres *que vous connaissez et choisissez celui qui vous inspire le plus et vous donne le plus envie de vous déployer : peuplier, chêne, marronnier, séquoia… Ce sera votre arbre totem jusqu'à ce qu'éventuellement un nouvel arbre se présente.*

***Physiquement ou en pensée, posez-vous bien droit**, pieds bien collés au sol, écartés de la largeur des hanches, genoux souples, sans cambrer le bas du dos, le tronc et la tête alignés vers le ciel, la nuque aussi allongée que possible, mais sans tension, car il s'agit de rester dans une zone de confort.*

***Déployez les racines.** Portez votre point d'attention/de conscience à l'intérieur et descendez jusqu'à vos pieds. Sentez-bien le contact de votre plante de pied sur le sol ; prêtez attention à vos points de contact : talon, coussin avant, orteils, bord extérieur, bord intérieur, et essayez de vous équilibrer au centre. Vous pouvez tester tous les points de contact avant de vous recentrer. Invitez-vous à peser le plus possible au sol, essayez même de vous enfoncer dans le sol.*

Puis avec l'intention, imaginez que des racines commencent à pousser sous vos pieds. Toute la surface des pieds peut être concernée : le creux de la plante des pieds et tous les points de contact.

Encouragez ces racines à grandir, dans toutes les directions à 360° et en profondeur, et laissez faire avec curiosité : les racines peuvent aller de plus en plus profond à la verticale dans le sol, d'autres se déployer plus sur les côtés devant, derrière, à droite, à gauche ; certaines préféreront rester en surface ou progresser en biais. Elles peuvent être grosses, minuscules, rapides ou hésitantes, denses ou de faible consistance…

Laissez-les se déployer comme elles le peuvent ou le veulent. Ressentez et observez votre réseau de racines, ses particularités, ses forces, ses faiblesses. C'est une information sur votre capacité à vous ancrer, à oser vous appuyer et vous nourrir de la terre, de la planète.

Encouragez avec bienveillance les zones de racines les moins développées pour que votre arbre trouve toute son assise et toute sa nourriture.

N'ayez pas peur de prendre la place dans la terre, de bien vous planter au cœur de la planète. Vous pouvez aller aussi loin et large que vous voulez. De la solidité et l'ampleur de votre ancrage, dépendent la solidité et l'ampleur de votre tronc et de vos branches.

***Consolidez et redressez le tronc.** Remontez votre attention dans votre corps depuis les jambes jusqu'à la tête. Le corps est le* *tronc de l'arbre, le lien entre les racines et les branches, entre le ciel et la terre. Il est votre axe vertical. Invitez vos muscles, votre squelette, votre colonne vertébrale à se redresser et à se faire structure solide et droite. Sans oublier les racines. Laissez la sève des racines passer et nourrir le tronc. À ce stade, il est bon de vérifier que les genoux sont assez fléchis, et non verrouillés, et que vos jambes sont suffisamment ouvertes pour accueillir l'énergie venue d'en bas. Prenez un temps pour sentir la solidité de l'édifice et de sa base : les racines et le tronc.*

***Déployez les branches.** Les branches peuvent partir de tout le haut du corps : les bras en V font les branches les plus basses, les autres branches partent des épaules, du cou et de la tête et du haut du crâne. Comme pour les racines, encouragez le branchage à se déployer à 360°, vers le ciel et le soleil. Il n'y a rien pour lui faire de l'ombre et tout l'espace est à sa disposition, il n'y a que votre inhibition ou la fragilité du tronc et des racines.*

Il y a aussi tout l'air et la lumière à profusion pour fabriquer les feuilles. Encouragez votre arbre à déployer son feuillage. Puis observez ce branchage et cette frondaison, leur régularité, leur ampleur et leurs singularités. Encouragez les parties plus faibles à oser prendre leur place. Donnez-vous le temps de sentir l'épanouissement de votre frondaison.

***Recentrage.** Recentrez-vous dans le tronc et une fois bien redressé dans votre axe, sentez la profondeur et l'ampleur des racines qui vous ancrent à la terre, et sentez la hauteur et l'ampleur des branches qui vous ouvrent vers le ciel. Vous êtes à votre place, pleinement dans votre corps, attiré vers la terre et étiré vers le ciel. Vous pouvez vous saluer et saluer l'univers.*

Bonus pour s'ouvrir à l'abondance et à la vibration du vivant

L'exercice de l'arbre aide à s'ancrer, s'aligner et se déployer. Il peut aider aussi à s'ouvrir, à recevoir et se relier. L'arbre, en effet, puise toutes ses ressources, sans bouger, de la nature. Par ses racines et dans la terre, il reçoit tous les nutriments utiles ; par ses feuilles et dans le ciel, l'air et la lumière ; et par les deux, l'eau. Il est ouvert à tout recevoir à profusion. Il est aussi et toujours sans bouger en relation intime, voire en symbiose, avec des myriades de formes de vie.

L'exercice ci-dessus peut ainsi s'enrichir de ces deux compléments.

S'ouvrir à l'abondance. *Une fois les racines déployées, vous pouvez inviter vos racines et radicelles à se nourrir de tous les bons nutriments de la terre : sels minéraux, oligo-éléments, eau de pluie, de ruissellement, de nappes phréatiques. De même, une fois vos feuilles déployées, vous pouvez inviter à recevoir l'air, la lumière pour produire la chlorophylle et l'eau pour se nettoyer. Vous vous ouvrez ainsi à recevoir la manne abondante et gratuite du ciel et de la terre.*

S'ouvrir à la vibration du vivant. *De même dans votre mouvement d'enracinement, vous pouvez vous relier à la créativité souterraine de la vie : les vers de terre qui aèrent la terre, les insectes qui la nettoient, les champignons qui filtrent, transforment les nutriments et bonifient l'humus. Et dans le déploiement de la frondaison, vous pouvez inviter la brise dans le feuillage, les oiseaux qui nichent et chantent, les insectes qui bourdonnent inlassablement, les papillons qui dansent et tout ce petit monde qui coopère avec l'arbre, échangeant perchoir et abri contre pollinisation et nettoyage. Le tronc aussi a ses habitants, oiseaux et insectes, et ses colocataires, mousses et plantes grimpantes. À vous d'imaginer tout ce concert de vie miraculeuse.*

Et, qui sait, si votre arbre est prêt à faire des fleurs et donner des fruits, laissez-faire et laissez-vous surprendre.

II. Ouvrir nos chakras à l'énergie universelle et expanser notre aura

Dans une vision énergétique du monde et pour toutes les sagesses orientales et chamaniques, l'énergie est notre nature et notre nourriture fondamentale. Qu'elle s'appelle chi, ki, prana ou énergie universelle, elle nous est vitale et disponible à volonté. De même qu'il est recommandé d'apprendre à mieux respirer, il est également bénéfique d'apprendre à nous nourrir de cette manne universelle en nous habituant à ouvrir nos chakras et déployer ainsi tous les niveaux de notre corps énergétique, ou champ ou aura. Nous y gagnons en énergie de vie physique, psychique et spirituelle ; notre aura s'agrandit sur tous ses niveaux, notre sensibilité aussi, en même temps que nos frontières énergétiques se renforcent.

Trois exercices sont proposés ici.

1° Voyage au cœur de l'aura

2° Ouverture express

3° Le vase et les fleurs

Le premier est le passage obligé pour commencer, car il propose une exploration détaillée des 7 premiers chakras et niveaux de l'aura. Il se présente comme une méditation guidée de 30 à 45 minutes et peut s'enregistrer. Une fois la familiarité acquise avec les chakras, et les niveaux, les deux autres exercices se pratiquent rapidement et à volonté[1].

1. La pratique des chakras et de l'aura proposée s'inspire de la cartographie de Barbara Brennan à laquelle nous avons été formée. D'autres exercices de découverte de l'aura sont disponibles sur le marché et sont tout à fait recommandables, l'intention étant de bien s'ouvrir à l'abondance de l'énergie universelle.

L'aura et les chakras ont été expliqués dans le premier chapitre de ce livre[1]. Il suffit de rappeler que les chakras sont des vortex d'énergie, que l'on peut comparer à une corolle de fleur et qui, quand ils tournent dans le sens des aiguilles d'une montre, font entrer l'énergie de l'extérieur vers l'intérieur. **Les 7 chakras majeurs viennent alimenter les 7 niveaux de l'aura**, correspondant à des niveaux de fréquence ou qualités d'énergie-conscience plus subtils à mesure que l'on va des pieds à la tête.

1. Voyage au cœur de l'aura

Installez-vous confortablement dans un lieu calme pour une durée d'environ 30 à 45 minutes. Posez-vous bien dans votre corps, de préférence assis sur une chaise, le tronc droit sans effort et les pieds au sol. Il peut être commode d'enregistrer le texte pour vivre plus pleinement l'expérience. Il s'agit d'un voyage de découverte intérieure.

***Relaxez votre corps** en respirant et en faisant bouger vos articulations pour lâcher les tensions. L'énergie est fluidité, alors prenez le temps de vous détendre. Puis fermez les yeux et descendez votre point d'attention/conscience à l'intérieur de votre corps jusqu'au périnée, entre vos deux jambes. Il s'agit surtout de ressentir, que ce soit quelque chose ou rien. Faites confiance à vos sensations intérieures, plus qu'à votre vision qui peut vous remettre dans la tête et à l'extérieur de vous-même. Soyez curieux, car chacun a sa façon unique de voyager et qui pourra évoluer dans le temps. Il n'y a pas de modèle standard. Ce qui suit sert de repères et ne prétend pas à la vérité.*

1. Chapitres I, II, 1. *Notre anatomie va au-delà de notre corps énergétique. Le corps énergétique ou l'aura.*

Chakra 1, niveau 1 : rouge, énergie de vie et puissance physique

Chakra 1. *Le premier chakra, dit aussi de la racine ou de la base, se situe entre les deux jambes,* ***au milieu du périnée****, corolle tournée vers la terre.*

Hibiscus, rose, lotus, pivoine…, vous pouvez choisir la corolle de fleur que vous préférez et garder cette image pour tous les chakras.

Avec l'intention seulement ou aussi, pour rendre l'expérience plus tangible, en inspirant par le périnée, vous invitez ce premier chakra à bien s'ouvrir, corolle vers le sol, pour accueillir ***l'énergie de la terre, rouge*** *comme le jus de grenade, la grenadine, le sang …*

C'est une énergie riche et pulpeuse, celle de l'élan de la vie, de la belle ***agressivité animale, de l'appétit de vivre*** *pour croquer la vie à pleines dents. La fréquence est lente, le rythme est profond, comme les grands tambours africains, ou les grandes trompes tibétaines. Le débit de ce chakra est décisif pour la charge énergétique générale, comme une sorte de robinet directeur.*

Ce chakra contribue au bon fonctionnement ***des reins, de l'appareil urinaire et des surrénales****, organes liés à notre ancrage sur terre, aux racines ancestrales et à la défense de notre territoire.*

Niveau 1. *Par ce chakra 1, l'énergie de la terre vient nourrir, irriguer, vitaliser notre premier niveau du corps énergétique ou aura. Celui-ci dépasse de plusieurs centimètres notre corps physique, tout en occupant bien sûr tout son espace intérieur. Sa structure est maillée, striée, comme une combinaison de filets d'énergie bleu foncé. Ce niveau structure* ***le corps physique*** *et est le lieu de* ***ses sensations****.*

À cette fréquence, pour un praticien, il est commun de sentir ce qui est serré, déchiré, compacté, brûlé… et a besoin d'être détendu, décollé, remaillé, restauré.

Prenez le temps de ressentir *tout ce qui se passe en vous à ce niveau 1, dans tout le corps, sans jugement, avec curiosité et bienveillance. Votre expérience est unique.*

Chakra 2, niveau 2 : orange, Éros et amour de soi

Chakra 2. *Nous remontons par le canal d'énergie au centre de notre corps à la rencontre du deuxième chakra, dit aussi du hara, qui s'ouvre devant à* **trois largeurs de doigts au-dessous du nombril** *et derrière, au creux des lombaires. Tous les chakras vont ainsi par paires devant et derrière ou en haut et en bas, et il est important de bien équilibrer les deux pôles, au moins en intention.*

Avec l'intention et/ou en inspirant par la corolle avant et arrière, nous invitons le deuxième chakra à laisser entrer une énergie **orange***, comme un bon jus d'orange ou une chatoyante soierie indienne. Nous sommes dans l'énergie de la* **sensorialité, de la sensualité et de la sexualité***, de la créativité aussi :* **Éros***. Énergie de la caresse et de la tendresse, des papouilles aimantes et gourmandes de la maman sur le corps potelé de son bébé, jusqu'aux jeux de peaux et de mains, assoiffés, ardents puis alanguis des rencontres amoureuses. Le rythme est lent encore, mais voluptueux comme une salsa ou une danse du ventre. Le deuxième chakra est celui* **du plaisir et de l'amour de soi** *que l'on se donne et se laisse donner, dès l'âge le plus tendre.*

Il régule **nos organes sexuels et reproductifs***, qui sont d'abord sensoriels et sensuels.*

Niveau 2. *Par ce deuxième chakra, cette belle énergie orange hédoniste vient alimenter, gonfler, attendrir le deuxième niveau de notre corps énergétique, qui nous étoffe un peu plus. Dans mon expérience, celui-ci, est de texture moelleuse et multicolore, à la façon de la ouate ou de la barbe à papa. Il est bon de s'y laisser bercer, comme dans un bain moussant à la lumière douce d'une bougie odorante. Il est le lieu de notre* **corps émotionnel***, avec toute sa palette d'humeurs, et comme tel, il peut être sans nuage ou sérieusement embrumé.*

À ce spectre de fréquence, le praticien peut ressentir la peur, la joie ou la peine, la colère ou le désespoir ; il peut aider à dissiper quelques voiles et nuages, et inviter la tendresse, celle enfouie de la personne et celle infinie de l'univers, à apporter un peu de réconfort.

Prenez le temps de ressentir *tout ce qui se passe en vous à ce niveau 2, dans tout le corps, sans jugement, avec curiosité et bienveillance. Votre expérience est unique.*

Chakra 3, niveau 3 : jaune soleil, image de soi et clarté mentale

Chakra 3. *En remontant le canal central d'énergie, nous rejoignons le troisième chakra qui se situe devant au* **plexus**, *ou à la pointe de l'estomac, et à l'arrière, à l'attache des dernières côtes flottantes.*

Avec l'intention encore et/ou en inspirant, nous invitons les deux corolles avant et arrière à s'ouvrir comme deux beaux tournesols pour recevoir l'énergie de cette fréquence d'un beau **jaune solaire** *et nous laissons ce grand flux lumineux entrer en nous. Ce chakra, dit aussi du plexus, est lié à la clarté et au mental, un mental fait de raison et d'intuition, où cerveau gauche et cerveau droit s'équilibrent. C'est dans ce chakra que nous recevons des impressions parfois vagues, parfois précises. Le troisième chakra est le siège de* **l'image de soi, de la place que l'on se donne dans l'univers, des jugements sur soi, et finalement des comparaisons et des jugements des autres**. *D'où les frémissements, les serrements, les pincements, les nausées et autres oppressions que l'on peut ressentir parfois dans cette région. En contrepoint, la corolle arrière renvoie à notre capacité de prendre soin de nous. Bien ouvrir cette partie arrière peut aider à calmer les inconforts de la corolle avant.*

Assez logiquement, c'est ce chakra qui préside au bon fonctionnement de tout ***l'appareil digestif****, c'est-à-dire de la bonne digestion, intégration et élimination de ce que la vie nous apporte.*

Niveau 3. *Par ce troisième chakra, cette belle énergie solaire vient énergiser, tonifier, stimuler le troisième niveau de notre corps énergétique qui est strié de lignes de lumière jaune, vives et furtives comme l'éclair. Ce niveau est notre corps mental celui de l'intellect, de la clarté, du moi qui pilote. Il est bon de l'aider à se charger, se nettoyer et se renforcer quand le besoin* **d'avoir les idées claires** *et de s'affirmer se fait sentir. Pour un examen, un entretien, par exemple.*

Le praticien, sur ce niveau du champ, sent les crispations, les tensions, les compactions et déchirures avec des mots à l'occasion.

Personnellement, j'entends beaucoup de grognements, de paroles et de colères rentrées. Il y a du mépris et de la haine de soi souvent, et du contentieux envers autrui, jamais vraiment exprimés. Car ce niveau de l'aura est un espace de contrôle et de maîtrise de soi. Une présence bienveillante, qui accepte tout, l'inavouable et le non-dit, peut apporter du réconfort. Nous ne nous apprécions pas, le plus souvent, et il fait si bon de lâcher prise là-dessus.

Prenez le temps de ressentir *tout ce qui se passe en vous à ce niveau 3, dans tout le corps, sans jugement, avec curiosité et bienveillance. Votre expérience est unique.*

Chakra 4 : vert prairie, amour et voyage transpersonnel

Chakra 4. *En remontant encore le long du canal central d'énergie, nous parvenons au quatrième chakra ou chakra du cœur, qui s'ouvre à l'avant,* **au milieu du sternum**, *et à l'arrière, entre les deux omoplates.*

Avec l'intention toujours, et/ou en inspirant, nous l'invitons à épanouir ses deux corolles avant et arrière pour laisser entrer une belle énergie **verte**, *comme un matin de printemps avec ses prairies fraîches et ses feuilles nouvelles gorgées de chlorophylle. Du rose peut venir se mêler à la fête. Cette énergie remplit la poitrine entière* **d'amour relationnel** *: l'amour pour les proches, enfant, partenaire, et parents ; l'amour pour les moins proches d'ici et d'ailleurs ; l'amour pour les animaux, les plantes, les minéraux, la mer, la nature ; l'amour humain dans sa plénitude pour toute la création. C'est une* **belle énergie de reliance**.

Il se peut que l'ouverture du chakra du cœur ne soit pas si facile. Souvent, la vie apporte son lot de blessures, de déceptions et de méfiance ; le cœur se serre alors et la poitrine se rentre pour le protéger.

Dans ce mouvement, la corolle arrière du chakra devient dominante. Elle est le lieu de la **volonté**. *On avance avec détermination par le dos et les épaules, en force, mais le cœur n'y est pas. C'est l'équilibre avant /arrière de ce chakra du cœur qui fait l'harmonie et l'efficacité : l'ouverture arrière permet l'action, l'ouverture avant la générosité.*

Grâce aux deux réunies, il devient possible d'agir avec cœur et courage. Ce chakra régule ***le thymus, le cœur, et tout le système sanguin****.*

Niveau 4. *Par ce quatrième chakra, la belle énergie d'amour relationnel nourrit, étoffe et expanse le quatrième niveau de notre corps énergétique. À ce niveau, nous commençons à ressembler à un Bibendum, ou à un ballon de rugby rondouillet. Le champ est confortablement fluide, voire gélatineux, avec des teintes pastel à dominante rosée. Sans doute, n'est-ce pas par hasard si les effluves amoureux s'imaginent en rose, comme dans la chanson d'Édith Piaf «* **La Vie en rose** *» ou les images de Bisounours.*

L'amour malheureusement, même au sens large, n'est pas le seul au rendez-vous et l'énergie à ce niveau du champ peut s'engluer sous forme de mucus plus ou moins dense et sombre. Dans mon expérience, l'espace peut s'encrasser jusqu'à se « mazouter » par endroits.

Faire respirer ce niveau en ouvrant ce chakra du cœur à l'énergie d'amour peut faire beaucoup de bien. Il suffit de d'avoir confiance qu'une réserve d'amour est là dans l'air ambiant et d'accepter de la laisser entrer, comme on aère une pièce confinée, pour ***retrouver un peu d'espace, de moelleux et de douceur en soi****.*

Une autre ***expérience bien concrète de l'ouverture du chakra du cœur*** *peut se faire aussi devant la boîte email de son ordinateur. Il arrive qu'un message crée une petite émotion désagréable et que la réaction soit de répondre tout de suite pour évacuer l'inconfort. L'idée est certes d'écrire sa réponse à chaud, mais de ne pas l'envoyer immédiatement, d'attendre un peu et de reprendre le texte plus tard en ayant pris soin d'ouvrir son chakra du cœur. Si l'intention est bien de maintenir la relation avec la personne au bout de la ligne, un petit réajustement du texte viendra naturellement, sans forcer, ni faire semblant ; juste de bon cœur, la bonne distance, le bon ton se mettront en place.*

Pour être complet, il faut dire que ce quatrième niveau ne se limite pas à la personne, il ouvre sur ***une dimension plus transpersonnelle****, au-delà du petit moi. Le chakra du cœur et le quatrième niveau sont, en effet, le passage entre le monde physique et* *les mondes plus subtils. entre le matériel et l'immatériel. Il ouvre à la possibilité d'un* ***plus grand que soi****.*

Certains appellent ce niveau, le ***corps astral****. Et il est possible, dans cet espace, de rencontrer d'autres entités ou des souvenirs de cette vie ou d'ailleurs. C'est à ce niveau que les praticiens Brennan, par exemple, peuvent contacter des mémoires anciennes (régressions) ou des relations passées avec des personnes encore de ce monde ou décédées (cordes relationnelles).*

Le ***voyage chamanique*** *se passe aussi à ce niveau. Il n'y a pas à avoir peur, mais confiance, au contraire, car au fond, il y a la lumière de l'esprit en toute chose, même chez les êtres les plus noirs de désespoir. Laissez nourrir, étoffer, amplifier ce flot d'énergie d'amour.*

Prenez le temps de ressentir *tout ce qui se passe en vous à ce niveau 4, dans tout le corps, sans jugement, avec curiosité et bienveillance. Votre expérience est unique.*

À partir du 4ᵉ chakra et niveau, nous montons vers des fréquences plus subtiles. Si vous ressentez un peu de vertige, de nausée, de mal de tête, pensez à redescendre un moment dans le bas du corps, à vous réancrer dans vos pieds, tapez du pied au besoin, et réouvrez le premier chakra. Puis remontez progressivement en gardant votre base.

Chakra 5 : bleu ciel, parole authentique et courage de la vérité

Chakra 5. *Toujours en remontant le canal d'énergie central, nous rejoignons le cinquième chakra, qui s'ouvre à l'avant, à la* ***pomme d'Adam****, et à l'arrière dans le creux de la nuque.*

En l'invitant à se déployer, nous accueillons une énergie ***bleue comme un ciel d'azur****, un ciel pur et frais de montagne. Elle est astringente et presque mentholée. Clarifiante, oxygénante et purifiante.*

Le cinquième chakra est le lieu de ***l'expression authentique*** *de soi, de ses besoins et de sa vérité. Une expression qui n'a pas toujours pu se faire, depuis le bébé qui désespère d'avoir sa tétée à l'heure, à l'enfant qui ne peut pas dire sa contrariété ou à l'adolescent qui marmonne ses frustrations dans son coin… Toutes les demandes étouffées et les paroles rentrées peuvent* *rester coincées là, et parvenir un jour à s'affirmer franchement requiert clarté et courage.*

C'est à ce prix que l'on peut prendre sa place dans la société, sans laisser l'autre en décider. Bien ouvrir son chakra arrière, peut aider en la matière, car c'est justement le rôle qui lui est dévolu : trouver sa place professionnelle et sociale.

Le cinquième chakra ou chakra de la gorge, régit les ***poumons, l'œsophage, les cordes vocales, toute la zone ORL et, bien sûr, la bouche*** *qui est à la fois essentielle à la satisfaction des besoins alimentaires et à la prise de parole. Qui n'affirme ni ses besoins, ni sa vérité, justement, a du mal à prendre sa place.*

Niveau 5. *Le cinquième niveau de notre corps énergétique, servi par ce chakra, est particulier. Il est structuré et maillé comme les niveaux 1 et 3, déjà visités, mais à la manière d'un négatif de photo. Le fond y est bleu sombre et les lignes de lumière plus claires se détachent sur le fond. C'est que ce niveau sert de* **matrice** *au corps physique et à son patron, le niveau 1 de l'aura. Il en est comme le patron de couture.*

Certains parlent ici de la cinquième dimension, un passage où quelque chose s'inverserait comme, le passage, par exemple, de l'infralumineux au supralumineux. Et de toute façon, un passage du sans forme à la forme.

Dans mon expérience et celle des praticiens Brennan, c'est là que se passe la **chirurgie spirituelle**, *où quelque chose s'opère au travers de nous, de nos bras et de nos mains, sans que nous ayons rien à faire que d'être le plus ouvert et le plus en lâcher-prise possible. Les clairvoyants voient des êtres de lumière à l'œuvre et des mains. Je ne vois que rarement, je sens surtout qu'un espace silencieux, profond, sacré s'installe et que des énergies supérieures interviennent, au-delà de mon intelligence et ma volonté.*

Il est structurant, redressant de s'installer dans ce niveau. C'est un espace de vérité, de fermeté, d'esprit de décision, de courage. Oser dire la vérité et faire le geste juste peut se faire dans cette vibration, qui **évoque aussi le courage christique**.

Prenez le temps de ressentir *tout ce qui se passe en vous à ce niveau 5, dans tout le corps, sans jugement, avec curiosité et bienveillance. Votre expérience est unique.*

Chakra 6, niveau 6 : bleu de nuit, vision et compassion cosmique

Chakra 6. *Et nous continuons, la remontée par le canal central d'énergie, en passant par le cou et l'intérieur de la tête, jusqu'au sixième chakra, mieux connu sous le nom de troisième œil. Devant, il s'ouvre* ***au-dessus des deux sourcils****, là où les Indiens dessinent un point, et à l'arrière, à la bosse du crâne, que certains appellent « la porte ».*

Ce chakra laisse entrer une énergie bleu indigo, de ce ***bleu profond des nuits étoilées****. Quand il s'ouvre pleinement, le front s'élargit comme un écran panoramique sur le cosmos, parfois les yeux s'étirent et les lèvres esquissent un sourire. Se laisser pénétrer par cette énergie, procure de la félicité, car elle est l'énergie de* ***l'amour inconditionnel****, pour tout ce qui est, sans jugement. Elle est la compassion qui prend tout dans ses bras : les joies et les peines, les exploits et les bêtises, les merveilles et les monstruosités. Sourire du Bouddha qui comprend et caresse ou manteau de Marie qui accueille et console.*

Ce chakra aurait une influence sur notre ***cerveau inférieur, l'hypophyse ou glande pituitaire, l'œil gauche, les oreilles, le nez et notre système nerveux****.*

Le troisième œil, à sa manière, voit tout. Il dirige l'œil, ***la vision*** *d'ensemble et, à long terme, celle* ***des grands visionnaires****. Nous avons souvent ce chakra ouvert à l'avant, trop souvent même ; nous l'utilisons comme la lampe du mineur dans le noir, parce que la peur nous rend vigilants à l'excès.*

La plénitude de ce chakra appelle l'équilibre entre l'avant et l'arrière : l'avant apporte la vision large du monde, de l'univers, de la vie avec un détachement respectueux et serein ; et l'arrière, la capacité de la concrétiser. Tel l'architecte parfait, qui conçoit et réalise la forme juste, ou le calligraphe et son geste pur.

Niveau 6. *Le niveau 6 est* ***doux, spacieux, irisé, opalescent****. Il fait bon s'y laisser porter, bercer comme dans une valse lente et aimante, comme sous la caresse d'une danse des voiles. Tout y est calme et bienveillance, tel un baume guérisseur qui accepterait* *et apaiserait tous les maux. Nous sommes l'enfant rassuré et la mère qui console, l'enfant divin d'une mère divine et l'univers qui sourit. Les méditants aiment se reposer là, dans ce monde serein ou ce* **lac tranquille**, *loin des turbulences du monde.*

Prenez le temps de ressentir *tout ce qui se passe en vous à ce niveau 6, dans tout le corps, sans jugement, avec curiosité et bienveillance. Votre expérience est unique.*

Chakra 7, niveau 7 : blanc lumineux, présence omnisciente de l'esprit divin

Chakra 7. *En remontant encore, nous arrivons au septième chakra, dit aussi chakra de la couronne, qui s'ouvre en cône* **au sommet de la tête**. *Il s'offre comme une coupe à une* **lumière blanche luminescente**, *qui n'éblouit pas et ne brûle pas. Elle coule comme une fontaine de lait bienfaisant dans notre tête, notre cou, nos épaules, nos bras, notre poitrine, notre ventre et jusqu'au plus petit de nos orteils. Nous rayonnons de blancheur.*

Le chakra de la couronne et son énergie blanche nous mettent en contact avec la source divine, son omniscience, son omniprésence, son omnipotence, son évidence absolue : « je suis ».

Le chakra de la couronne régit **notre cerveau supérieur, notre épiphyse ou glande pinéale et notre œil droit**. *Il est le canal de la connaissance directe des mystiques, des révélations des prophètes, des idées qui s'imposent et n'appellent pas de démonstration, car il en est ainsi.*

Niveau 7. *Le septième niveau de notre corps énergétique est un écrin de lignes de lumière dorée, d'une infinie fulgurance. Certains l'appellent* **le corps de lumière** *ou l'œuf de lumière. Il clôt notre corps énergétique ou aura et le protège. En lui, nous nous déployons dans toute notre lumineuse splendeur. Nous sommes incroyablement expansés, tellement plus grands, lumineux et présents qu'à l'ordinaire. Nous nous sentons si transportés que nous ne voudrions pas en revenir. Jusqu'au vertige, parfois, qui nous rappelle qu'il est temps de redescendre et de ne pas perdre le contact avec notre prise de terre.*

L'intention, en effet, est de déployer notre grandeur depuis notre corps et notre personnalité, et non de décoller, ni de nous évader au risque de dissocier.

***Prenez le temps de ressentir** tout ce qui se passe en vous à ce niveau 7, dans tout le corps, sans jugement, avec curiosité et bienveillance. Votre expérience est unique.*

***Chakras 7 et 1 font la paire.** Et c'est bien ce que nous montre notre anatomie énergétique. Chaque chakra marche par paire pour maintenir l'équilibre entre l'avant et l'arrière. Et il en est de même entre le haut et le bas. Le compère du chakra de la couronne le plus haut et le plus subtil est le chakra de la base, le plus bas et le plus ancré dans la matière. Plus l'arbre veut élancer ses branches vers le ciel, plus il doit plonger profond ses racines dans la terre.*

***Pour parfaire le voyage et retrouver notre assise, il nous faut donc redescendre doucement et en conscience dans notre canal central d'énergie** : chakra de la couronne blanc, puis troisième œil indigo, puis chakra de la gorge bleu ciel, puis chakra du cœur vert prairie, puis chakra du plexus jaune solaire, puis chakra du hara orange et retour à la case départ, notre premier chakra rouge de la racine, sans oublier ses deux chakras complémentaires sous la plante de nos pieds, pour être sûrs d'avoir bien remis les pieds sur terre.*

***Bienvenue de retour** dans votre corps et sur mère terre. Donnez-vous le temps d'atterrir. Vous êtes le plus probablement en expansion et plus poreux qu'à l'ordinaire. Laissez-vous progressivement vous ramener aux proportions de votre corps physique. Ne forcez rien.*

2. Ouverture express

Une fois que vous êtes familiarisé avec les chakras, leur emplacement et leur couleur, l'ouverture des chakras et l'expansion des niveaux peuvent se faire à tout instant, dès qu'une petite pause se présente, assis dans le métro ou en attendant son tour à la Poste. Puiser à l'abondance de l'énergie au-dedans et au-dehors, comme de penser à prendre une bonne respiration, fait partie d'une bonne hygiène de vie.

Une minute peut suffire *pour inviter toutes nos vannes à s'ouvrir plus à la manne universelle et s'en nourrir.*

Il s'agit seulement d'en avoir l'intention, de mettre l'attention à l'intérieur du corps, à l'emplacement de chaque chakra, l'un après l'autre, et de l'inviter simplement à s'ouvrir lui-même façon télécommande. Inspirer par son vortex favorise l'ouverture. Puis s'installer dans le niveau correspondant qui s'expanse. Le tout dans la confiance et la bienveillance.

Premier chakra, énergie rouge, tonifie le corps et consolide.

Second chakra, énergie orange, donne de la sensibilité et du moelleux.

Troisième chakra, énergie jaune, vivifie corps et mental.

Quatrième chakra, énergie verte, ouvre le cœur et adoucit.

Cinquième chakra, énergie bleue, redresse et renforce la confiance.

Sixième chakra, énergie indigo, élargit la vision et accueille.

Septième chakra, énergie blanche, apaise et agrandit.

Retour, par le canal central au chakra de la base et ses deux annexes sous les pieds, énergie rouge, pour une bonne reprise de terre.

3. Le vase et les fleurs

La tentation en énergie, est de privilégier les chakras du haut plus spirituels. L'habitude d'être perché dans la tête et dans les pensées renforce cette tendance. Pourtant, pour ne pas se dissocier, il faut être bien ancré dans les énergies du bas pour recevoir les énergies du haut. C'est ce que la métaphore du vase et de la fleur nous enseigne : pour accueillir un beau bouquet de fleurs, il faut un beau grand vase. L'exercice suivant reprend cette métaphore.

L'exercice peut se pratiquer plus ou moins vite, selon le contexte.

Toujours yeux fermés et en portant le point de conscience à l'intérieur du corps.

Installation du vase : le corps et les trois chakras du bas

Mettez votre corps en place : bien assis sur une chaise, les jambes écartées, le dos droit, avec les bras arrondis, mains posées sur les cuisses.

1. Ouvrez le chakra de la base, au périnée et sous les pieds, jusqu'à bien sentir votre assise sur le siège et sur le sol ; votre niveau 1 s'amplifie.

2. Ouvrez le deuxième chakra, sans avoir peur d'avoir un gros ventre ; votre niveau 2 s'amplifie.

3. Ouvrez le troisième chakra en ouvrant bien le diaphragme et le plexus solaire ; votre niveau 3 s'amplifie.

Le vase est prêt…

Ouverture du passage du cœur : le chakra quatre du cœur

4. Ouvrez le chakra du cœur pour vous mettre en état de tout recevoir : vous-même, les autres, la nature, le vivant, la création, tout ce qui est, avec amour. Niveau 4 amplifié.

Le vase est prêt… avec toute sa capacité d'accueil.

Invitation des fleurs spirituelles : les trois chakras du haut

Ouvrez l'un après l'autre, vos chakras supérieurs :

5 : – celui de la vérité,

6 : – celui de l'amour inconditionnel,

7 : – celui de l'esprit divin.

Puis laissez ces belles énergies se déployer en bouquet dans tout le corps.

Vous êtes le vase et le bouquet réunis. À savourer à volonté.

III. Renforcer l'axe ciel-terre pour retrouver notre centre et notre grandeur

L'alignement ciel-terre[1] est une dimension plus profonde que l'aura. Axe de verticalité, il la soutient à la manière d'une colonne vertébrale énergétique. Il a été notre ligne d'intention de nous incarner et est aujourd'hui la ligne d'intention de tous nos projets. Chacun a son axe qui n'appartient qu'à lui et dans cet axe, chacun est au plus près de sa vérité profonde et à sa place imprenable.

Renforcer cet alignement ramène chacun en son centre et dans le respect de soi et de l'autre. Il nous rappelle que nous sommes un lien unique entre ciel et terre, ou, en d'autres termes plus spirituels, tous fils et filles du ciel et de la terre.

L'axe ciel-terre est décrit au premier chapitre de ce livre[2]. L'essentiel est de se souvenir qu'il s'agit d'un axe vertical qui nous traverse de bas en haut/haut en bas, au centre de notre corps et passe par **quatre points majeurs** :

- le centre de la terre, en bas à notre verticale ;
- le centre de gravité du corps, dans notre ventre (tan tien chinois, hara japonais) ;
- le centre de l'esprit/l'âme, en haut du sternum, de notre cage thoracique ;
- le centre du ciel, en haut à notre verticale ;

L'exercice de l'axe ciel-terre est d'une grande utilité dans la vie. En toutes circonstances et surtout dans les turbulences relationnelles, il aide à s'ancrer, se recentrer et s'aligner pour mieux se

1. Dit aussi Ligne du hara dans la terminologie Brennan. Cet axe, sous des noms et des pratiques variés, est connu des praticiens de yoga, de qi gong, des arts martiaux, ainsi que de tous les danseurs modernes et orientaux.

2. Chapitre I.I, 3. L'alignement ciel-terre. L'exercice proposé ici s'inspire de la pratique enseignée à l'école Brennan, réaménagée à la lumière de ma propre expérience.

différencier de l'autre. Il est le refuge pour **retrouver le calme, le détachement, la puissance et la sagesse profonde de l'être plus grand que nous sommes.**

Renforcer l'axe ciel-terre

Préalable. *L'alignement terre-ciel est moins sensoriel, plus essentiel que le ressenti de l'aura. Son registre d'énergie est plus intense, sans couleur, ni émotion, si ce n'est celle d'une certitude radicale. L'exercice est simple en principe, mais plus difficile dans la pratique. Ne cherchez pas la perfection. C'est l'occasion d'explorer ce qui est facile ou non pour vous. Le plus important est de pratiquer, découvrir, persévérer en restant dans une intention positive. Et de vous faire aider par un praticien[1], si vous en sentez le besoin.*

Posture. *L'exercice* a priori *se fait debout ; mais il est possible de le modéliser assis. Au début, il gagne à se faire sous forme de méditation en prenant le temps. Ensuite, il peut se faire en intention, n'importe où, au bureau, en réunion, en voiture.*

Veillez à avoir les pieds bien sur terre, les jambes écartées de la largeur du bassin et souples, le sacrum descendu, le dos posé sur le bassin, la tête droite, menton légèrement baissé. Les praticiens du yoga, les danseurs, ceux qui font de l'équitation, donnent une bonne idée de la posture recherchée. En position assise sur une chaise, il est plus facile de trouver une position de confort sans tension, à l'aide d'autant de coussins qu'il est nécessaire. Si vous êtes assis, les pieds sont bien posés au sol, le dos est droit, soutenu par un dossier, les mains posées paumes sur les cuisses.

1° Renforcer le centre du corps (tan tien ou hara). *Le premier mouvement consiste à bien vous camper et déposer dans le bas de votre corps.*

Pour ce faire, descendez votre point d'attention à l'intérieur jusqu'au bas du ventre, en dessous du nombril, pour rejoindre ce que les Japonais appellent le hara et les chinois le tan tien.

1. Un praticien Brennan de préférence ici, qui sera en mesure, en outre, de pratiquer un soin sur table de renforcement de cet axe.

C'est le centre du corps, son centre de gravité, là où se concentre toute notre réalité corporelle, notre puissance physique. Il peut se ressentir comme une boule très dense. C'est de ce point de force, que les praticiens des arts martiaux lancent le cri qui tue ou parviennent à casser des briques. Que vous le sentiez ou non, faites confiance à ce point, boule ou centre qui est là en vous et vous leste. Vous pouvez pointer les doigts pour le matérialiser à l'intérieur de votre ventre. N'ayez pas peur d'avoir un gros ventre et de peser lourd dans votre bassin et sur vos jambes. Les statues de Bouddha ont souvent un gros ventre. Comme le bouddha, soyez assis dans votre ventre.

2° Renforcer l'axe du centre du corps au centre de la terre. *Le deuxième mouvement vise à bien vous ancrer au cœur de la terre.*

De cette boule dense ou centre du corps, descendez ***une ligne laser, un axe,*** *au travers de votre périnée, et laissez-la aller complètement à la verticale en dessous de vous. Laisser la plonger, plonger, plonger* ***jusqu'au centre de la terre****, jusqu'à son noyau dur, laissez-la s'y planter, s'y ancrer. Et ainsi du centre de la terre au centre de votre ventre, vous êtes relié, comme par un câble haute tension. Vous êtes arrimés, vous ne pouvez plus vous envoler. La terre vous transmet sa minéralité, sa solidité, son immuabilité et consolide votre assise. Prêtez toujours attention au bas de votre corps, Si vous vous sentez plus lourd dans votre bassin, dans vos jambes et que vos pieds sont comme collés au sol, tout va au mieux. Sinon, soyez curieux de ce qui se passe. Il ne vous est peut-être pas si facile d'être bien arrimé à la terre. Descendez-vous, déposez-vous, alourdissez-vous du mieux possible.*

3° Renforcer l'axe entre le centre du corps et le centre de l'esprit/âme. *Le troisième mouvement recentre et redresse à l'intérieur du tronc. Il réunit le centre du corps et le centre de l'âme.*

Faites remonter l'axe du centre de la terre au centre du corps, puis faites-le monter plus haut comme une tige de plante qui se redresse à l'intérieur de votre tronc, le long de la colonne vertébrale à l'intérieur, jusqu'au centre de l'âme, qui se trouve à l'intérieur de la cage thoracique, en haut du sternum, en dessous du point de rencontre des clavicules. Ce point interne concentre toutes vos dimensions psychiques : émotionnelles, mentales et spirituelles. En le réunissant au centre du corps, vous réunissez le haut et le bas de vous-même, votre corps et votre esprit. L'âme et ses aspirations font alliance avec le corps et la terre qui peuvent les manifester. En d'autres termes, l'âme accepte d'habiter le corps et d'être bien posée sur terre.

Que ressentez-vous ? Vous sentez-vous plus solide à l'intérieur de votre tronc, comme si vous aviez un axe intérieur qui vous maintient et vous redresse ? Vous est-il plus aisé de ressentir le centre du corps ou le centre de l'âme ? Est-il simple de les réunir ? Et pouvez-vous ressentir toujours le lien à la terre en même temps ? Avant de continuer, réancrez-vous au centre de la terre.

4° Renforcer l'axe du centre de l'esprit/âme au centre du ciel. *Le quatrième mouvement relie le centre de l'âme au centre du ciel.*

L'axe, en effet, continue. Du centre de la terre, au centre du corps au centre de l'âme, il remonte à l'intérieur du cou, de la tête, puis au travers du chakra de la couronne et va rejoindre, toujours avec l'intention, **le centre du ciel, totalement à votre verticale et s'y accroche***. Inutile de tenter de se représenter à quoi ressemble le centre du ciel et comment la ligne peut s'y accrocher. Laissez-vous étirer vers le haut. Il suffit de d'avoir confiance au fait qu'elle remonte à la source de l'esprit.*

Pour certaines personnes, ce mouvement du centre de l'âme au centre du ciel s'accompagne d'une sensation physique d'étirement du haut de la tête comme si elle était tirée par un fil, à la façon d'une marionnette. Pour d'autres, il y a vertige. Pour d'autres une émotion. Mais il peut aussi ne rien se passer. Et vous ?

5° Aligné au ciel, centré en vous-même et ancré à la terre. *Le cinquième mouvement est un temps d'intégration et de prise de conscience.*

Vous n'avez rien de particulier à faire, sinon de parcourir cet axe du ciel à la terre et de la terre au ciel et qui passe par vous. De ressentir votre verticalité et d'en prendre acte. En ce lieu à l'intérieur de vous, vous êtes un esprit et un corps réunis et, au-delà, vous pouvez puiser à des ressources plus grandes : la justesse du ciel et la puissance de la terre. Ce réalignement vous rend plus grand et peut vous faire souvenir que **vous êtes, fils ou fille du ciel et de la terre**. *Vous êtes conscience incarnée.*

Les danseurs orientaux modélisent joliment cette réunion du corps et de l'âme avec leurs deux mains en une sorte de prière disjointe : le côté de l'une se cale sur le ventre, doigts pointés vers la terre, le côté de l'autre se cale sous les clavicules, doigts pointés vers le ciel, et tout se trouve ainsi relié de la terre au ciel au travers de leur corps.

À la fin de cette expérience, il est intéressant de vérifier comment vous vous sentez dans votre corps et dans votre esprit. Plus droit ? Plus centré ? Plus dense ? Plus calme ? Plus sûr de vous ? Perplexe ? Perdu ? Crispé ? Frustré ?

Ressentez-vous une ligne assez bien alignée ou percevez-vous des torsions, des coupures, un décentrage latéral, ou en avant ou en arrière.

Qu'est-ce qui est le plus facile ou difficile pour vous : s'ancrer vers le bas, s'aligner vers le haut ou se relier au milieu. ? Tout est possible et tout est information. Et à mesure que vous pratiquez, et que vous travaillez sur vous-même, les choses peuvent changer.

IV. Retrouver notre appartenance à l'unité pour lâcher prise et rayonner

Toute vision énergétique, de quelque tradition soit-elle, postule qu'ultimement tout procède de la même source infinie : vacuité, être, esprit, présence, dieu, lumière... La psychoénergie ne fait pas exception. Pour elle, nous sommes naturellement partie de cette unité, êtres d'énergie-conscience, et nous pouvons nous y ressourcer.

Faire l'expérience pleine de cette ultime dimension n'est pas facile, et encore moins d'y rester sans un long engagement spirituel. **Sa prise de conscience intellectuelle, néanmoins, est déjà un grand pas**. Elle ouvre une perspective infinie, elle nous agrandit en nous montrant notre vraie nature, tout en nous rendant humbles. Elle nous donne une confiance profonde dans le fait que nous baignons dans plus grand que nous, que nous sommes aussi ce plus grand que nous et que nous pouvons lâcher prise.

Nous avons tous à l'occasion des moments de grâce, qui sont un aperçu de cet **agrandissement de conscience**. Il existe de nombreuses pratiques qui montrent le chemin aux aspirants, et en l'occurrence, la méditation ou le recueillement spirituel. L'immersion dans la nature, la contemplation d'une nuit étoilée peuvent aussi y mener. L'exercice suivant est une suggestion, parmi ces nombreuses autres possibilités. Il s'agit d'une expérience lumineuse de l'unité, mais celle-ci peut aussi se ressentir comme un grand vide noir velours, un état de tranquillité, de neutralité ou de félicité sans limites...

L'expansion lumineuse

Préalable. *Le plus important, pour cette pratique, est d'accepter en confiance qu'ultimement dans notre corps, au cœur de chaque cellule, et comme en trame de fond, nous sommes par essence* ***vibration lumineuse****. Il devient possible alors de laisser cette lumière se révéler peu à peu en nous, s'épandre dans notre corps, puis au-delà de notre corps, jusqu'à nous réunir au monde de la lumière, à baigner dans l'unité lumineuse. Il n'est pas toujours facile d'y parvenir. Essayer est déjà un acte de foi et à chaque fois, un pas vers plus d'expansion, plus d'appartenance à l'unité.*

Posture. *Installez-vous confortablement dans un lieu tranquille, assis ou en tailleur, sans aucune sorte d'effort. Détendez-vous par quelques respirations et en bougeant les articulations, jusqu'à lâcher les principales tensions. Vérifiez les mâchoires et le diaphragme.*

1° Lumière intérieure. *Le point de départ pour cette expansion est l'étincelle, la flamme, l'étoile*[1]*, la lumière intérieure ou le noyau divin en vous. Quelles que soient les circonstances de la vie, cette lumière est toujours là et brille imperturbablement. Exactement comme le soleil, qui continue de briller derrière les nuages ou de l'autre côté de la terre. Selon la cartographie Brennan, cette lumière intérieure se situe au-dessous du plexus, au creux de l'estomac, au cœur du corps. D'autres la situent dans la poitrine.*

Portez votre point d'attention/de conscience à cet emplacement, à l'intérieur du corps, et prenez-contact avec votre lumière. Il est possible qu'elle soit très cachée, enfouie, comme oubliée, car vous n'en aviez probablement pas conscience. Ayez simplement confiance au fait qu'elle est là, délicate et timide comme une petite flamme, reconnaissez sa présence, honorez-la comme un trésor, célébrez vos retrouvailles. Puis donnez-lui de la place et invitez-la à se montrer et à s'épanouir.

1. Barbara Brennan parle de « *core star* », mais il existe toutes sortes d'autres appellations pour ce substrat de lumière individué en nous.

2° Expansion dans le corps. *Ouvrez l'espace pour elle dans votre estomac, votre ventre, votre cage thoracique ; ne forcez rien, laissez-lui tout le temps, dans la confiance et dans la bienveillance. Ouvrez-lui progressivement tout l'espace de votre corps, vos bras, vos jambes, votre tête. Faites-vous poreux pour lui laisser le champ libre. Dans la patience. Elle seule choisit son rythme pour se déployer lentement, délicatement, insensiblement par moments, par à-coups, à chaque partie du corps, à chaque organe. Laissez-la allumer chacune de vos cellules et laissez-vous envahir en conscience par sa lumière qui est votre vraie nature.*

3° Expansion hors du corps. *Ouvrez toujours plus l'espace et dépassez les limites de votre corps. Laissez votre lumière remplir la pièce. Étendez l'espace à votre maison/immeuble et laissez la lumière s'y répandre. Laissez-la s'agrandir à votre quartier ; à votre ville ; à votre région ; à votre pays ; à votre continent ; à la planète, ; au ciel, ; aux autres planètes ; au système solaire ; à tout l'univers physique ; au cosmos ; à tout l'espace-temps ; et au-delà, jusqu'à l'unité ultime.*

En vous et autour de vous, à 360°, tout est bain de lumière. Votre corps prend de l'ampleur, les bras ont envie de s'étendre, de prendre de l'envergure. L'espace se dilate. Le temps se suspend. Une sorte de douce félicité met du sourire sur vos lèvres et dans vos cellules. La joie, la gratitude vous infusent. Lumière, silence, immobilité.

4° Retour aux limites du corps. *À votre rythme, redescendez doucement, en vous ramenant peu à peu aux limites du corps.*

Comment a été votre expérience ? Lumineuse, laborieuse ? Gratifiante, frustrante ? Vous avez pu vous expanser, mais pas jusqu'au bout, ou vous avez atteint une forme de paix, mais pas de lumière ? Continuez d'explorer et de pratiquer votre appartenance à l'unité par tous les moyens qui vous conviendront le mieux.

En résumé

Notre chemin de croissance ne se limite pas à revisiter les blocages douloureux de notre passé et à devenir bons parents de nos parties blessées de l'enfance. Il consiste tout autant à prendre conscience de nos ressources énergétiques profondes, qui sont aussi notre nature originelle, et à redevenir ainsi pilotes de nous-mêmes.

Habiter pleinement notre corps et la terre qui nous porte ; nous ouvrir et nourrir notre aura à l'énergie qui nous entoure ; réaffirmer notre axe ciel-terre, qui fait de nous des fils et filles du ciel et de la terre ; cultiver notre lumière intérieure qui est appartenance à l'unité, font partie du travail pour déployer toutes les dimensions de l'être d'énergie-conscience que nous sommes et rayonner.

CONCLUSION

Bon voyage dans ce monde agrandi de l'énergie Bienvenue au bel être d'énergie-conscience que vous êtes

Avoir une vision énergétique du monde change tout au développement de soi, agrandit et réunit tout. La réalité devient grand champ unifié d'énergie-conscience, grand continuum de niveaux de fréquences, **grand océan vibratoire**, où tout est relié et tout communique.

La personne, nous, vous, moi, devient **être d'énergie-conscience multidimensionnel**, – physique, émotionnel, mental et spirituel à la fois –, plus grande que notre petite personnalité et capable de naviguer **depuis notre corps de souffrance limité jusqu'à notre véritable essence illimitée**.

La psychologie devient **psychoénergie** qui **élargit l'horizon des possibles** et nous autorise à nous explorer tous azimuts. Avec ses deux leviers de travail, **levier conscience et levier énergie**, elle nous invite à tracer notre route sans inhibition, à l'aide de toutes les approches utiles. Elle nous encourage à la fois à nous rencontrer à l'intérieur, à libérer nos parties blessées et limitantes, et à déployer le bel être d'énergie-conscience que nous sommes en dessous.

Dans un monde d'énergie, rien n'est séparé, ni ne peut être exclu. **Seules la bienveillance, l'attention, l'inclusion, peuvent opérer.** Et seuls **le baume de l'attention**, la présence et l'intention bien alignée, sont à l'œuvre en psychoénergie.

La psychoénergie agrandit notre capacité à nous comprendre sur plus de dimensions. Mais plus que compréhension, elle **est expérience transformatrice**.

J'espère profondément que *ce partage de concepts et de pratiques revisités ou inédits*, illustré d'*exemples très concrets*, a pu **vous toucher, vous éclairer, vous réveiller**.

Je souhaite tout autant que *les invitations à l'autoquestionnement et aux exercices énergétiques* ont pu contribuer à vous **mettre plus que jamais en mouvement sur le chemin de vous-même**.

Votre **vision** du monde, et surtout **de vous-même**, s'est-elle ouverte ?

Les étapes de votre enfance ou de celle de vos enfants se sont-elles éclairées ?

Avez-vous retouché, dans un exemple de séance, **une blessure qui vous concerne ?**

Avez-vous pris conscience d'**un conditionnement de naissance**, revécu autrement un accident de la vie, mis le doigt sur **un scénario de vie ?**

Avez-vous ressenti l'envie de **reconsidérer une relation ?**

Vous êtes-vous essayé aux exercices de découverte de votre être énergétique et, pourquoi pas, avez-vous repéré une **bonne pratique pour le quotidien ?**

Si vous êtes praticien, j'aimerais du fond du cœur que vous ayez trouvé votre compte de confirmations, d'ouvertures et d'**enrichissement de votre palette d'outils**.

Ultimement, pour chacune et chacun, puisse ce voyage en psychoénergie vous avoir aidé à **vous approfondir, vous agrandir et faire rayonner** votre vraie nature, celle d'un grand être d'énergie-conscience, incarné de façon unique, sur cette si belle planète bleue.

Françoise Bonnal